前　言

多年来，中国一直以消耗大量的能源来支撑经济的快速增长，其能源消耗和二氧化碳排放总量已超过美国，成为世界之最。由此产生的消极影响日益显现，开启新能源时代的呼声越来越高。作为一个负责任的大国，中国政府已经采取强有力的行动，努力实现温室气体减排。在这种形势下，如何满足我国对高效清洁能源的需求，实现经济的低碳、生态文明和可持续发展便成为一个艰巨的任务，但同时也产生了许多新的机遇。目前，我国的区域经济发展战略是实施西部大开发，振兴东北地区等老工业基地，促进中部地区崛起，鼓励东部地区率先发展。同时，节能减排在区域经济发展与转型中越来越受到重视，经济开发要以保护自然生态为前提，区域发展要以环境的可容量为基础。因此，根据区域实际，探索具有区域特色的低碳经济发展路径，对于推动区域的可持续发展具有重要意义。

山西省作为煤炭资源型地区，必须结合各区域资源禀赋，改变经济增长结构，减少经济增长对能源消耗的依赖，减少温室气体排放量，促进省内各区域经济持续高效发展。为此，本书在分析低碳经济转型内外压力、详细探讨山西在农业、旅游、交通以及矿业资源的区域特点基础上，对山西的低碳经济转型进行区域的低碳规划。该规划突破行政区域的界限，完全按照低碳经济发展的要求，进行统筹规划，并采用突变级数等方法，对山西省低碳经济转型的成熟度在煤炭资源型地区之间进行比较。分析结果表明，煤炭资源型地区在低碳经济转型过程中，山西省处于低碳经济转型的成长期，在技术成熟度和经济成熟度方面需要进一步发展。同时，本书还对山西省自实施低碳经济转型以来的绩效进行横向评价，评价结果表明：山西省低碳经济转型效果逐年提高。在此基础上，本书针对山西省的实际情况，提出了保障山西省区域低碳规划成功实施的保障机制。

本书共包括五章：

第一章主要分析国际低碳经济问题。本章从分析能源安全的本质入手，对世界能源安全问题、中国能源安全问题进行详细的分析，指出进行低碳经济转型的必要性；总结世界低碳经济转型成功领跑者的经验，挖掘其对中国低碳经济转型的可借鉴之处。

第二章研究区域低碳规划的理论基础。首先，对相关概念进行详细区分，明确区域规划产生的原因及作用，进一步分析区域低碳规划的内涵、原因以及作用；其次，从区域规划的思想起源、传统区域规划理论、现代区域规划理论分析，演变为区域低碳规划理论，为山西省区域低碳规划的制定和实施提供理论依据和思想指导。

第三章具体对山西省进行区域低碳规划。本章主要分析山西省低碳经济转型的内外压力，按照山西省各区域的资源禀赋以及经济发展特点，从交通中心枢纽区域、旅游区域、矿产区域以及农业区域进行山西省区域低碳规划。

第四章对山西省低碳经济发展绩效进行综合评价。运用突变级数法等方法对煤炭资源型地区低碳经济转型的成熟度进行比较，同时也对山西省自实施低碳经济转型以来的绩效进行了综合评价。通过横向和纵向的比较分析，确定山西省低碳经济转型进一步努力的方向。

第五章提出山西省区域低碳规划成功实施，实现低碳经济转型的利益协调机制、网络机制、公共服务保障机制、考核机制和金融保障机制。

本书在写作过程中，参考和借鉴了许多国内外学者的研究成果，并已一一标出，如有遗漏，请多包涵，在此深表感谢。由于作者水平有限，书中难免有错误和不足之处，恳请广大读者批评指正。

作　者

2013 年 9 月

目　录

第一章　国际低碳经济问题

第一节　能源安全的本质问题

一、世界能源安全问题分析

2009年11月10日，国际能源署发布了2009年《世界能源展望》，采用“参考情景”和“450情景”两种方案对2030年世界能源需求和发展前景进行了预测和展望。两种方案均以2007—2030年世界人口年均增长1%和GDP年均增长3.1%为计算基础，不同之处是：“参考情景”方案假设各国政府保持现有政策和发展模式不变；而“450情景”方案假设世界各国改变现有能源政策，积极应对气候变化，将温室气体浓度控制在$450 \times 10^{-6} CO_2$当量。因而，两种方案在技术选择和能源价格方面的前提条件有所不同。

报告指出，世界能源市场在2008年发生了剧烈震荡，全球金融危机以及随之而来的经济衰退对未来能源市场产生了重大影响，这种影响在今后几年将更为显著。经济萎缩导致全球能源需求下滑，而能源需求的回升速度又很大程度上取决于经济复苏的步伐。面对金融危机，世界各国以前所未有的规模和速度果断实施了财政和经济刺激计划，计划中均包含了促进清洁能源发展、应对全球气候变化的方案与措施。

（一）受金融危机影响，全球一次能源需求增速放缓，能源投资下滑

受金融危机和经济衰退影响，2009年全球能源消费出现了自1981年以来的首次下降。基于现行政策，一旦经济复苏，能源消费将很快回升，在“参考情景”方案中，预计2007—2030年全球一次能源需求量年均增长1.5%，

从120亿吨油当量增加到168亿吨油当量，增幅达40%（见表1-1）。这一数字略低于2008年报告预测的年均增长1.6%、总增幅45%的结果，主要原因是考虑到金融危机对全球经济的影响以及各国政府提高能效政策的作用。

表1-1　“参考情景”方案中世界一次能源需求量预测①

类别	2007年需求（亿吨）	2015年需求（亿吨）	2030年需求（亿吨）	2007—2030年均增长率（%）
煤炭	31.84	38.28	48.87	1.9
石油	40.93	42.34	50.09	0.9
天然气	25.12	28.01	35.61	1.5
核电	7.09	8.10	9.56	1.3
水电	2.65	3.17	4.02	1.8
生物质和废弃物能	11.76	13.38	16.04	1.4
其他可再生能源	0.74	1.60	3.70	7.3
合计	120.13	134.88	167.90	1.5

受金融危机影响，2008年全球能源投资出现大幅下降。2009年全球石油和天然气的投资预算与2008年相比降低了19%，减少了900亿美元。电力行业的投资受到严重影响，全球电力消费2009年下降1.6%，是第二次世界大战以来的首次下降。需求减缓降低了对新增装机容量的需求。2008年年底和2009年年初，可再生能源发电投资下降幅度远大于其他发电类型，2009年可再生能源投资下降幅度将超过20%，假如各国政府没有采取经济刺激措施，其下降幅度将超过30%。能源投资下滑将对能源安全、环境变化和能源紧缺产生深远影响。从中期考虑，投资下降将限制装机容量的增长，从长期看将造成供应不足。随着能源需求的恢复，今后几年的能源价格将快速升高，成为全球经济增长的制约因素。

“参考情景”方案中，满足2030年能源需求的资金量庞大，累计达26万亿美元（按2008年美元不变价计算），每年需要投资1.1万亿美元。从行业

---

① 宋卫东，方彤，王乾坤，等.2009年《世界能源展望》要点综述［J］. 能源技术经济，2010，1：18-24.

考虑，电力行业占投资总额的比重最大，达53%，其中发电占52%，输电占15%，配电占33%。从地区考虑，未来非经济合作与发展组织（OECD）国家的能源需求预计将快速增长，投资金额将超过全球总投资的一半。与金融危机前相比，能源行业融资将更为困难，成本将更高。

（二）如不改变现行政策，将对全球气候和安全带来不可逆转的影响

金融危机对全球能源行业产生了巨大影响，CO_2排放量2009年将下降3%，这种下降幅度是过去40年从未有过的。此次预计的2020年全球CO_2排放量比2008年的估计值减少了19亿吨（约5%）。其中，经济危机和能源需求下降产生的减排占3/4，各国政府促进低碳发展的经济刺激方案和其他新气候政策的贡献占1/4。2030年，在全球110亿吨的CO_2新增排放量中，中国占60亿吨，印度占20亿吨，中东占10亿吨。所有新增排放均来自非OECD国家，但是按1890年以来的累计排放量计算，非OECD国家只占42%。尽管受到金融危机的影响，能源相关的CO_2排放仍将从2007年的288亿吨增加到2020年的345亿吨和2030年的402亿吨。其中，发电行业CO_2排放量占CO_2新增排放量的一半以上，燃煤发电的CO_2排放量将增加60%。

全球化石燃料消费量上升是温室气体排放和全球气候变化的根源，其将导致不可逆转的气候变化。即使考虑金融危机的影响，到21世纪末，新增CO_2排放量将使温室气体浓度有可能达到1000×10^{-6} CO_2当量，导致全球气温上升6℃，大大高于科学家们普遍认定的2℃的“安全线”，这将带来灾难性后果。

（三）控制全球温度上升不超过2℃需要低碳能源革命

为避免极端气候出现和海平面上升，需要控制全球温度上升不超过2℃，温室气体浓度需要稳定在450×10^{-6} CO_2当量的水平。

2009年《世界能源展望》评估了温室气体浓度稳定在450×10^{-6} CO_2当量的方案以及各国需要采取的政策。即便如此，将全球气温上升控制在2℃以内的概率也只有50%。在“450情景”方案下（见表1－2），全球能源相关的CO_2排放将在2020年达到309亿吨，此后开始下降，到2030年为264亿吨，

与2007年相比减少24亿吨。新的国际气候政策将给能源生产、输送和使用带来全面而迅速的转变，实现真正意义上的低碳发展，使世界迈向“450情景”的轨道，能源利用将更加高效。通过使用低碳或零碳能源，碳排放量将大幅下降。

表1-2　“450情景”方案中世界一次能源需求量预测①

类别	2007年需求（亿吨）	2020年需求（亿吨）	2030年需求（亿吨）
煤炭	31.84	35.07	26.14
石油	40.93	41.21	42.50
天然气	25.12	28.68	29.41
核电	7.09	10.03	14.26
水电	2.65	3.62	4.87
生物质和废弃物能	11.76	14.61	19.52
其他可再生能源	0.74	2.77	7.20
合计	120.13	136.00	143.89

二、中国能源安全的本质问题分析

近年来，随着中国经济快速增长，中国能源需求、特别是石油需求不断增加，对进口能源的依赖程度日益加深。在当前世界范围内能源资源供给紧张、争夺日趋激烈以及国际原油市场定价权越来越受制于投机因素的大背景下，中国如何突破能源安全瓶颈，成为各方持续关注的重大话题。

（一）能源安全形势不容乐观

2010年中国能源消费总量为32.5亿吨标准煤，比2005年上涨46%。五年间，中国几乎超越美国成为第一大能源消费国，石油对外依存度也越过50%这一国际警戒线。

国内原油产量顶峰渐至和国际油价日渐增高将加剧中国在“十二五”期

① 宋卫东，方彤，王乾坤，等. 2009年《世界能源展望》要点综述［J］. 能源技术经济，2010（1）：18-24.

间对国际原油市场的依赖，而在全球气候变化和“低碳革命”的倒逼之下，中国不得不苦练优化能源结构、强化节能减排、发展清洁能源的内功。

1. 原油对外依存度将持续攀升

多位业内专家预测，“十二五”期间中国原油对外依存度将进一步升高。2010 年，中国原油进口 2.39 亿吨，出口 303 万吨，国内产量 2.03 亿吨，据此计算，2010 年原油对外依存度为 53.8%，较 2009 年的 51.3% 增长了 2.5 个百分点。事实上，从 2006 年开始，中国原油对外依存度就以年均 2.9 个百分点的速度增长。如果“十二五”期间仍保持此增速，预计 2015 年中国原油对外依存度将超过 65%。

随着油气资源国对本国资源控制的加强，中国进入资源国勘探开发领域的难度也将加大。中国石油天然气勘探开发公司高级顾问、中国工程院院士童晓光指出，未来国际石油上游合作的合同模式将更苛刻，资源条件好的国家合同条款将收紧，国际公司的所得比例将下降。

中国社科院世界经济与政治研究所研究员徐小杰认为，这预示着未来中国将更加依赖其他国家的石油供应，中国与世界的联系更加紧密，关系更加复杂，不稳定性因素和风险也将增加，爆发冲突的可能性加大。

2. 能源供给压力增强

尽管近期油价快速上涨受地缘政治影响较大，但未来化石能源储量下降，供应趋紧，消费持续上升的趋势仍然存在。分析人士认为，原油价格持续上涨将使中国面临长期战略性威胁。高昂的油价将使中国经济增长承担高昂的成本。据统计，从 2010 年 7 月至今，国际油价已上涨 37 美元/桶，中国支付成本增加近 2 亿美元/天。厦门大学中国能源经济研究中心主任林伯强认为，大幅上涨的油价将给中国经济安全带来很大的负面影响，油价上涨必然带动其他大宗商品价格的上涨，进而引发成本推动型通货膨胀。

此外，更加值得中国警惕的是国际资本在国际石油市场上对中国的阻击。中国海洋石油总公司总经理傅成玉指出，从 2004 年到 2008 年，国际油价从 30 美元/桶上升到 140 多美元/桶，已经背离基本的供求决定关系，是流动性过度泛滥所致。

有学者认为，石油的商品属性在逐渐减弱，金融属性在逐渐加强，而且这种趋势在短期内不可避免。在通货膨胀和美元走弱预期的双重推动下，近期石油价格将进一步上涨。从长期来看，石油勘探开发成本的上升和新一轮覆盖近40亿人口的工业化也决定了低油价时代已经一去不复返了。

在此背景下，中国对国际油价的制定几乎无能为力，这将在很大程度上影响到能源安全。国际能源署（IEA）首席经济学家法提赫·比罗尔在接受《第一财经日报》记者采访时曾表示，全球经济危机导致世界能源市场混乱，全球经济恢复的步伐对未来几年能源供需形势的变化至关重要。

据IEA预测，2035年中国自身的能源需求将占世界的22%。在传统油气供应趋紧的情况下，非常规油气开发的前景广阔。比罗尔认为，未来油价保持高位，将使得非常规油气开采变得经济可行。

3. 气候谈判压力有增无减

气候变化谈判和“低碳革命”的发展也引起全球能源结构的重大变化。中国国际问题研究基金会能源外交研究中心主任王海运认为，以清洁发展为诉求的“低碳革命”将引起能源结构和能源消费方式的重大调整，新能源、清洁能源和可再生能源所占比重将逐渐增多。

中国是全球第二大碳排放国，尽管在2009年哥本哈根会议之前，中国即宣布了2020年单位GDP二氧化碳排放将比2005年降低40%～45%，非化石能源占一次能源比重达到15%的目标，但中国在国际上承受的减排压力仍越来越大。

面对复杂多变的国际形势，中国必须加快“走出去”的步伐和参与加大全球能源合作的力度，更加积极地参与全球金融、能源和气候治理，提高中国参与世界秩序重组以及同其他国家管理全球重大事务的能力。

中国能源安全面临的首要问题是供应问题，即在各国能源争夺日趋激烈的背景下，中国如何从国际市场和主要原油生产国获得持续、稳定的能源供应。与此同时，还应该看到，中国维护能源安全远非仅仅确保持续、稳定的供应那么简单，价格的可承受性问题正日益突出，其本质是，在国际原油市场金融化的过程中，原油作为一种资源稀缺产品，其定价权正在脱离供求基本面，越来越旁落在国际投机资金之手。

油价疯涨猛跌的背后是国际原油市场定价权的旁落，这好比悬挂在中国能源安全头顶上的“达摩克利斯之剑”，在每轮投机资金的炒作导致国际市场油价飙升的过程中，中国都将为之付出巨大的代价。

（二）寻求破解能源安全瓶颈

中国能源安全的本质问题，一方面是能否取得持续、稳定的供应；另一方面是能否以可承受的价格取得持续、稳定的供应，因此，寻求破解中国能源安全瓶颈的出路，其突破口也恰恰在供应和定价权两个方面。

中国在确保能源供应的过程中，面临不少实际困难，包括一些技术性难题和来自其他国家的竞争等，但另有一个“中国行为合理化解释”的问题也值得探讨。过去多年，中国在世界范围内保障自身能源安全的正当努力，往往被一些西方媒体和政府官员歪曲，他们要么渲染中国对能源的需求导致国际市场油价上涨，要么指责中国与所谓的“无赖”国家合作，这些无非是“中国威胁论”的一贯表现。中国在全世界范围内寻求持续、稳定的能源供应时，其行为的合理化解释工作异常重要。否则，就有可能被歪曲、被误解，从而面临强大的阻力。

从国际市场原油定价权争夺上看，从本质上来说，让油价回归到供求基本面，符合大多数原油生产国和消费国的利益。国际原油市场金融化只是满足了一小部分投机者的利益，油价疯涨猛跌，对原油生产国和消费国均不利。

对于中国而言，首先，从短期来看，可以通过与合作伙伴签署为期十几年甚至几十年的供应合同，锁定价格和供应，确保双方利益。但从长期看，推动建立一个受到更加严格监管、少受投机资金操控的国际原油市场，才是正道。此外，当前国际市场原油交易以美元定价，美元的涨跌对油价的影响巨大。要确保油价的稳定，还应推动以比美元币值更稳定的货币充当原油交易的计价货币的改革，这就涉及建立新的国际货币体系的问题。要实现这些长期的目标，中国必须与合作伙伴共同努力，其工作无疑任重而道远。

其次，做好节能减排，加大能源结构优化调整刻不容缓。建设资源节约型、环境友好型社会，需全面落实节能减排综合性工作，优化与调整能源结构。中国的能源结构极不合理，煤炭占80%，油、气合计不到20%，水电、核电只占很小比例。不管是从我国的能源压力还是减排压力上看，能源结构亟须加大优化调整的工作力度，提高能源利用效率以及鼓励新能源开发等。

我们必须注重煤炭的清洁高效利用，风能、太阳能等可再生能源以及水电、核电的发展，加强能源的基础研究和前沿技术的科研攻关和利用，同时合理利用我国十分丰富的非常规天然气资源，力争在低渗透气藏勘探和开发技术上取得更大突破，提高天然气消费比重，以求降低对石油特别是进口石油的过度依赖。

最后，必须整体推进能源改革，尽快形成成品油合理价格体系迫在眉睫。厦门大学能源专家林伯强就说，能源改革应当是一个整体改革，需要整体设计。主要包括资源管理体制和价格改革、国企和投资体制等配套改革，以及相应的政策法规。他认为，改革不是为了涨价，改革的目标还包括保证居民基本能源消费和鼓励节能。考虑到百姓的经济承受能力与能源的垄断性和公共性，政府应该分担改革成本，尤其是补贴贫困居民的基本能源供应。

总之，中国目前是世界第二大石油进口国，能源安全问题是阻碍中国发展步伐的重大障碍，必须全面分析当前局势，寻找一条适合中国经济的石油储备之路，尽可能减少能源问题对中国经济的影响。

第二节　全球低碳经济转型行动

伴随着全球环境保护的制度化趋势，建立公平有效的国际气候治理机制已成为当今世界政治的主要议程之一。2007 年政府间气候变化专门委员会（IPCC）第四次科学评估报告发表之后，尤其是“巴厘路线图”（Bali Road Map）达成以来，低碳经济理念受到国际社会的广泛关注，全球经济向低碳经济转型已成为大势所趋。面对这场新的工业革命，英国等欧洲国家倡导发展“低碳经济”，日本提出建设低碳社会，世界各地多有发展低碳区域的倡议。但全球向低碳经济转型尚没有可供借鉴的成熟模式。不可否认的是，中国的选择将影响世界未来。中国需先行一步，抓住未来发展的先机。

一、全球向低碳经济转型的主要驱动力

世界正处在一场新的工业革命的初始阶段，新工业革命的驱动力是对能源和气候安全方面的重视。能源价格及其供给的波动性正激励着各国更有效地利用能源，日益紧张的全球石油和天然气供给也为新技术的开发提供了足够动力。针对这一现实，政策制定者和企业家们开始调整在贸易、融资和生

产计划方面的决策。不过真正推动这种决策调整的是对未来的展望，这种展望关乎向低碳未来转型所带来的潜在的经济与政治利益——而不是转型的成本考虑。

（一）避免较高的未来成本

自 IPCC 在 2007 年发布了其第四次评估报告以后，全球对于人类活动和气候变化之间的联系已基本形成共识。气候变化的威胁已成为全球实现低碳转型的一个重要的政治驱动力。

根据"巴厘路线图"，国际社会于 2009 年 12 月在哥本哈根联合国气候变化会议上就 2012 年以后的国际气候制度安排做出决定。科学家们已经反复强调时间的紧迫性。如果国际社会在哥本哈根不能就后京都国际气候制度做出决定，那么我们这个社会所面对的气候风险将非常严重。虽然 IPCC 报告不允许就具体的目标提出建议，但它所给出的证据已经表明，把全球温升控制在工业革命前 2℃以内的水平，可以大大减少气候风险。我们目前还有很大的机会避免最严重的气候变化风险发生。IPCC 第四次评估报告①绘制的可选择的发展路径是全球排放最迟要在 2020 年前达到峰值，到 2050 年排放水平至少在 1990 年水平上减少 50%，并设定雄心勃勃的中期目标。这虽然是一项艰巨任务，但许多研究已经表明，越早采取行动越经济可行。如果到 2030 年把大气温室气体浓度稳定在 445 ~ 535ppm，宏观经济代价是 GDP 减少 3%；如果 2050 年把大气温室气体浓度稳定在同样的水平，宏观经济代价将增大，GDP 减少 5%②。

气候变化的预计影响令人担忧。据《斯特恩报告》③ 估计，可避免的、由不作为而产生的减排成本占每年 GDP 的 5% ~ 20%。如果一切照旧，那么预计到 21 世纪末气温将急剧升高 4℃ ~ 7℃。由于气候敏感度问题比先前预计的严重，决策者们应担负起制定风险管理政策的责任，尽可能将温度升高控

① 托尼·布莱尔．打破气候变化僵局——构建低碳未来的全球协议报告［J］．当代亚大，2008 (4).

② IPCC. Climate Change 2007：Mitigation of Climate Change［M］. Cambridge：Cambridge University Press，2007.

③ Stern Nicolars. Stern Review on the Economics of Climate Change［M］. Cambridge：Cambridge University Press，2007.

制在2℃范围内。换言之，全球二氧化碳排放量要在今后20年内达到峰值，到2050年减少50%以上。

布莱尔的报告指出，尽管在应对气候变化问题上尚存在科学不确定风险，但气候系统有重要的自身动力。当全球温升2℃，气候变化的不利影响显现的时候，我们可能没有时间扭转趋势。我们等待的时间越长，减排的成本会越高。此外，拖延行动将减少开发和采用新技术的激励，增加减排的最终成本。总之，等待与观望既不能减少不确定性也不能减少行动成本，推迟行动只会增加风险和成本。现在必须要采取行动。

（二）避免碳密集型投资成本的锁定

未来10年内，碳排放的继续增长意味着为了稳定全球气温需要更大幅度减排。荷兰环境评价机构进行的研究表明，如果全球排放推迟10年达到高峰，那么每年所需要的最大减排率将翻倍，超过5%，相对于立即采取行动，将导致更高的投资成本，因为现存的基础设施和设备需要在其经济生命周期前淘汰。为了避免被锁定在碳密集投资中，目前需要做出严肃的决定确保以经济最优的方式过渡到低碳未来。

所谓锁定效应，是指基础设施、机器设备及个人大件耐用消费品等，其使用年限都在15年乃至50年以上，其间不大可能轻易废弃，即技术与投资都会被“锁定”。换句话说，锁定效应就是事物的发展过程对初始路径和规则选择的依赖性，一旦选择了某种道路就很难改弦易辙，以致在演进过程中进入一种类似于“锁定”的状态①。诸如电厂、交通之类高载能部门很容易发生锁定效应。因为一旦投资行为完成，其运行后果在较长的生命周期中难以改变。

今天的中国经济正好进入了一个高能源消耗、高能源强度的阶段。如果没有发生重大的技术革命，我们可能会面对一个所谓“锁定效应”问题。以电力部门为例，在今后25年，全球能源供应的基础设施建设需要投资约为22万亿美元，仅中国便需要37000亿美元。中国的电力部门，对煤的依赖程度

① 邹骥，王克，傅莎，等. 低碳道路的技术转让和资金机制［M］//中国科学院可持续发展战略研究组. 2009年中国可持续发展战略报告——探索中国特色的低碳道路. 北京：科学出版社，2009.

与扩建速度是众所周知的。据估计到2030年，将新增发电能力126万兆瓦的发电站，其中70%为燃煤电站①。中国在积极发展电力的过程中，如果未能避免传统燃煤发电技术的弊端，这些电站50年后还会像现在这样较多地排放CO_2。用传统技术建设这些发电装置会立即增加排放量，同时也减少了将来转换到低碳能源的机会。即未来中国几十年排放的状况将不可避免地在最近几年内被锁定。为了使未来保持一个气候安全的世界，我们需要避免被锁定在高碳密集的选择中，发展中国家应该采取不同寻常的发展路径。

（三）降低能源供给风险

当今世界，日趋紧张的供需形势、不断攀升的国际油价、对能源产地和运输通道的战略竞争，以及与能源相关的污染与排放等使得能源安全问题成为全球最高政治会晤的首要议题。2005年以来高价且波动的石油价格，使得能源安全战略成为各国优先考虑的问题。从历史来看，1973年第一次石油危机曾触发了第二次世界大战后最严重的全球经济危机，在这场危机中，美国的工业生产下降了14%，日本的工业生产下降了20%以上。1978年第二次石油危机也成为20世纪70年代末西方经济全面衰退的一个主要诱因。在可以预见的将来，能源安全问题将进一步成为制约世界经济发展的瓶颈。

在全球层面，还没有信号表明近期能源需求将减少。根据美国能源部能源信息署（EIA）发表的《2007年国际能源展望》报告预测，2030年世界能源消费将比2004年增长57%。在全球油气资源供给日趋紧张，且全球能源地理分布相对集中的大前提下，受到国际局势变化和重要地区政局动荡等地缘政治因素的影响，国际市场的不稳定性增加，油气供给和价格波动的风险显著上升。对油气燃料的依赖和需求增长将导致能源价格，特别是石油价格的走高，引发对石油资源的争夺，中东和非洲等资源丰富地区则成为政治动荡之地。

然而，受一些政治及经济原因的影响，世界能源生产及供应已经出现了一些问题，表现出油气行业勘探和开采投资不足、海运及管道运输能力遭遇瓶颈、炼油能力迟滞不前等。各国能源专家普遍认为，当前导致世界石油剩

---

① 李永怡．中国和欧盟能够引领低碳经济的发展［J］．中外对话，2007（11）．

余产能不足的重要原因之一便是近年来各国对石油产业的投资不足。国际能源机构（IEA）《2008 年世界能源展望》报告估计，未来 20 年内，全球需要超过 26 万亿美元投资，才能确保足够的原油供应。

能源安全是影响全球推动低碳经济发展的重要驱动因素。国际能源机构指出，当前世界能源体系正面临着实现向低碳、高效、环保的能源供应体系的转变。能否成功解决这个问题，将决定未来人类社会的繁荣与否，可以说现在急需一场能源革命。目前从环境、经济、社会等方面来看全球能源供应和消费的发展趋势，具有很明显的不可持续性。为防止全球气候产生灾难性的和不可逆转的破坏，最终需要的是对能源的来源进行去碳化，确保全球能源供应，同时加速向低碳能源体系过渡，需要国家和地方政府采取强有力的措施，以及通过参与国际协调机制来实现。

二、全球向低碳经济转型的国际趋势

“低碳经济”概念最早正式出现在 2003 年的英国能源白皮书《我们能源的未来：创建低碳经济》① 中，在其后的“巴厘路线图”中被进一步肯定，2008 年的世界环境日主题定为“转变传统观念，推行低碳经济”，更是希望国际社会能够重视并采取措施将低碳经济的共识纳入到决策之中。面对这种情况，英国等欧洲国家倡导发展“低碳经济”，日本提出建设低碳社会，世界各地争相发展低碳区域。各国政府提出了众多的实施低碳的举措，各企业领导人也在积极行动。当前世界正面临多重危机，除了全球金融和经济形势面临日益恶化的风险之外，长期以来由传统发展模式引发的资源、环境和气候变化问题，正威胁着世界经济的持续、稳定增长。如何权衡经济发展的短期阵痛与气候变化的长期影响之间的关系，成为对各国战略智慧的重大考验。联合国环境规划署（UNEP）推出的全球绿色新政概念，其目的就是要在应对这些风险的同时，寻求一条有效而可持续地解决这些多重危机的道路。全球金融危机为低碳经济转型提供了契机。低碳经济是人类社会在面临一系列环境压力下的强制性经济发展方式的转型，在这一转型过程中，一是技术创新

---

① Department of Trade and Industry. Energy White Paper：Our Energy Future – Create a Low Carbon Economy［R］. London：TSO，2003.

的路径选择赋予了低碳经济的技术属性，涉及低碳技术的演化路径和扩散效应；二是低碳经济是以化石能源的低碳化和可再生能源为基础而形成的以低碳转换、产品服务以及消费领域的低碳化为特征的经济运行系统，这赋予了低碳经济的经济和社会属性①。

（一）部分国家低碳经济发展战略与行动②

虽然低碳经济理念已经得到多数国家的认可并付诸行动，但对于发达国家和发展中国家来说低碳经济有着不同的内涵。发达国家着眼于低碳化，其低碳经济目标是与控制温室气体排放的国际义务联系在一起的。发展中国家更关注发展，强调在实现发展目标的同时，控制温室气体的排放，实现减排与发展的双赢。

1. 欧盟

欧盟一直是应对气候变化的倡导者，积极推动国际温室气体的减排行动。自英国提出“低碳经济”之后，欧盟各国不同程度地给予积极评价并采取了相似的战略。2008 年 1 月欧盟委员会提出的《气候变化行动与可再生能源一揽子计划》（*The Climate Action and Renewable Energy Package*），旨在带动欧盟经济向高能效、低排放的方向转型，并以此引领全球进入“后工业革命”时代。根据该计划，欧盟承诺到 2020 年将可再生能源占能源消耗总量的比例提高到 20%，将煤炭、石油、天然气等一次能源的消耗量减少 20%，将生物燃料在交通能耗中所占的比例提高到 10%。此外，欧盟单方面承诺到 2020 年温室气体排放量在 1990 年的基础上减少 20%，如果其他的主要国家采取相似行动则将目标提高至 30%，到 2050 年希望减排 60% ~80%。

2. 美国

在气候变化问题上，美国的态度一向与多数国家相左。由于没有批准《京都议定书》，美国受到了国际社会的普遍批评。但是在可持续能源发展方面，美国吸引的风险资本和私人投资最多，生产税收减免等联邦法规也对开

① 陈怡男，刘鸿渊．跨区域低碳经济协调发展机制的构建［J］．河北经贸大学学报，2013，7：107 -110.

② 庄贵阳，谢倩漪．低碳经济转型的国际经验与发展趋势［EB/OL］．http：//www.022net.com/2009/12 -12.

发和利用可持续能源、发展低碳经济起到了积极的推动作用。2006 年 9 月，美国公布了新的气候变化技术计划。美国将推动在新一代清洁能源技术方面的研发与创新，尤其是将会提供资金用于开发燃煤发电的碳捕获与埋存技术，并鼓励可再生能源、核能以及先进的电池技术的应用，通过减少对石油的依赖来确保国家的能源安全和经济发展。在政府和市场的共同推动下，美国在当前和未来的温室气体减排技术和发展低碳经济方面有可能拥有全球优势。事实上，在金融危机的影响下，低碳技术与新能源经济已经成为美国经济振兴计划的重要战略选择。2009 年 6 月，美国众议院通过了旨在降低美国温室气体排放、减少美国对外国石油依赖的《美国清洁能源安全法案》。该法案规定的减排目标为：至 2020 年，二氧化碳排放量比 2005 年减少 17%，至 2050 年减少 83%。尽管这一中期目标与国际社会的期望相距甚远，美国在应对气候变化的立法过程依然面临诸多挑战，但该气候变化法案的出台，仍然标志着美国在减排方面迈出了重要一步。

3. 英国

英国是最早提出“低碳”概念并积极倡导低碳经济的国家。2003 年，英国政府在《能源白皮书》中提出了温室气体减排目标：计划到 2010 年二氧化碳排放量在 1990 年水平上减少 20%，到 2050 年减少 60%，到 2050 年建立低碳经济社会。2007 年 6 月，英国公布了《气候变化法案》草案，明确承诺，到 2020 年削减 26% ~32% 的温室气体排放，到 2050 年，实现降低温室气体排量 60% 的长远目标。在发布《气候变化法案》的同时，英国出台了《英国气候变化战略框架》，提出了全球低碳经济的远景设想，指出低碳革命的影响之大可以与第一次工业革命相媲美。

通过激励机制促进低碳经济发展是英国气候政策的一大特色。英国气候变化政策中的经济工具包括气候变化税、气候变化协议、英国排放贸易机制、碳基金等各种经济工具，这些经济工具不仅各具特色，而且是一个相互联系的有机整体。其中碳基金公司（The Carbon Trust）是英国政府支持下的一家独立公司，成立于 2001 年，其任务是通过与各种组织、机构合作，减少碳排放量，促进商业性低碳技术开发利用，加速向低碳经济的转型。其业务主要包括 5 个相互补充的重要领域：阐释与气候变化相关的商业机遇，帮助政府和企业做出更佳决策并采取有效行动，推动低碳发展战略；提出碳减排方案，帮助企业和公共部门寻找碳减排的最佳时机和实现路径；汇集关键性技术及资源，扶持创建低碳、高增长企业，加速发展低碳市场；通过创新发展具有商业前景的低碳技术，帮助它们尽早实现企业化并走向市场；给具有商业潜力的清洁能源企业提供投资，同时以商业回报鼓励其他社会资金投向低碳经济发展。

4. 日本

日本是《京都议定书》的诞生地。根据2008年日本提出的“福田蓝图”，其长期减排目标是到2050年温室气体排放量比目前减少60%～80%，把日本打造成为世界上第一个低碳社会。作为世界第二大经济体，日本是世界上主要能源消费大国。近年来，日本不断研发的新能源技术使能源利用效率大幅度提高，新能源开发利用展现出扭亏为盈的倍增趋势，使日本经济的抗风险能力不断增强，大大降低了对传统能源的依赖程度。日本已经在不知不觉中谋求着从“耗能大国”到“新能源大国”的转变。2008年7月，日本政府选定了包括横滨、九州、带广市、富山市、熊本县水俣、北海道下川町6个不同规模的区域作为“环境模范区域”，以表彰和鼓励它们积极采取切实有效措施防止温室效应。此外，重启太阳能鼓励政策，将是日本经济转型中的核心战略之一。2009年日本把发展太阳能首次正式列入日本经济刺激计划，足见太阳能能源的受重视程度。

5. 瑞典

早在1991年，瑞典就开始对油、煤炭、天然气、液化石油气、汽油和国内航空燃料征收二氧化碳税，其税基是燃料的平均含碳量和发热量。瑞典政府希望与国际合作把大气温室气体浓度稳定在550ppm，这意味着瑞典的人均排放在2050年应该低于4.5吨CO_2当量，相当于按当前水平减排超过40%。2009年2月，瑞典执政的温和党、人民党、中央党和基督教民主党四党派就瑞典可持续发展的能源政策达成一致并发布了政策文件。该政策文件指出，瑞典的能源和气候政策应该建立在环保、竞争力和安全三大基石之上。该能源政策的目标是到2020年，使瑞典的可再生能源比例提高到50%，瑞典国内可实现减排任务的2/3，其余的1/3将通过在其他欧盟国家投资和CDM机制等实现。为实现上述目标，瑞典政府将推出一些经济调节措施，如提高二氧化碳税和其他能源税等。

6. 巴西

巴西是推动生物燃料业发展的先锋，也是当前生物燃料业发展较为成功的范例。作为世界上最大的甘蔗种植国，巴西每年甘蔗产量的一半用来生产白糖，另一半用来生产乙醇，代替汽油作为机动车行驶的燃料。近年来，由于过高的汽油价格和混合燃料轿车的推广，巴西燃料乙醇工业更是得到了长足的发展。在混合燃料轿车需求的拉动下，巴西燃料乙醇的日产量从2001年的3000万升增加到2005年的4500万升，已能满足国内约40%的汽车能源需求。如今，与其他竞争燃料相比，巴西的乙醇燃料在价格上已具有竞争性。除了燃料乙醇外，巴西政府于2004年颁布了有关使用生物柴油的法令，规定在2007年前允许柴油批发商在柴油中添加一定比例的生物柴油；从2008年起，全国市场上销售的柴油必须添加2%的生物柴油；到2013年添加比例应提高到5%。此外，巴西还出台了相应的鼓励政策与措施。

（二）国际低碳区域建设的领跑者①

低碳区域是以区域空间为载体，发展低碳经济，实施绿色交通和建筑建设，转变消费观念，创新低碳技术，从而达到最大限度减少温室气体排放的目的的区域。全球消费活动最为集中的地域消费了全球能源75%，占全球温室气体排放的80%。不少区域已经认识到自己的责任，纷纷积极行动起来。2005年10月由伦敦市长发起召开了大区域气候峰会，18个国际级区域成立“大区域气候领导组织”（Large Cities Climate Leadership Group）。2006年8月，该组织与美国前总统发起的克林顿气候动议合作，并更名为“C40”。2007年5月在纽约召开了第二次大会，第三次大会于2009年5月18—21日在韩国首尔举行。

减缓全球气候变化，需要制定全方位的政策，从调整能源结构、提高能源效率、改善区域规划等方面入手，减少温室气体排放。此外，还需要整合和协调不同政策部门的工作，其中的关键便是当地政府的政治意愿。国外一些大区域如伦敦、东京和纽约在应对气候变化行动的反应以及在低碳区域建

---

① 庄贵阳，谢倩漪．低碳经济转型的国际经验与发展趋势［EB/OL］．http：//www.022net.com，2009－12－12.

设方面起到了领跑者的作用。

1. 伦敦

伦敦市长利文斯顿于 2007 年 2 月发表《今天行动，守候将来》（*Action Today to Protect Tomorrow*）计划，把伦敦的二氧化碳减排目标定为在 2025 年降至 1990 年碳排放水平的 60%。伦敦政府认为，转用低碳技术的成本，比处理已排放的二氧化碳所需要的成本低。“不需降低生活品质，只要改变生活方式”是报告反复强调的观念。换句话说，伦敦政府认为应对气候变化，包括节能及提高能源效率等措施，不会令原有的生活品质下降。反之，加强开发应对气候变化的技术，有助于伦敦发展成为环保技术的研发中心。

伦敦政府相信：计划提出的措施，能够在 2025 年前，令该市的二氧化碳排放量每年减少 1960 万吨。然而，要达到减排目标，伦敦还要每年减排 1340 万吨二氧化碳，这需要英国政府推动全国性的政策配合。因此，利文斯顿承诺游说英国政府加快推行相关政策，例如，在全球大规模投资可再生能源，向各行业征收二氧化碳税等。

伦敦市低碳区域建设有几个政策方向：①改善现有和新建建筑的能源效益。推行“绿色家居计划”，向伦敦市民提供家庭节能咨询服务；要求新发展计划优先采用可再生能源。②发展低碳及分散（Development Low Carbon and Decentralized）的能源供应。在伦敦市内发展热电冷联供系统（Combined Cooling，Heat and Power），小型可再生能源装置（风能和太阳能）等，代替部分由国家电网供应的电力，从而降低因长距离输电导致的损耗。③降低地面交通运输的排放。引入碳价格制度，根据二氧化碳排放水平，向进入市中心的车辆征收费用。④市政府以身作则。严格执行绿色政府采购政策，采用低碳技术和服务，改善市政府建筑物的能源效益，鼓励公务员节能。

2. 纽约

经过 5 年多时间，纽约从“9 · 11”灾难的阴影中走出来，经济增长强劲，犯罪率跌至 1964 年以来的最低。然而，纽约市的发展也存在隐忧：人口增长压力，公共交通运输系统和供电设施老化，空气和水污染等。为了让纽约持续地发展，在 2006 年年底，市长彭博宣布一项名为《策划纽约》的行动，长远规划未来 30 年的发展。市政府为此进行为期四个月的咨询，收集公众意见，并与 100 多位市民组织代表会面，举行了十一场居民听证会。在

2007 年彭博公布了计划详情，并确定全球气候变化是纽约面临的一项重要的挑战，而彭博的目标是到 2030 年，在 2005 年水平上减少 30% 的温室气体。《策划纽约》行动强调，“减缓气候变化需要凝结全球的力量，但我们担当不起等待其他人牵头的后果……一直以来，纽约扮演先锋，为现代社会的严峻问题提供答案。”①

《策划纽约》针对全球气候变化提出的措施主要有：①成立“能源规划部”（Energy Planning Authority）。该部门掌管本来分散于不同政策部门的能源工作，如能源需求管理、扩大清洁能源供应、推广节约能源等；②政府拨款支持节能。每年投入相当于政府一年能源开支（电费和暖气费）的金额，用于研发技术和推广节能措施；③提高建筑物能源效益。制定更严格的纽约市建筑物能源规定，如提出更严格的通风标准；同时推广水泥成分减少 30% ~ 40% 的混凝土，以减少生产水泥时排放的二氧化碳；④增加清洁能源的供应。给予太阳能发电装置以税收优惠；培育可再生能源市场；⑤节能。针对政府、工商业、家庭、新建建筑及电器用品五大领域制定节能政策；⑥减少来自交通的温室气体排放。扩建铁路系统和改善巴士服务；试行道路收费计划，在工作日每天早上六点至晚上六点，进入曼哈顿区的汽车需付 8 美元，货车需付 21 美元。

3. 东京

东京政府于 2007 年 6 月发表一份名为《东京气候变化战略——低碳东京十年计划的基本政策》，详细介绍了东京政府应对气候变化问题的政策：东京政府不仅要减少温室气体排放，并且要针对日本政府无法带领该国提出应对气候变化的中长期战略问题，以身作则制定全方位减排政策。东京政府定下目标，要以 2000 年为基准，在 2020 年时减少 25% 的温室气体排放②。

低碳东京的基本政策有四个方面：①协助私人企业采取措施减少二氧化碳排放，推行限额贸易系统（Cap and Trade System）为企业提供多一种减排工具，成立基金资助中小企业采用节能技术；②在家庭部门实现二氧化碳减排，以低碳生活方式减少照明及燃料开支，大力提倡使用节能灯照明，要求

---

① The City of New York，Plan YC：A Greener，Greater New York，2007.

② Tokyo Metropolitan Government. Tokyo Climate Change Strategy：A Basic Policy for the 10 year Plan for a Carbon ［R］. Minus Tokyo，June 2007.

居民放弃浪费电力的钨丝灯泡，与家装公司合作，提醒客户在翻新住房时采取节能措施，如加装隔热窗户；③减少由区域发展产生的二氧化碳排放，新建政府设施需符合节能规定，要求新建建筑物的节能表现必须高于目前的法定标准；④减少由交通产生的二氧化碳排放，制定有利于推广使用省油汽车的规则。

东京、伦敦和纽约在应对全球气候变化、发展低碳区域的经验上，在以下几个方面非常值得借鉴。

第一，应对气候变化的决心。应对气候变化的挑战是艰巨的，决策者必须有坚定的政治意愿，三个区域对自身发展的成熟程度有相当的自觉，不约而同地强调要带领国内其他区域甚至全世界，制定严格的温室气体减排措施和标准：东京政府坚决推行“世界最高水平的应对战略。在解决气候变化问题的方法上领先全国”；伦敦计划成为应对气候变化的科技研发和金融中心；纽约政府决心成为应对全球气候变化的先锋。

第二，制定明确的减排目标。有效的温室气体减排战略，需要清晰的目标作为前提。在这个意义上，三个区域都是共通的。东京的目标是以2000年为基准，到2020年时减少25%的排放；伦敦决心到2025年在1990年的基础上减少60%的二氧化碳排放；纽约计划于2030年，在2005年的排放水平上减少30%的温室气体。只有制定了具体的减排目标，才能让公众监督政府的措施是否有效。

第三，整合不同政策的全方位减排。区域生活的不同层面，如交通、住房、供电等均与能源消耗和温室气体排放息息相关。换言之，从政府管制的角度看，应对气候变化并非任何个别部门能够独立担当的工作。东京强调以区域作为规划单位，制定全球气候变化应对战略；伦敦和纽约也制定了全面战略，从提高能源效率、改善交通规划、提高建筑物设计标准、发展可再生能源等减少温室气体排放，正好说明决策者制定高层次全面政策，协调不同政策的重要性。

第四，应对气候变化与发展经济并行不悖。在保护环境和发展经济之间取得平衡，是可持续发展的核心理念，而伦敦和纽约的经验说明，应对气候变化的政策措施不但不会妨碍经济发展，而且能带来经济效益。纽约政府估计，通过节能和增加供应清洁能源，全市的电费和暖气开支，有望在2015年前每年减少20亿~30亿美元。伦敦政府估计，节能措施可以在未来20年替市民节省10亿英镑的能源开支。此外，伦敦决心把握发展环保技术带来的商机。由此可见，应对气候变化与发展经济并不矛盾。

三、全球低碳发展对中国的启示

“低碳转型”，既是应对和化解当前危机的必要举措，也将为全球经济的可持续发展奠定坚实的基础。联合国的研究已经证明，投资于自然保护领域或生态基础设施领域的经济回报和劳动就业的收益要远远高于投资于传统的汽车制造、钢铁、信息等部门或产业，它们可以成为经济增长的新引擎。

（一）低碳经济发展具有阶段性①

从宏观角度分析，低碳经济发展分三个层次和阶段。第一阶段是产业发展低碳化，主要是新能源产业和节能产业发展，该阶段的关键因素是先进技术尤其是新能源技术和节能技术的研发；第二阶段是区域层次低碳化，主要是低碳园区产业链建设及区域产业低碳化，该阶段关键是生产低碳化；第三阶段是低碳社会建设，不仅要实现生产低碳化还要实现生活低碳化，这一阶段需要生态、法规、道德、教育等更多方面的配合。

具体到中国，低碳经济发展也有阶段性。短期，我国应把节能减排和煤炭的清洁利用作为重点，持续提高能源的利用效率；中期，显著提高可再生能源的比重，推进氢燃料电池等新能源技术以及碳收集与埋存技术的应用；长期，建立以可再生能源、洁净煤、先进核能等为主体的可持续能源体系。除了节约能源、提高能效外，还必须加快开发清洁的替代能源，尤其是战略性地提高可再生能源的消费比重，向“低碳富氢”的方向发展。

（二）对所有国家来说，发展低碳经济，需要认真协调相关政策

发展低碳经济最有借鉴意义的经验或教训，就是基础设施建设完成之后的锁定效应。面对全球经济衰退威胁，中国政府正在采取果断措施，以财政刺激来确保经济实现稳步的增长。中国新一轮财政刺激措施，确实比以往更

① 张英．区域低碳经济发展模式研究［D］．济南：山东师范大学博士学位论文，2011．

加关注民生问题，但重点依然是铁路、机场和高速公路等基础设施建设项目。预计在今后25年，全球能源供应基础建设投资需求高达22万亿美元，仅中国就需要3万亿~7万亿美元。因此，今天关于能源基础设施需求和消费模式的决策对全球稳定温室气体排放的努力具有决定性的影响。为了确保以经济最优的方式过渡到低碳未来，必须避免今天的投资决策锁定于高碳排放的项目建设。

（三）从国际实践来看，节能减排和经济发展之间并不冲突

发展绿色经济有助于中国实现“保增长、调结构、促内需、重民生和节能减排”的多重目标。当然，在诸多重要的切入点当中，因为涉及基础设施建设，要将更多的注意力放在电力部门、交通部门、建筑部门等，把它们放在重中之重考虑。当前，我们的经济面临着被锁定在高污染、高消耗、高排放水平的挑战。如果今天不行动，我们将会在未来数十年陷入被动。

四、中国低碳区域发展探索

在发达国家和国际大都市积极采取行动向低碳经济转型的同时，在国内学界和社会力量的积极关注和推动下，目前，从率先探索的上海和保定，到积极谋划的珠海、杭州、唐山、吉林、德州和贵阳，这条绿色发展之路日渐清晰，各地结合自身的实际情况，因地制宜，迈出了定位准确、特色鲜明的低碳步伐。低碳区域建设既可以打造低碳经济名片，也可以为区域发展带来更多机遇。

首先，发展低碳经济与国家正在开展的建设资源节约型和环境友好型社会在本质上是一致的，是贯彻和落实科学发展观的具体体现；其次，发展低碳经济，通过与节能减排和生态区域建设相结合，促进和协调各地的优先发展领域，强化当地的可持续发展；再次，发展低碳经济可以创造国际合作的机会。目前在中欧战略合作框架下，能源与气候变化问题是合作重点。欧盟成员国在发展低碳经济和减缓气候变化方面积极行动，希望以低碳经济投资和贸易的方式帮助发展中国家发展低碳经济；最后，低碳经济的着眼点是未来数十年以“低碳经济”为标志的新一轮全球竞争。发展低碳经济可以增强经济竞争力。中国区域要未雨绸缪，赶上潮流，争取在竞争中占据一席之地。

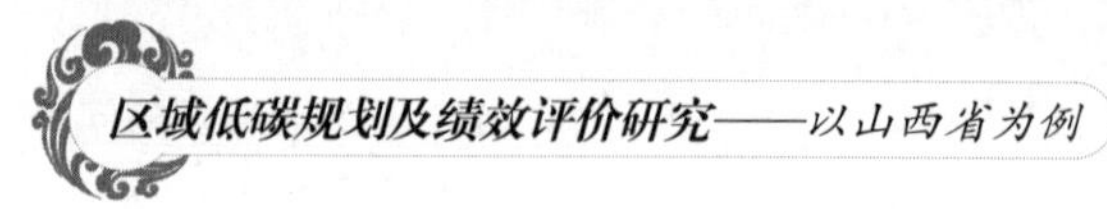

（一）世界自然基金会（WWF）“中国低碳区域发展项目”

2008年1月，WWF启动了“中国低碳区域发展项目”，以期推动区域发展模式的转型，保定和上海是首批试点区域。

上海市在打造“低碳区域”的过程中，着重对建筑的能源消耗情况进行调查、统计，从办公楼、宾馆、商场等大型商业建筑中选择试点，公开能源消耗情况，进行能源审计，提高大型建筑能效。同时还将对公共建筑的物业管理人员进行培训，提高其节能运行的能力。为了减少碳排放量以实现可持续发展，上海市已着手在南汇区临港新城、崇明岛等地建立“低碳经济实践区”，推动低碳经济发展。上海将充分利用南汇区临港新城和崇明岛的后发优势建立和完善实现低碳发展的政策框架，在两地建设若干低碳社区、低碳商业区和低碳产业园区等低碳发展综合实践区，以促进低碳技术的集成应用，带动两地低碳经济的发展，为上海建设低碳区域探索新的发展模式。另外，上海世博园区已在低碳发展方面做了很好的探索。

保定市借鉴美国加州“硅谷”的发展模式，提出了建设“中国电谷”的概念，建设“绿色保定，低碳区域”，依托保定国家高新区新能源和能源设备产业基础，依靠保定国家高新区内的国内外知名龙头企业，打造光伏、风电、输变电设备、新型储能、高效节能、电力电子器件、电力自动化及电力软件七大产业园区。“中国电谷·低碳保定”已成为保定产业发展与区域建设的新亮点与新品牌，为保定迎来一个崭新的发展局面。建设“低碳保定”，就是要探索建立一个低排放、低污染、低消耗、生态化的经济增长方案，实现一种循环、节约、可持续的低碳区域发展之路。2007年年初，保定市政府已经提出了“太阳能之城”的概念，计划大规模应用以太阳能为主的可再生能源，以降低碳排放量。该市规划，力争用2～3年时间，将保定建设成为国内首座在照明、供热、取暖等各个方面大范围应用太阳能的区域，到2010年，全市每年节电4.3亿度，节约标准煤11.8万吨，减排二氧化硫1.29万吨，减排二氧化碳42.8万吨。

（二）中英“崇明东滩生态城”项目

2001年，上海规划将崇明定为生态岛，明确“崇明是上海未来区域发展战略空间”。2005 年 11 月，上海实业集团与奥雅纳公司分别代表中英双方签署了东滩生态城规划项目，明确了将东滩建成全球首个可持续发展生态城。此后，东滩生态城在国际上引起了广泛关注，被美国《商业周刊》评选为“未来中国十大最具影响力的规划与项目”。根据规划，东滩这个大上海城边上杂草丛生的小岛一角，将被建设成为一个可以容纳 5 万人的高能效区域，区域垃圾将被循环用于发电，海边将安装上小型的风力发电机。按照规划，项目第一阶段在 2010 年上海世博会开始之前建成，经过 30 年的建设，最终将成为能够容纳 50 万人的大型生态城。

在东滩生态城的建设起步阶段，其开发模式被河北廊坊和曹妃甸、浙江湖州等地复制和应用。然而，东滩生态城项目终如流星一般陨落，原因在于：一方面，生态城规划虽然由世界知名的建筑工程公司设计，但外方却不了解中国国情和当地居民的切实需求；另一方面，关于实际投资方的争论令东滩生态城缺乏充足稳定的资金支持，由于工程期较长，资金难以到位，随着上海市政府权力更迭，使东滩生态城项目变成了一个烫手山芋，继任者对其唯恐避之而不及（《中国生态城市：早产的乌托邦》）。总之，上海东滩生态城建设所面临的困难和反映出来的问题，为中国各地方区域的低碳区域建设提供了反思的案例，很多经验教训值得吸取。

（三）气候组织“区域低碳领导力”项目

气候组织是一家独立的国际非营利机构，致力于推动各国政府部门和工商企业发挥领导作用应对气候变化，通过推广温室气体减排的最佳实践，推动全球走上低碳经济发展道路。2008 年气候组织正式推出“区域低碳领导力”项目，并得到汇丰气候伙伴同行项目（HSBS Climate Partnership）的大力支持。区域低碳领导力项目致力于推动区域低碳经济的发展，通过研究区域在发展低碳经济方面具有的优势，以及面临的困难和挑战，协助区域政府制定促进当地低碳经济发展的、切实可行的激励政策，建立低碳生态区域联盟，发挥区域领导力，分享资源与最佳实践，共同应对气候变化带来的挑战。气候组织计划在未来 3 ~5 年，在中国发展 15 ~20 个“低碳区域”，在这些区域探索并建立低碳经济发展模式，以推动降低二氧化碳排放的行程，应对气候变化。目标区域除了北京、上海、天津等大区域外，大部分将是中国的二、三级区域，因为这些地区的发展空间更大。气候组织将推动地方政府、金融企业通过政策激励和融资支持，驱动技术创新和资本流动，在区域中推广能有效节能减排的低碳技术。

（四）亚洲开发银行技术援助“高碳产业低碳改造”项目

云南省昆明低碳经济发展示范项目已正式启动。示范项目旨在通过引入国际先进的低碳经济发展技术方法和经验，探索昆明市钢铁、水泥、建材、化工和有色金属五大行业节能减排的有效途径，促进昆明向低碳城市发展，并为云南省发展低碳经济提供借鉴。

第二章　低碳区域规划的基本理论

第一节　规划与相关词汇辨析

一、规划与计划

从英文词源上来看，规划和计划都是同一个英文单词（Planning），应该说从英文意义上看，这两个词是相同的。但是由于我国和英美等国在国家发展战略和社会制度的选择上存在很大差异，因此我国对规划和计划的使用也有较大差别。我国在新中国成立初期，曾照搬苏联的经验，实行严格的计划经济，对市场因素持扼杀态度；而英美等国则以市场经济为主，计划经济为辅，因而对英美等国而言，Planning 指通过政府力量对市场进行调节和控制的一种方式，主要用于弥补市场的不足和外在力量对市场的干扰。而我国则经历了从严格的计划调节到规划来实现科学执政的过程，因此计划和规划的区分不仅反映了汉语词汇的丰富性，更体现了我国执政方式的一种转化和与国际先进政治管理经验接轨的趋势。正是从这个意义上看，计划和规划在诸多方面存在差异。首先，从制定和执行程序上看，计划是一种严格地、自上而下地命令和传达过程，执政者或权威部门根据自身意志和以往经验进行制定；而规划则强调自下而上的民主决策和多方参与，减少强势集团的垄断性，增强决策的科学性。其次，从侧重点来看，计划虽然也包括宏观调控，但是主要侧重于政府主体对经济的直接干预。而规划主要侧重于战略性和指导性，从国外经验来看，规划特别强调对区域协调和城乡协调的指导意义和长期调控。区域规划是引导城市发展的主要手段和制定城市发展政策的主要工具，通过土地使用的合理规划，克服市场失灵以实现区域的高效发展。再次，从法律保障来看，计划主要是通过政府权威来进行制定和实施，具有较大的随意性和主观性，很难排除人为的干扰因素。而从世界各国发展情况来看，任何一项规划的产生都伴有相应法律条文的出现，通过严格的法律对规划进行保护和制约。我国目前相关的规划法案还没有产生，这是一项亟待解决的问题。最后，从主体来看，计划的主体是各级政府，包括中央政府和地方政府。而规划是一个民主参与的过程，主体多样，包括政府、专家、民众等。目前我国区域规划的主体主要包括中央政府和地方政府，他们拥有一定的资金，拥有立法、军队等稀缺资源，拥有对土地等区域公共资源的控制力，对城市公共设施和基础设施的建设负有责任。尽管多元化主体参与或听证的方式已经出现，但是应用范围还不是很广泛。

二、规划与规制

规划与规制的英文分别是 Planning 和 Regulation。规制是政府或社会为实现某些社会经济目标而对经济主体做出的各种直接或间接的、具有法律约束力和准法律约束力的限制、约束、规范，以及由此引起的政府或社会为监督经济主体活动符合这些限制、约束、规范而采取的行动和措施（苏东水，2000）。规划和规制有四个共同点：①从产生原因来看，二者都是由市场失灵引发的，它们的出现都是为了实现对市场失灵的矫正；②从执行主体来看，都主要以政府为主体；③从内容来看，二者都体现了一种规范、规则、措施等；④从作用范围来看，二者均既包括经济方面也包括社会方面，如经济规制和社会规制等。但是二者也存在两点不同：①规划带有约束性，更侧重于预期性、前瞻性和指导性，而规制则主要以约束和监管为主；②作用对象不同。规制侧重对中观产业和微观主体（如企业）的规制，特别是对影响产业、企业的要素进行限制、约束和规范，如价格规制、进入门槛规制等。而规划则侧重于宏观层次的战略、政策、规则等，对于企业的具体行为或活动不加干预。

三、规划与政策、战略

政策是政府用以规范、引导有关机关团体和个人行动的准则或指南。一般的文献总是表面化地把它定义为规划、社会目标，这就混淆了规划和政策的区别。事实上规划和政策是不同的。规划是宏观层面的战略步骤和方案，而政策是准则和指南，是规划的实施手段之一，规划的实现最终要通过不同层面的政策来实现。如区域规划必须通过国家或地方制定的、分类指导的各项政策才能落实，区域间的和谐发展必须依赖于扶贫政策、调整高收入者和中低收入者税收的政策、东部支援西部的政策等。

战略是对全局进行的总体筹划和布局，是根据现状和对未来的预测，结合自身的资源状况，对谋划主体的目标、发展步骤、实现途径而作的规划。战略具有指导性、全局性、长远性、竞争性、系统性、风险性。战略不仅是规划的内容而且也体现了规划的性质，规划一般应具有战略性，也就是说规划具有对未来的前瞻性和谋划性。如西部大开发战略、中部崛起战略、振兴东北老工业基地战略等这些战略是我国“十一五”规划第五篇促进区域协调发展的重要内容，同时这些战略也保证了规划的前瞻性和指导性。因此战略和政策都是规划的题中应有之义，同时政策和战略都是规划的实现手段之一，规划的实现和落实最终要通过不同层面的政策和战略来实现。

通过上述比较鉴别，规划具有以下内涵：

未来导向性。规划反映了主观的目标设想，并有目的地利用自然、创建人为环境，引导期望结果的发生。故规划不是“客观”、“纯经验”的研究，不能追求纯粹的“科学性”。

选择性。在客观约束下，规划需要从大量的备选方案中选择某一特定的组合。从机会成本的角度看，这是一种基于特定目标和一定约束条件的“择优”过程。通过选择，规划应指明未来目标的实现途径。

不确定性。规划往往是“多目标体系”，尤其对于中长期规划，不仅不能避免各目标自身的变动，而且面临着整个规划过程和规划系统内各要素的反馈和演化。由此，一些学者指出，规划目标不应是“一步锁定”，而是“分步锁定”。区域规划的远期目标只能是建立在一个个分阶段目标实现的基础上，根据不断变化的区域内外环境而不断修正的动态过程。将区域规划的种种终极合理目标转化为具体可行的行动过程，是关系到区域规划成败的关键。

公共性（公共政策性）。首先，规划是一种政府工具。常常直接关系到人们的利害。其次，考察各国整个规划过程，大多离不开如下各方的参与，政府（负责发起和组织全程的法律、资源支持）、公众（作为规划的作用对象和政府的服务对象）、专家（提供技术咨询、评审机构服务）、规划师（从专业角度提供备选方案)。最后，规划往往体现为具体的政策，并与财政、基础设施建设等公共事务密切相关。

四、区域规划

区域规划（Regional Planning）是规划的一个分支，主要是从区域角度研究规划。区域规划是在综合评价区域自然条件和社会经济条件、对区域范围内的社会经济系统进行历史和现状分析诊断的基础上，对该区域的经济建设和社会发展所进行的总体部署。区域规划是国家计划——规划工作体系中的一个有机组成部分。在这一体系中，区域规划区别于其他计划工作的最重要特点就是在区域运动发展的时空关系上，更侧重、更强调在时空关系的协调性、有序性和相互对接的基础上发挥其空间部署的特长。

区域规划同国土规划一样，都是一种重点解决空间部署的规划类型。在规划的基础上对区域规划进行解释，需要对区域概念进一步明晰。事实上区域规划的概念之所以争议较大，主要是不同的学者对区域的理解不同。目前主要有四种不同的看法。①对区域作微观意义上的理解，主要是一定范围的土地利用规划或开发规划，认为区域规划就是具体的国土规划，国土规划就是整体化了的区域规划，是在一定地区范围内对整个国民经济建设进行总体的战略部署。也有人认为区域规划是“通过安排各项建设事业的综合布局，进行区域资源的开发、利用、治理和保护，使经济发展同人口、资源环境趋于和谐统一”。②认为区域是一个特定区域，主要从中观层面来界定区域，针对一定地区范围内的国民经济各部门的建设安排，把它们相互隔阂的建设发展规划联系起来，纳入地区生产力空间结构的有机体系。如中国内地的31个省、自治区和直辖市等。③主张从宏观层面对区域进行界定，认为区域是以宏观经济为出发点，对区域空间进行以经济社会发展为目的的规划。④也有立足于问题和矛盾，尤其是区域内、区域间以恶性竞争为代表的市场失灵，市场作用导致的区域间非均衡发展，以及由于发展过于随意而对资源、环境造成的负面影响，致使发展难以持续、人与自然关系失衡。而区域规划正是为了解决这些问题而制定的，有明确的导向和一定的规范，关注协调不同空间单元的关系，克服随意发展的不良后果。现有研究对此也有较多论述，例如，重视解决区域发展中所面临的重大问题应成为编制区域规划的逻辑起点；

不同发展主体间的利益协调关系到最终规划的成败；区域规划最重要的功能在于共同利益之上的区域协调；区域协调是新时期区域规划的核心内容、重点和难点；对于转型期区域规划而言，“以解决区域发展中重大问题为突破口”的规划编制思路可能更具有价值，但这种实用主义的短视必须经过规划的理想主义、理性主义来修正；漠视或规避多元主体利益间的冲突是传统区域规划失败的根本原因，区域规划的工作重心在于区域行为主体间的利益协调。

事实上，所谓区域规划就是在一定的地理空间范围内对经济要素进行布局的制度性安排。在市场经济条件下，企业是市场经济的主体。企业以利润为目标，不可能事事从全局考虑，工厂、道路、住房等又很难移动。因此，政府应从全局考虑对一个区域进行超前谋划。早在2005年，国务院在《关于加强国民经济和社会发展规划编制工作的若干意见》中就提出“国家对经济社会发展联系紧密的地区、有较强辐射能力和带动作用的特大城市为依托的城市群地区、国家总体规划确定的重点开发或保护区域等，编制跨省（区、市）的区域规划，其主要内容是对人口、经济增长、资源环境承载能力进行预测和分析，对区域内各类经济社会发展功能区进行划分，提出规划实施的保障措施等”。从2006年起，国家发展和改革委员会就开始进行编制跨行政区的区域规划试点，如长三角区域规划、珠三角区域规划、成渝经济区规划等。但跨省区规划的编制比较复杂，直到2010年6月长三角区域规划才正式推出。而省域内部的重点经济区由于范围比较小，关键问题容易把握，中央与地方的理念也比较易于对接，所以转向省域内部之后，推出区域规划的速度就加快了。当然，区域规划的重点和难点仍然是跨行政区的规划，省域内部的区域规划是一种尝试，是一个基础，在此基础上才可编制跨行政区的规划直至编制全国性规划。

中国区域规划的发展和演变大致经历了三个历史阶段，各阶段的规划内容反映了不同时期对区域规划的目的、原则的理解。

1956—1980年，中国从苏联引进区域规划。以1956年国务院《关于加强新工业区和新工业城市建设工作几个问题的决定》、原国家建委《区域规划编制和审批暂行办法（草案）》为代表、区域规划以“联合选厂”为出发点，强调工业和城镇布局、区域生产力布局。区域规划的主要内容是“在将被批成新工业区和将要建设新工业城市的地区”根据当地的自然条件、经济条件和国民经济长远发展计划，对工业、动力、交通运输、电力设施、水利、农业、林业、居民点、建筑基地等建设和各项工程设施进行全面规划，使一定区域内国民经济的各个组成部分之间和各工业企业之间有良好的协作配合；居民点的布置更加合理；各项工程的建设更有秩序，以保证新工业区和新工业城市建设的顺利发展。20 世纪 70 年代后期，区域规划强调“先从重点建设地区和重要工业基地做起，要根据各省区发展国民经济的任务，在一定区域范围内搞好生产力的合理配置，安排好各部门之间的协作关系”。

1981—1995 年，中国从西欧、日本引进区域规划。1985—1987 年编制的《全国国土总体规划纲要》启动了各省、地市一级的国土规划；1991 年中共中央书记处关于《搞好我国的国土整治》的决定，体现出对“国土整治”的特别重视。当时也有研究提出：区域规划就是为指导区域开发而制定的规划。其目的在于有效地利用资源，合理地配置生产力和城镇，使区域经济各部门之间、企业之间、生产与非生产建设之间相互协调，提高社会经济效果，保持良好的生态环境，顺利地进行区域开发，促进并保持区域持续发展。其核心则是谋求区域社会经济发展同人口、资源与环境关系的协调。然而，具体实践多注重地区经济发展规划，而忽视了国土空间规划；《全国国土总体规划纲要》及各地的国土规划未能发挥作用，上述协调、可持续发展的设想也未能付诸实施。

1996 年至今，中国国内主创的城镇规划体系，1989 年全国人大常委会通过《中华人民共和国城市规划法》，起初的城镇体系规划主要扮演为城市规划服务的“陪衬”角色。在分析预测区域城镇化发展速度与水平的基础上，着重规划论证城镇体系的规模结构、职能结构与空间结构的演变趋向，以及与空间结构密切相关的基础设施建设布局（“三结构、一基础”），为体系内各城市的发展进行定位。20 世纪 90 年代中期以来，城镇规划体系增加了社会经济发展战略、城镇体系发展与生态环境相互协调等新内容，并划分出不同类型的开发区和保护区以加强分区空间管治功能。

和国外一些国家相比，当前中国的区域规划还很不成熟。根据一些学者的研究，国外较成熟的区域规划，其内容虽各有侧重，却也具有一些共同点：①区域规划离不开国土，紧紧围绕人、经济、资源、环境的相互关系进行；

②区域规划是政府干预和协调地区关系的最重要手段之一，首要任务是通过生产力的合理布局，缩小地区生产和生活条件的差别，谋求适度均衡；③规划内容的重点随着规划主导思想转变而变，从发展生产为主转向侧重人的生活质量和环境问题；④重视基础设施建设；⑤专有为规划的实施而制定的财政、立法、公众参与等政策措施。综合比较，一方面，中国区域规划的演变，体现了从计划经济向市场经济转型的特点，从编制指令性计划转变为编制价值手段为主的、计划与市场兼容性的弹性规划，并配合以多层面的实施手段。另一方面，早期的区域规划往往以经济目标为根本内在驱动，即使涉及社会发展、生态环境保护等内容，也大多难以落实。而随着规划的逐渐成熟，将从经济单目标型转向综合目标型，社会公平、区域平衡、生态环境可持续成为衡量规划方案的重要尺度。

第二节　区域规划产生的原因、特点及作用

一、区域规划产生的原因

（一）弥补市场失灵

1. 外部性

外部性亦称外部成本、外部效应（Externality）或溢出效应（Spillover Effect）。外部性可以分为正外部性（或称外部经济、正外部经济效应）和负外部性（或称外部不经济、负外部经济效应）。外部性问题的产生源于学者对现实的观察，早期在解释外部性时主要采用案例形式，如噪声污染、灯塔照明、黄牛越界吃草等。马歇尔在《经济学原理》一书中提到外部经济，自此外部性问题被引入经济学研究。西奇威克发现海上的灯塔为航行的人照明，但是灯塔管理者却无法因此获得报酬。据此他认为外部性是通过交换，个人并不能为他们的劳务获得适当的报酬。米德认为外部性是作出一个（或一些）决定使根本没有参与的人得到了可察觉的利益。庇古（1924）对外部性作了较为准确的定义，并对外部性作了分类。他提出社会边际净生产与私人边际净生产之间的差异就是外部性，只有当二者相等时，资源配置才能达到最优化；前者大于后者时，会出现正的外部性，反之则为负的外部性，负的外部

性将导致市场失灵。萨缪尔森和诺德豪斯认为：外部性是指那些生产或消费对其他团体强征了不可补偿的成本或给予了无须补偿的收益的情形。兰德尔的定义：外部性是用来表示“当一个行动的某些效益或成本不在决策者的考虑范围内的时候所产生的一些低效率现象；也就是某些效益被给予，或某些成本被强加给没有参加这一决策的人”。从各种文献来看，目前比较一致的看法是鲍默尔和奥茨（1975）。其实，上述对外部性的描述本质上是一致的。即外部性是某个经济主体对另一个经济主体产生一种外部影响，而这种外部影响又不能通过市场价格进行买卖。因此，对外部性的概括：①当某个主体（A）的效用或生产函数包含一个真实的变量，而这个变量又取决于其他主体（B），当 B 不考虑决策对 A 的影响时就会产生外部性；②当决策者的决策行为影响到其他主体，但其他主体并没有为他们所获得的收益付费也没有为他们所受到的损失获得赔偿时即产生外部性。外部性可以分为外部经济（或称正外部经济效应、正外部性）和外部不经济（或称负外部经济效应、负外部性）。外部经济就是一些人的生产或消费使另一些人受益而又无法向后者收费的现象；外部不经济就是一些人的生产或消费使另一些人受损而前者无法补偿后者的现象。例如，私人花园的美景给过路人带来美的享受，但他不必付费，这样，私人花园的主人就给过路人产生了外部经济效果了。又如，隔壁邻居音响的音量开得太大影响了我的休息，这时，隔壁邻居给我带来了外部不经济效果。市场经济这只“看不见的手”并不能解决这一问题，需要政府规划进行干预。

2. 公共物品

19 世纪 80 年代边际学派正式提出公共物品和私人物品。公共物品和私人物品最大的区别在于公共物品的不可分性，而这一特性一方面来自于公共需求的统一性，另一方面来源于公共物品产权的集体性。萨缪尔森[①]指出公共物品的主要特征是消费的不可分性。公共物品主要有两种类型：一种是准公共物品，另一种是某种利益集团的特殊需求。相对私人物品来说，公共物品的特性可以归纳如下：①效用的不可分割性。效用的不可分割性，

① Paul A. Samuelson The Pure Theory of Public Expenditure [J]. Review of Economics and Statistics, Vol 35, No.4 (Nov, 1954): 387 -389.

是指公共物品是向整个社会共同提供的，具有共同受益或联合消费的特点。其效用为整个社会的成员所共享，而不能将其分割成若干部分，分别归属于某些个人和厂商。国防就是公共物品的一个典型事例。相比之下，私人物品的效用则是可以分割的。私人物品的一个重要特性，就是它可以被分割为许多能够买卖的单位。而且，其效用只对为其付款的人提供，或者说是谁付款谁受益；②消费的非竞争性。消费的非竞争性，是指某一个人或厂商对公共物品的享用，不排斥、妨碍其他人和厂商对其的同时享用，也不会因此而减少其他人或厂商享用该种公共物品的数量和质量。非竞争性对一般私人产品来说，一个人消费了这一产品，别人就无法再消费了。非竞争性包含以下两方面的含义。第一，边际生产成本为零。在公共物品的情况下，消费者增加并不需增加任何生产成本。第二，边际拥挤成本为零。每个消费者的消费都不能影响其他消费者的消费数量和质量，这种产品不但是共同消费的，也不存在消费中的拥挤现象；③消费的非排他性。指公共物品一旦被提供，便有众多的受益者共同消费这一物品，要将其中的任何人排除在对该物品的消费之外是不可能的或无效率的。公共物品与私人物品比较见表2－1。

表2－1　　　　公共物品与私人物品的比较

特点	纯公共物品	准公共物品	私人物品
消费时能否分割	不可以	部分可以	可以
购买时能否独享	不可以	基本不可以	可以
支付方式	间接支付（税收）	直接支付和间接支付	直接支付
分配原则	公共选择（投票）	公共选择和市场购买	市场价格
个人有无选择自由	没有	几乎没有	有
不购买可否享用	可以	部分可以	不可以
是否可以鉴定好坏	不易	不太容易	容易
使用时的浪费	不易浪费	浪费太多	较少浪费

公共物品的特性使得公共物品的供给缺乏有效的利益激励，从而导致公共物品供给的困境，公共物品供给是理论研究的一个重点和热点。我们利用一个案例来说明公共物品的供给困境（见表2－2）。两个人决定是否在楼道

内装一盏照明灯，假设装一盏灯的成本是 3 元，灯对两人的保留价格都是 2 元，显然装上灯将实现帕累托改进，但在两人博弈的支付矩阵中（不出资，不出资）是唯一的纳什均衡。这说明在公共物品的供给上，单纯的市场机制无法保证公共物品的有效供给，不能达到最佳的结果。这主要是因为公共物品的特性使得支付矩阵具有一定的稳定性，从而占有战略变成了（不出资，不出资）。

表 2－2　　公共物品的供给困境

个体 1 \ 个体 2	出资	不出资
出资	（－1，－1）	（－1，2）
不出资	（2，－1）	（0，0）

可见，公共物品的特性需要政府进行规划控制，以弥补公共物品的供给不足。同时对于具有一定竞争性的准公共物品，通过充分动员社会力量形成多元化的投入机制和收益机制，从而促进准公共物品的市场化和规划控制的结合。事实上，基础设施规划是区域经济社会发展规划的重要内容，其对于社会经济的持续发展有着相当重要的意义。例如，城市和区域性的公用基础设施工程，如铁路、公路、供水、教育设施等，在建设和管理上都需要政府进行规划。再例如，绿地的确定和保持，废水、废渣的处理，自然保护区的确定，都需要对城市周围的整个区域进行统一规划才能解决。

由于公共物品的共同消费和非排他性，使得每个人不管付费与否以及付费多少，都能得到相同数量的公共物品，所以具备刺激因素使每个人都这么做，都成为了搭便车者。这时，追求利润最大化的生产者就不具有提供公共物品的动机和激励，因为他一旦提供了这种产品，就无法排除不付费的搭便车者对该产品的消费。

3. 不完全竞争

在完全竞争条件下，边际成本 = 边际收益 = 价格，市场能够自动出清从而实现最佳的资源配置。而在不完全竞争条件下，按照边际成本 = 边际收益的原则来决定要素和产品的价格、产量时，由于不完全竞争市场下需求曲线是向下倾斜的，因此，价格高于边际成本，从而不完全竞争市场的定价高于完全竞争市场，产量低于完全竞争市场，给消费者带来福利损失。从效率角度来看，哈勃格（1954）研究发现20世纪30年代美国制造业由垄断造成的福利损失为5900万美元，考林和米勒（1978）考察后发现1963—1966年美国734个大厂商造成的福利损失高达734亿美元，卡莫逊（1966）测算美国垄断造成的福利损失高达国民收入的6%。从社会公平角度来看，不完全竞争市场中的垄断厂商通过共谋、协商行为和高进入壁垒等限制竞争的手段削弱了市场竞争力，造成了分配不公，破坏了资源配置效率。不完全竞争中的垄断者通过某种优势获得了市场控制力，并对消费者的消费函数或生产者的生产函数产生影响，从而影响消费者或生产者的成本—收益分析，受垄断的一方却无法主动进行控制，价格机制无法正常发挥功能，因而不完全竞争也是市场失灵的一个重要因素。

不完全竞争导致市场不能出清，市场可能存在非持续发展，经济系统有着出现经济危机的可能性。这就需要政府进行规划调控。政府的规划控制一方面能够通过政府的强制性力量对影响市场发展的资源过度集中、市场壁垒、价格控制等情况进行抑制；另一方面从维护公众利益角度，减少垄断性组织对资源的任意支配。

（二）协调地区之间的非均衡发展

缪尔达尔提出“循环累积因果论”，指出“市场经济的力量正常趋势与其说是缩小区域间差异，不如说是扩大区域间的差异”。他认为发达地区和欠发达地区要素流动中，不仅劳动而且资本也会由欠发达地区流向发达地区。在市场力量作用下，发达地区经济表现为上升的正反馈运动，欠发达地区经济表现为下降的负反馈运动。在这种循环中，存在着扩散和回流两种不同效应，扩散效应是指发达区域到不发达区域的投资活动，包括供给不发达区域的原材料或购买其原料和产品；回流效应是由不发达区域流入发达区域的劳动力和资本，引起不发达区域经济活动的衰退。在循环累积因果过程中，回流效应总是大于扩散效应，因此区域差异在市场力量作用下会不断扩大。具体来说，由于城市有更高的收入和舒适的生活，边远地区和经济落后地区的大量青壮年被吸引过去，劳动力从乡村流入城区，加剧了城乡经济发展的差距，加大了城市周围地区与边远落后地区经济发展的差距。有些地区虽然有丰富的资源，但因远离大城市或基础薄弱，资源得不到合理开发和充分利用而处于落后状态。事实是：资源首先在一些中心集聚，并迅速实现规模效应和范围经济，并形成邻域渗透效应，使得一定区域内整体能力快速提升。但是越来越多的事实表明，区域资源的回流效应总是先于扩散效应出现，并且回流效应并不必然导致扩散效应，也不必然对区域经济发展产生正向驱动效应。当一个带有明显回流效应的极点区域产生时，有可能使邻域资源“吸空”即“空洞化”或“边缘化”，导致邻域资源更加稀缺。如北京的“空吸现象”导致环绕北京和天津的地区出现大面积贫困带（约有3798个贫困村、32个贫困县、272.6万贫困人口），严重影响了京津冀都市圈崛起的速度。因此，为了协调城乡关系和区际关系，平衡地区之间的社会经济发展关系，我们需要进行区域规划。

区域规划实现均衡发展要求政府一方面通过产业政策、财政政策引导资源的空间有效配置，旨在取得最佳的经济效果，实现区域经济的持续增长，从而增强整个国家的经济实力；另一方面，政府运用各种手段逐步缩小区际差异，旨在取得最大社会公平，实现区域之间的相对均衡发展，从而提高整个社会的和谐程度。例如，20世纪90年代以来，中西部地区与东部地区的经济发展差距越来越大，“十五”时期开始实施新的区域政策，我国的区域规划和区域政策主要是加强区域的协调发展，积极推进西部大开发，有效地发挥中部地区综合优势，支持中西部地区加快改革发展，振兴东北地区等老工业基地。这些规划的实施有效地促进了我国中西部地区经济的崛起，促进了全国经济的协调发展。

（三）保障各区域经济的持续快速发展

首先，区域规划具有后发优势，通过借鉴其他国家和地区的发展经验，以较小的代价获得较大的收益。西方国家的发展经历了从无所顾忌的工业化到重视规划的工业化的百年演进过程，而我们作为发展中国家，只有吸取发达国家的经验和教训才能实现赶超，因而在目前工业化过程中应及早实施区域规划，减少工业化的消耗和浪费。例如，西方国家在工业化进程中普遍以巨大的环境污染为代价，走的是先污染后治理的道路。而我们国家在工业化进程中，就可以具有后发优势，在规划中将“科技含量高、经济效益好、资源消耗低、环境污染少、人力资源优势得到充分发挥的新型工业化”作为我国工业化发展的路径。

其次，区域规划具有前瞻性的特质，通过适当的产业政策和区域发展政策推动区域经济发展。区域规划是通过众多的学者、专家和民众经过长时间论证得到的，起源于对区域经济的现实观察和与其他区域的比较，不仅立足现实，更重要的在于其预见性和指导性，因而规划具有战略性的特征，能对未来区域发展具有较好的引导作用。例如，北京“十一五”规划中提出国际城市的发展理念，这就昭示北京未来的发展将更加国际化，会有更多的跨国机构总部、更多的国际性人才进驻北京，而“十二五”规划中又进一步提出世界城市的发展目标。这样的规划对于北京进一步拓宽城市发展空间，提高城市竞争力具有积极的意义。

最后，区域规划能够发挥区域间的合力作用，实现区域经济的加速发展。一方面，当前区域间的竞争已呈白热化，经济全球化的浪潮将激烈的竞争摆到了每个发展地域单元面前，也为每个发展地域单元带来了无比广阔的发展空间。为了能在这个全球竞争体系中占据更高的地位，强化区域内的联合以获得竞争力的提升自然就成为各级政治权力机构与经济发展机构的主动要求。目前几乎所有国家和地区都不同程度地卷入了区域集团化的浪潮，其成员单位大多已超出城市的范畴，空间经济协调组织尺度亦扩大到国家间的层次。可以说，新背景中的区域规划已经不再局限于解决区域内部的具体问题，而更具有了增强区域自身吸引力和竞争力以获取更多发展机会等自身形态以外的内容，即区域规划具有了空间政策的内涵。原有区域之间的条块分割越来越多地被区域之间的合作替代，区域之间的单纯竞争也被竞争合作关系替代。另一方面，经济的网络化及迅速发展的交通、技术体系的支撑，城镇发展的日益区域化、区域发展的日益城镇化、城乡一体化成为世界各国、各地区空间演化的主导趋势，由此带来了对区域整体发展、城乡协调发展、生态共存共生、设施共享共建等多方面的需求。传统的以单个城镇为中心视点的城市规划体系与思维模式已经无法适应这一新境况，区域规划日渐体现出其无法替代的巨大价值。

总之，规划是宏观调控的重要手段，作为政府经济调节的工具、履行职责的依据、约束社会行为的“第二准则”，能够有效弥补“市场失灵”，有效配置公共资源，增进全社会福利，促进共同富裕。

二、区域规划的特点

区域规划与政府、政府职能、区域系统、宏观调控、产业结构调整、产业政策等紧密联系在一起，规划已成为社会主义市场经济的又一配置职能，是市场配置资源的必要补充。区域规划的编制，要着眼于打破地区行政分割，发挥各自优势，统筹重大基础设施、生产力布局和生态环境建设，提高区域的整体竞争能力。因此，区域发展规划应具有地域性、前瞻性、综合性和战略性。

区域规划工作的地域性包含如下两方面的含义：一是保持地方特色。各地区的资源、经济发展条件、原有基础千差万别，各区域未来的发展方向、目标、地域结构、产业结构和布局、各种基础设施和服务设施的建设也就不会相同。各地区有各自的特殊性，规划要因地制宜，扬长避短，反映出规划区域的特色。二是保持完整的规划范围。规划过程中不仅要把规划区域作为一个整体加以考虑，同时也要对规划区域内所辖地区全面考虑，体现规划在区域空间上的完整性。

区域发展规划的综合性主要体现在如下几个方面：规划内容广泛，对区域内各系统、各组成要素进行全面的考虑，对社会经济各部门进行统筹安排，在综合各部门、各行业专业规划的基础上对区域的整体发展做出统一决策；规划思维方法，着重全面权衡利弊，综合评价、综合分析论证，强调各部门之间、各地区之间的相互协调，弥补单一部门、专项论证的不足；规划方案的决策，是多方面、多目标、多方案比选的结果。区域空间布局方案都不会是唯一的，区域规划应特别注重发挥地区优势，最终规划方案的决策往往是在多方面、多目标、多方案的综合比较中遴选出来的。

区域规划是战略性的规划，它主要体现在：规划时间跨度长；规划关注的问题是宏观的、全局性的、地区与地区之间需要协调的关键性的重大问题；规划指标具有较大的弹性；规划的实施将对区域各方产生深远的影响。

与其他规划相比，区域规划具有如下几个突出的特点：

一是区域规划的范围是以跨行政区为主的。我国国民经济和社会发展计划和规划基本上是以我国县级以上各级行政区为基础编制的，其涉及的范围以行政区为主；而区域规划是以跨行政区的经济区域为主体的，它可以是我国国内几个省、市、区的组合，也可以是省级行政区内若干个重点地区的组合等形式，同时随着经济全球化和区域经济一体化的加快，区域规划也可能涉及我国部分地区和周边国家，如“澜沧江—湄公河流域区域发展规划”等。

二是区域规划的内容不是面面俱到的。区域规划不应是国民经济和社会发展计划、规划在特定区域的细化，它的内容无须包含各个行业、各个领域，面面俱到。但它涉及自然、人文、社会、经济等诸多要素，其中每一要素的变化均会对区域规划的制定和实施产生不同程度的影响。所以，区域规划是在综合考虑多种因素作用的基础上制定而成，是为了解决特定区域内特定的问题和特定的目标而采取的战略措施和方案对策等。区域规划体现了因地制宜、发挥区域比较优势的战略部署。它注重进行差别化的开发建设和保护，主要实现区域资源在不同空间的合理布局。

三是区域规划展望的时限较长。区域规划的时间弹性一般较大，作为国民经济和社会发展规划的重要组成部分，既要与国民经济和社会发展五年、十年规划相协调，对一些重大问题又可展望更长的年限。

四是区域规划与经济社会发展规划和行业规划有不同的内涵。区域规划既不是国民经济和社会发展计划、规划在区域上的细化，也不是行业计划、规划在区域上的汇总。区域规划是为了发挥不同区域的比较优势，反映某地区的资源特点、经济发展和社会发展特点。由于各地区的自然、经济环境不同，不同区域的区域规划也应具有不同的区域特色，从未形成合理分工、优势互补、利益兼顾、协调发展的区域格局，区域规划是对国民经济和社会发展计划、规划在区域上的调整和完善。

五是区域规划还更多地注重人与自然、资源、环境相协调的关系，因此，它是基础性的，是在对自然、经济、社会、技术等各方面情况进行认真调查研究之后制定的，同时它还可以为经济建设提供大量可供参考的资料和实施方案。由于区域规划更注重空间布局、更注重经济发展及其依赖的自然资源条件的关系、更注重区际间协调平衡和联合与协作等问题，同时也由于大部分区域规划展望期比较长，因而它可以成为编制国民经济和社会发展年度计划的重要基础和依据。

根据以上特点，可以认为：区域规划是我国市场经济条件下国家宏观调控的重要手段，是我们国民经济和社会发展规划的重要组成部分，是推进跨省区市联合与协作，促进我国地区经济协调发展，落实可持续发展战略的重要机制。区域规划是规划主体为解决特定区域的特定问题或达到区域内特定目标而制定和实施的战略、发展思路、政策等。

三、区域规划功能和作用

（一）微观指导和宏观规划

从微观层面看，通过不同功能区的科学划分和规划、重大基础设施等项目的合理选址，有利于因地制宜、节约资源、有效利用公用基础设施，从而产生集聚经济效果，扩大布局的正面效应。也就是说，不仅政府公共投资成本可以得到降低，而且有利于社会投入的效益提高，从而达到双赢的目的。

不过，区域规划的更大价值集中体现在宏观层面上，主要包括：①通过协调和统筹地区之间、部门之间以及部门与个人之间的利益，提高社会运行效率；②通过综合谋划和调控规划目标、内容在长期与短期效益之间的协调，以及社会、经济和环境效益的统一，提高区域社会经济发展的综合效益；③通过对市场体制的补充，特别是采取财政转移支付、社会保障体系建立、弱势群体的扶持等方式，实现社会公平，达到公平与效率的统一；④通过统筹兼顾、综合安排、全面平衡，充分体现规划刚性和市场灵活性的优点，同时又要弱化规划刚性和市场灵活性的弱点，使城市规划在指导和引领城市发展的同时，也较好地促进农村的发展。因此，在我国发展与改革进程中，区域规划是有效发挥政府对区域发展宏观调控作用的重要手段，可成为对市场机制的重要补充。

（二）实现区域和区际空间关系的协调发展

区域规划重视区域差异性，注重通过发挥不同区域的比较优势达到区域社会经济协调发展与整体开发的目标。特别是通过布局手段，扶持重点地区或特定区域经济社会的重点建设，在区域非均衡增长中实现经济整体增长的最优化。区域规划是为了解决制约整个区域整体利益最大化的基础性、根本性、共同性、长期性问题而制定的。它通常以规划条文的形式来协调行政区关系、优化空间开发结构和提出区域政策的基本框架。国内外的区域发展理论与实践表明，行政区关系是最重要的一类区域空间关系。由于在不同国家的行政体制下单个行政区域的发展容易出现无序甚至混乱状态（尽管对某一个具体的行政区来说可能属于理性状况），进而会对相邻行政区的发展产生不利影响。这可能导致行政区间的分割乃至利益冲突。因而，需要区域规划来规范行政区域的发展方式和发展目标，弥补市场缺陷，合理调整政府间的资源利用和税收分配关系，实现区域共同利益的最大化。所以，长久以来，区域规划是市场经济条件下政府宏观调控资源特别是空间调控的重要手段。

在一定意义上我们可以认为，区域规划的核心任务是综合协调区域空间发展关系。一般而言，区域空间的结构性要素是指空间中的点、线、面。它们之间相互作用形成增长极、发展轴、发展带组成的空间结构。

为了实现区域空间发展整体利益的最大化，在尊重市场主要配置要素资源的前提下，区域规划能够结合区域发展条件，统筹协调要素资源（特别是公共物品）的区域空间配置结构，进一步改善和提高其空间配置的经济效益。这包括与经济社会发展有关的城乡建设、各类开发区建设和基础设施建设的空间布局协调，以及开发建设布局与国土资源开发利用和生态环境保护整治的协调，还包括不同行政区域、区域内不同城镇以及城乡之间的相互协调。总体上看，区域规划的综合协调过程也是涉及从中央到地方的“条块利益、条条利益、块块利益、集体—个人利益”的博弈过程，以及实现经济—社会—生态效益相统一的探索过程。

（三）实现国家经济社会发展框架与地方能动性的统一

区域规划打破了行政的、省区的界限，按照市场经济的要求，以市场配置资源为基础，贯彻统筹规划、合理分工、发挥比较优势、互惠互利、共同发展等原则，研究解决地区间重大的问题。区域规划的制定和实施，促进了地区产业结构的调整、跨省区重大基础设施的建设、跨省区统一市场的形成以及跨省区经济的联合与协作。区域优势是相对新型区域经济关系的动态变化而言的，区域经济关系和区域分工合作格局的变化会导致区域优势的变化。只有通过区域比较分析才能体现出特定区域的优劣势，学会把其他区域的优势重组过来弥补自身劣势，这就要求打破行政区划和地域分割，建立统一市场，重塑市场经济条件下的新型地区经济关系。因此，区域规划要促使具有区位优势和特殊地理环境相联系的空间功能得到利用，即要保障利益共享和地理环境的唯一性在更大的空间范围内被合理利用。这也进一步突出了区域规划的功能实质并非仅仅是表层意义上的聚落发展和土地利用的调控，而主要是跨行政区利益共事的维护与协调作用。

（四）指导区域功能定位和约束区域空间扩张行为

区域规划的实践改变了传统计划经济形态下只注重经济增长，忽略经济发展与生态建设、环境保护、资源合理开发利用、人口增长以及社会事业发展关系协调的状况。在区域规划编制过程中，特别强调从宏观、长远和统筹的视角，认识和规划资源开发、经济社会发展、环境保护，协调它们之间的关系。区域规划的理论和实践，为后来我国可持续发展战略《中国 21 世纪议程》的编制和实施以及形成地区协调发展战略打下了坚实的基础，促进了中国可持续发展战略和地区协调发展战略的实施。

区域规划的指导和约束功能与作用主要体现在以下三个方面。第一，能够明确被规划区域的整体定位。目前不少区域无法在更大范围内的劳动地域分工中找准自己的位置，无法确定能发挥自身优势与特色的支柱产业，这是导致一哄而上、低水平重复建设的主要症结。区域规划的一个重要功用就是以劳动地域分工为基础，以市场为导向，以提高区域整体发展实力为目标，帮助区域找准最佳定位，明晰产业方向，形成鲜明的区域特色。第二，能够也应该承担规划区域内各行政区共同感兴趣、但难以独自完成的公共服务任务，即进行区域性基础设施的共同建设、区域性投资环境的营造、区域间的合理分工与协作。第三，重点控制和约束关系到区域整体可持续发展的重大问题、区域空间的整体结构和开发方向、区域内不同地方政府的共尽责任的落实内容。例如，在当前我国蓬勃开展的大城市区域和都市圈的区域规划实践中，面临着快速工业化和城市化带来的市中心人口密集、交通拥挤、基础设施不完善等区域空间发展的挑战，迫切需要通过规划指导、协调和约束，科学确定都市圈区域的发展目标、圈域各城市的功能定位和分工、都市圈的空间结构和开发方向，合理规划公路、快速轨道、港口、机场和信息网络等基础设施，促进城市和区域经济社会环境的和谐和可持续发展。

此外，区域规划还承担着防止区域剥夺，保护弱势区域的任务。按照可持续发展的要求，今后我国的经济建设再不能出现以牺牲一个地区或领域的发展换取其他地区或领域发展的状况。那种大城市剥夺小城市，城市剥夺农村的状况必须得到改变。对剥夺行为，客观上需要通过区域规划和区域管制，采取激励、限制、约束、引导等手段，壮大优势产业，保护弱势领域。

第三节　区域规划的理论基础

一、区域规划的思想起源

（一）霍华德的“田园城市”理论①

19 世纪末英国社会活动家霍华德提出了“田园城市”的概念，对世界许多国家的城市规划产生了很大影响。

霍华德在他的著作《明日：一条通向真正改革的和平道路》中认为应该建设一种兼有城市和乡村优点的理想城市，他称为“田园城市”。“田园城市”实质上是城乡的结合体。霍华德设想的“田园城市”包括城市和乡村两个部分。城市四周被农业用地围绕；城市居民经常就近得到新鲜农产品的供应；农产品有最近的市场，但市场不只限于当地。“田园城市”的居民生活于此，工作于此。所有的土地归全体居民集体所有，使用土地必须缴付租金。城市的收入全部来自租金；在土地上进行建设、聚居而获得的增值仍归集体所有。城市的规模必须加以限制，使每户居民都能极为方便地接近乡村自然空间。霍华德对他的理想城市作了具体的规划，并绘成简图。他建议“田园城市”占地为 6000 英亩（1 英亩≈0.405 公顷）。城市居中，占地 1000 英亩；四周的农业用地占 5000 英亩，除耕地、牧场、果园、森林外，还包括农业学院、疗养院等。农业用地是保留的绿带，永远不得改作他用。在这 6000 英亩土地上，居住 32000 人，其中 30000 人住在城市，2000 人散居在乡间。城市人口如超过了规定数量，则应建设另一个新的城市。“田园城市”的平面为圆形，半径约 1240 码（1 码 = 0.9144 米）。中央是一个面积约 145 英亩的公园，

① 韩晶．区域规划理论与实践［M］．北京：知识产权出版社，2011.

有 6 条主干道路从中心向外辐射，把城市分成 6 个区。城市的最外圈地区建设各类工厂、仓库、市场，一面对着最外层的环形道路，另一面是环状的铁路支线，交通运输十分方便。霍华德提出，为减少城市的烟尘污染，必须以电为动力源，城市垃圾应用于农业。霍华德还设想，若干个田园城市围绕中心城市，构成城市组群，他称为“无贫民窟无烟尘的城市群”。中心城市的规模略大些，建议人口为 58000 人，面积也相应增大。城市之间用铁路联系。

霍华德提出田园城市的设想后，又为实现他的设想作了细致的考虑。对资金来源、土地规划、城市收支、经营管理等问题都提出具体的建议。他认为工业和商业不能由公营垄断，要给私营企业以发展的空间。

霍华德于 1899 年组织田园城市协会，宣传他的主张。1903 年组织“田园城市有限公司”，筹措资金，在距伦敦 56 千米的地方购置土地，建立了第一座田园城市——莱奇沃思（Letchworth）。1920 年又在距伦敦西北约 36 千米的韦林（Welwyn）开始建设第二座田园城市。田园城市的建立引起社会的重视，欧洲各地纷纷效法；但多数只是袭取“田园城市”的名称，实质上是城郊的居住区。

霍华德针对现代社会出现的城市问题，提出带有先驱性的规划思想；对城市规模、布局结构、人口密度、绿化带等城市规划问题，提出一系列独创性的见解，构筑了一个比较完整的城市规划思想体系。“田园城市”理论对现代城市规划思想起了重要的启蒙作用，对后来出现的一些城市规划理论，如“有机疏散”论、卫星城镇的理论颇有影响。20 世纪 40 年代以后，一些重要的城市规划方案和城市规划法规中也反映了霍华德的思想。

（二）盖迪斯的生态型区域规划学说

英国生物学家盖迪斯（P. Geddes）在《进化中的城市》（1915）就开始把生态学的原理与方法应用于城市规划与建设，将卫生、环境、住宅、市政工程、城镇规划等综合起来研究，强调把自然地区作为规划的基本构架，还主张城市规划应为城市地区的规划，把城市和乡村的规划都纳入进来，即包括若干城镇和它们四周的影响范围，首创了区域规划的综合研究。他指出，工业的积聚和经济规模的不断扩大，已经造成了一些地区的城市发展显著集中。在这些地区，城市向郊外的扩展必然形成这样一种趋势：使城市结合成巨大的城市集聚（Conurbation）。在这样的条件下，原来局限于城市内部空间布局的城市规划应当成为城市地区的规划。他指出，城市从来就不是孤立的、封闭的，而是和外部环境（包括和其他城市）相互依存的。“人们不能再以孤立的眼光看待每一个城市，必须认真进行区域调查，以统一的眼光来对待它们。”1918 年芬兰建筑师伊里尔·沙里（Eliel Saarinen）从大自然中寻找同城市建设相类似的变化过程，认为城市如同自然界活的有机体，与其内部秩序是一致的，不能听其自然地凝成一块，提出城市建设需遵循“表现的原则”、“相互协调的原则”、“有机秩序的原则”为西方近代衰退的城市找出一种改造的方法，使城市逐步恢复合理的秩序。在城市规划与建设实践方面，1911 年格里芬（Grififn）的堪培拉规划在积极引入和强化自然环境与景观方面进行了成功的实践。规划利用地形，把自然风貌同城市景观融为一体，把自然引入城市，以至堪培拉至今仍享有“田园城市”的盛誉。

生态型区域规划理论学说的突出贡献在于，一定程度上促进了西方对城市的研究由单体分散走向区域综合。特别是，盖迪斯运用哲学、社会学、生物学的相关理论对城市地区进行综合研究，强调把自然地区作为规划的基本框架，倡导建立城市与乡村的一体化规划体系，即规划范围和内容应该覆盖若干个城市以及其周围所影响的整个区域。据此，他所主张的“人们不能再以孤立的眼光看待每一个城市，必须认真进行区域调查，以统一的眼光来对待它们”的理念原则，时至今日，对国内外正在进行的城市与区域规划活动仍具有警示和指导价值。

（三）芒福德的区域整体发展理论

美国学者芒福德明确地提出区域整体发展理论，“真正的城市规划必须是区域规划”。他指出在解决某个城市发展问题时，必须把它同区域联系起来。城市并非孤立的空间存在，它与其所在的区域是相互联系、相互促进、相互制约的辩证关系，用一句话可以概括城市与区域的关系——城市是区域的核心，区域是城市的基础：区域产生城市，城市反作用于区域。每一个城市都有与其相应的地域作为其吸引范围，每一个经济中心都有其相应的经济区域，城市的发展要对周边的地域产生物质与人口的交换作用，而一个城市的形成与发展也受到相关区域的资源与其他发展条件的制约。

这三种学说理论是早期的区域规划思想，由此奠定了区域规划的地位。这一时期也有很多区域规划实践：1920 年 5 月在德国成立的鲁尔煤矿居民点协会编制了鲁尔区《区域居民点总体规划》；1921 年苏联在全国范围内进行了经济区划；1922—1923 年英国当卡斯特编制了煤矿区的区域规划；1929 年美国纽约编制了城市区域规划。

二、传统区域规划理论

（一）均衡理论与非均衡理论

均衡增长论以纳克斯（R. Nurkse）为代表。他认为，落后国家和地区容易产生一种恶性循环，影响资本积累。恶性循环表现在供给和需求两方面。供给方面是由于低的储蓄能力，引起资本不足，造成生产力低下，导致供给水平低，进而又影响储蓄能力，引起资本不足……如此循环不断。在需求方面，由于购买力低，缺乏投资诱因，部分地造成资本不足，造成生产力低下，导致收入少，购买力低……如此循环不息。

为了打破这种贫困的恶性循环，纳克斯主张均衡发展的策略。他认为，落后国家和地区维持各部门均衡发展，可以避免供给方面的困难，避免恶性循环的发生。如工农协调，社会基础设施配套，支持和鼓励多部门的发展，诱发许多关联性生产，使各产业间互相购买彼此的产品和劳务，并且在空间上建立许多据点，凭借便捷的交通联系，将其发展效果波及邻近地区，导致国家在空间上呈现活跃的景象。同样，纳克斯认为，多部门平衡投资，可以使各部门互为顾客，依靠提高劳动生产率，进而提高收入、提高购买力，使国内需求扩大，诱发投资，扩大生产。因而，他认为，平衡增长是提高增长速度的工具。

不均衡增长理论以赫希曼（A. O. Hirschman）为代表。他不同意仅靠增加资本就可打破恶性循环的说法。他认为，管理人才的培养和开发策略的制定与资本同等重要。有些落后国家之所以落后，不是因为缺乏资源、生产因素和资本，而是因为富者奢侈浪费，加上错误的投资策略。他认为，对不发达国家来说，多部门的齐头并进，多元发展，是不现实的，因为这些国家缺乏资金。最现实的办法是在各部门之间，保持某种比例的不均衡增长。不均衡就有压力，压力本身推动发展。在不均衡的发展过程中需要政府干预，支持发展某些私人资本不愿意投资的薄弱部门。如果政府在不均衡发展过程中不能做到不断地产生诱发性的决策及行动去克服不断出现的在供求上的比例失调，那么，这个政府就无力采取一系列的均衡增长所要求的主动性的决策。

不发达国家的资金有限，如将有限的资金均匀分配于各个发展据点和发展部门，这样不仅效果小，而且还会互相抵消，正如把几块小石头均匀投入水面，引起的波纹小，且互相冲突，效果消失。因此，应该集中有限的资金，投入重点地区和主导部门，通过横向水平关联效应，吸引相同产业的发展和集中；通过前向关联效应，利用主导部门的产品发展再加工企业；通过后向关联效应诱发原材料生产，扩大经济效果。为了此策略的成功，就必须认真选择重点地区和主导部门。

（二）增长极理论

经济增长极理论是20世纪40年代末至50年代初西方经济学关于一国经济平衡增长还是不平衡增长论战的产物。一派是以罗森斯坦·罗丹（Rosenstein－Rodan）、纳克斯（R. Nurkse）和斯特里顿（P. Streeten）为代表的平衡增长论，另一派的代表人物是佩鲁（F. Perroux）。佩鲁在《经济空间：理论的应用》（1950）和《略论发展极的概念》（1955）等著述中，最早提出以“增长极”为标志、以“不平等动力学”或“支配学”为基础的不平衡增长理论。佩鲁从“抽象的经济空间”出发，认为“这种空间由若干个中心（或极化点）组成，各种离心力或向心力分别指向或发自这些中心。每一个中心的吸引力和排斥力都拥有同样的场，并与其他中心相互交会。就此而言，任何普通定义上的空间都是由中心及传输各种力的通道组成”。该理论认为，经济发展并非均衡地发生在地理空间上，而是以不同的强度在空间上呈点状分布，并按各种传播途径对整个区域经济发展产生不同的影响。这些点状分布的空间经济活动就是具有成长以及空间聚集意义的增长极。

赫希曼（A. O. Hirschman）也提出过类似的观点，即增长极产生极化效应（回流效应）和涓滴效应（扩散效应），并强调：尽管这两种效应会同时起作用，但在市场机制自发作用下，极化效应占支配地位。他进而提出了“核心与边缘区理论”。

1. 布德维尔对增长极概念的转化

佩鲁研究经济空间是从“作为势力范围的经济空间”入手的，由此导致了他的“增长极”概念过于空泛。佩鲁的弟子、法国经济学家布德维尔（J. Boudeville）在《区域规划问题》（1957）和《国土整治和发展极》（1972）等著述中对“经济空间”这一术语作了开拓性（从经济空间扩展到地理空间、从经济理论延伸到经济政策）的系统阐释。在他看来，经济空间既包括经济变量之间的结构关系，也涵盖经济现象的地域结构或区位关系；增长极既可以是部门的，也可以是区域的，并正式提出“区域增长极”的概念。他还把经济空间或经济区域划分为三类：①同一或均质区域；②极化区域，即指增长极的磁场作用，极化区域内部不同部分通过发展极相互关联，相互依存；③计划区域，计划区域是布代维尔重点分析的对象。在他看来，计划区域是政府计划和政策实施的区域，因而也是实际存在的关联区域，并在性质上更具有政治性；计划区域和极化区域一般是协调的，但鉴于极化区域的多变性，因而这种协调有一定的难度。强调指出，这里实际上已把增长极分为由市场机制支配的、自发生成的增长极（极化区域）和计划机制支配的、诱导生成的增长极（计划区域）。正因为如此，增长极理论是区域经济学的一个突破，许多国家把这一理论运用于区域经济政策和经济发展战略。

2. 推动型产业的特征和作用机制

按照佩鲁的观点，增长极存在与否取决于有无“推进型单元”（Propulsive Unit）。推进型单元可理解为一种优势经济单元，它自身的增长与创新会产生部门关联效应，即带动其他相关产业的发展，并最终促进整个经济的发展。

为了促进增长极的增长，应致力于发展推进型企业和以推进型企业为主导的产业综合体。最早提出推进型产业（也称为主导产业）的是美国经济学家赫希曼，稍后罗斯托对推进型产业进行了明确、系统的研究。罗斯托在《经济增长的阶段》一书中，根据他对西方国家经济发展史的研究指出，在任何特定时期，国民经济不同部门的增长率存在着广泛的差异。这时，整个经济的增长率在一定意义上是某些关键部门的迅速增长所产生的直接或间接效果。他把这些关键部门称为驱动部门或推进型部门。它的主要特点如下：

（1）具有高创新性，能迅速地引入技术创新或制度创新

主导产业能迅速有效地吸引创新成果，即引入新的生产函数。主导产业体现了技术进步方向，它不仅自身技术进步潜力大，而且能带动整个产业体系的技术进步和技术改造，从而改变生产要素的相对边际生产率，使生产要素得到有效合理的配置，提高生产要素的使用效率，从而获得较高的投资率和增长率。能否迅速有效地吸引创新成果是区别主导产业与非主导产业的重要标志。

创新是产生极化效应的动力，创新活动不仅使单个企业获得生产效率的提高，而且还通过创新对当地及周边地区产生重要影响。从技术方面看，增长极内的技术创新活动使企业产出增长率、投资回报率大大高于落后地区的同类企业，从而引起周围地区其他企业的学习和效仿；从社会结构方面看，创新使现有的社会价值观念、行为方式和组织结构更易朝着变革方向转变，使之适应创新结果，并成为下一次创新活动的基础；从社会心理方面看，创新强化了社会群体的进取意识，同时推动了周边地区劳动力为改变自己进入增长中心的比较劣势而努力提高自己的素质。

（2）具有较高的增长率，对经济增长具有较高的贡献

主导产业有比国民经济其他部门更高的持续增长率。这种高增长率主要受两种因素作用。其一，引入新的生产函数和发挥规模经济效益；其二，具有高收入需求弹性，从而为高增长率提供广阔的市场。此外，衡量一种产业是否是主导产业，不仅其增长速度要明显高于国民生产总值的增长速度，而且它还必须在整个经济中占有不容忽视的比重，对经济增长作出实质性贡献，支撑着经济总水平的增长。

（3）具有很强的带动其他产业部门发展的能力，即具有很高的“扩散效应”

主导产业具有同其他产业关联度大、带动系数高、生产链条长、对优化产业结构影响大的特征，从而形成了对其他产业乃至整个经济增长具有重要的、广泛的关联扩散效应。这种扩散效应具体包括：前向效应，是指推进型产业部门的发展诱发出新的经济活动或产生出新的经济部门；后向效应，是指推进型产业的发展对向其提供投入品的产业部门的带动作用；旁侧效应，是指推进型产业部门的发展对地区的影响，包括地区经济结构、基础设施、

城镇建设以及人员素质等方面的影响。推进型产业正是通过这几个方面带动各个产业部门的发展，引起社会经济结构的变化，为经济的进一步增长创造条件。

选择什么样的产业作为增长极，除了考虑产业的前后向及旁侧关联效应外，还应考虑其“增长持续性”、“短缺替代弹性”、“瓶颈效应”等多项基准因素。不仅要有长远眼光，还要能结合当前现实优势——劳动力、自然资源丰富等要素特征。对于给定的经济增长中心，要分析其自然资源、人文资源、资本资源、人力资源、知识资源等在内的要素条件以及获得相关要素的成本，进而选出具有比较优势的产业来发展。进一步分析，由于产业的发展最终要落实到企业这个微观主体上进行，因此，培养推进型企业至关重要。

3. 增长极对周围区域的影响效果

增长极理论认为：一个国家实现均衡发展只是一种理想，在现实中是不可能的，经济增长通常是从一个或数个“增长中心”逐渐向其他部门或地区传导。增长极是由推进型部门和有创新能力的企业在某些地区或大城市聚集发展而形成的经济活动中心，这些中心具有生产中心、贸易中心、金融中心、信息中心、交通运输中心、服务中心、决策中心等多种功能，促进自身并推动其他部门和地区的经济增长。

增长极通过对生产要素的集中使用，有利于集聚经济效益的出现。集聚经济效益主要体现在以下三点：①区位经济。这是由于某项经济活动的若干企业或联系的某几项经济活动集中于同一区位而产生的。例如，商业活动集中于特定区域，能够减少顾客因了解信息、进行比较、实施组合购买以及交通费用等方面支付的交易费用，有利于增大对周边地区顾客的吸引。又如，某一专业化的多个生产部门集中于某一区域，可以共同培养与利用当地熟练的劳动力，加强企业之间的技术交流和共同承担新产品开发的投资，可以形成较大的原材料等外购物资的市场需求和生产产品的市场供给，从而使经济活动更为活跃，形成良性循环。区位经济的实质是通过地理位置的靠近而获得综合经济效益。②规模经济。规模经济是由于经济活动规模在一定范围内的增大而获得内部的节约。如可以提高分工程度、降低管理成本、增加分摊广告费和非生产性支出的份额，从而获得长期平均成本降低和劳动生产率的提高。③外部经济。外部经济效果是增长极形成的重要原因，也是其重要结果。经济活动在区域内的集聚往往使一些厂商可以不花成本或少花成本获得某些产品和劳务，从而获得整体收益的增加。如熟练劳动力蓄水池的出现，能源消耗、运输设施等分摊成本的节约，信息及通信系统快捷，生产服务、教育、医疗、治安等服务获得的便利等。这些收益既是上期集聚经济的果实，又是下期集聚经济的诱导物。增长极通过这种聚集经济带动了自己和周边地区的发展。

然而，增长极理论本身也具有明显的负效应：一个地区的经济扩大对周围地区产生两方面影响，一是极化效应，二是扩散效应。若由于积累循环因果关系，使增长极的极化效应大于扩散效应，则可能导致增长极地区越来越发达，周边地区越来越落后，形成地理空间上的二元经济，使地区经济差距扩大，甚至形成独立于周边地区的“飞地”。但是这一负效应并不是不可逆转的，如果在增长中心的区位选择、产业选择以及经济活动方面注重强化空间经济的扩散效应和辐射效应，那么，增长极理论的负效应会在很大程度上得以消减，从而使增长极理论既能够在较短时期内推进特定地区经济增长，又能够将其经济增长的动力机制传导到周边落后地区，带动周边落后地区共同发展。

4. 极化方式与扩散方式

极化作用和扩散作用，一般表现在三个方面：①技术的创新与扩散。增长极中有创新能力的企业不断进行技术创新，推出新技术、新方法、新产品、新组织与新生产方法。更为重要的是，经济活动的创新导致经济结构的创新。②资本的集中与输出。增长极中一般拥有大量的资本和生产能力，为了自身的发展需要，它可以从其他地区或部门吸引、集中大量的资本，也可以向其他地区或部门输出大量的资本。③产生规模经济效益。增长极的企业和行业集中，生产规模庞大，可以形成规模经济。

极化是外围向中心移动的过程，形式多种多样。从极化波及和影响的范围来看，可以是全国性的，也可以是地方性的。极化作用可以有多种形式，向心极化，即周围地区向极化中心的极化过程；有等级极化，即基层小节点向区域次级增长极极化，而次级增长极又向首级增长极极化；有波状圈层式极化，即极划现象是围绕极化中心向外作波状圈层式展开。在一个区域内，几种极化方式可能同时存在。如乡镇首先向县内各中心极化，各镇和中心城镇又向县城极化；各县城又向邻近的中心极化；各县城和各中等城市再向省内的首位城市，如特大城市极化，呈现出等级式与网络式的极化过程。

扩散是由极化中心向外围移动的过程，作用方向恰好与极化方向相反。扩散有三种方式：近邻扩散、等级扩散和位移扩散。近邻扩散又称接触扩散，指以增长极所形成的核心区为中心向周围地域连续的扩散。就像水波的扩散形式一样，是同心圆式的扩散。“距离衰减规律”在这种扩散过程中表现得相当明显，随着离开扩散距离的增加，扩散强度依次递减。

等级扩散，是以核心区为起点，按照一定等级顺序扩散。某些新思想、新技术的扩散往往是由最大的城市（或最发达经济地域）越过乡镇、小城市向较远距离的规模相当或仅次于扩散源的大城市（或大的经济地域）传播，然后，再跳跃空间向更小一级城市（地域）扩散。这种扩散形式在空间上是不连续的，但遵循一定规则。等级扩散的产生，是因为许多事物的扩散常需要相对类似的空间。

5. 增长极理论在规划中的作用

增长极理论的核心是，在经济增长中，由于某些推进型部门或有创新能力的企业或行业在一些地区或城市的聚集，形成一种资本与技术高度集中，具有规模经济效益，自身增长迅速并能对邻近地区产生强大辐射作用的增长极，通过增长极地区的优先增长，可以带动相邻地区的共同发展。增长极的形成有两种途径：一种是由政府通过经济计划和重点投资来主动建立增长极，一种是由市场机制的自发调节引导企业在这些大城市与发达地区聚集发展而自动产生增长极。这一理论实质上是一种区域内部发展理论，强调区域内部增长中心本身的形成与发展，通过增长极地区的优先增长，带动整个区域经济的发展。

就经济政策而言，该理论主张资源配置应集中在增长极。在空间上，生产要素在一定地区的分布和聚集会形成高速增长的若干点状空间，并由此带动其他地区经济增长。由于增长点具有扩散效应，可以随规模效益的扩大、技术进步的加速、创新群的集聚，通过增长点向外扩散，带动周边地区的经济发展。如果没有增长极，就要创建增长极，因为在有创新能力的部门和推进型产业的共同作用下，“点束式”极点增长及其带动作用要比全面铺开式增长在资源配置上合理得多。究其实质，增长极理论强调的是区域经济的非均衡发展（Balanced Development），希望把有限的稀缺资源集中投入到发展潜力大、规模经济效益和投资经济效益明显的少数部门或区位，使增长极的实力强化，同周围区域经济形成一个势差，并通过市场经济机制的传导媒介力量引导整个区域经济的发展。这为不发达地区在短期内实现经济发展提供了一种行之有效的战略选择。

将该理论在区域规划中加以应用就是要制定增长极战略。众所周知，国家财力有限，如果把这些资金用于支持整个落后地区和社会发展的各方面，恐怕效果甚微。而如果把有限的资源集中投入到发展潜力大、规模经济和技资效益明显的少数部门或区域以形成“增长极”，而后通过强化增长极的极化效应和扩散效应，使增长极再与周围地区形成一个势差，优先发展起来的同时又促进周围落后地区快速进步，从而在短期内使这个欠发达地区发展起来。

增长极战略在许多国家都得到过应用。美国在开发西部时制定了“增长中心战略”，西进运动中在西部太平洋沿岸形成了旧金山、洛杉矶、西雅图等增长极；法国制订了“在经济薄弱地区发展中心计划”；英国则是实施了“企业区、科研—工业综合体园区”等；而我国各地区近年来大力发展的高新技术产业园区、开发区等也是实施增长极战略的具体模式。

（三）核心—边缘理论

完整提出“核心—边缘”理论（The Core - Periphery Paradigm）模式的是美国区域规划专家弗里德曼（J. R. Friedmann）。1966 年弗里德曼根据对委内瑞拉区域发展演变特征的研究以及缪尔达尔（K. C. Myrdal）和赫希曼（A. O. Hirschman）等人有关区域间经济增长和相互传递的理论，出版了《区域发展政策》一书，系统提出了核心—边缘的理论模式。

1. 经济增长的全动态过程

根据核心—边缘理论，在区域经济增长过程中，核心与边缘之间存在着不平等的发展关系。在经济发展的初期，由于某种外部力量的作用，使得一个国家或一个区域的产业在一两个地方（尤其是大城市聚集区）集中发展，而周围地区成为经济、社会、文化、政治等方面相对落后的边缘区。整个空间经济受核心区的支配，各类人才、资金、信息等大量流向核心地区，其他边缘地区相对停滞或走向衰退。这时，边缘区的劳动力、原材料、半成品、资金等资源被吸引到核心区，其发展速度、选择模型也被核心区所控制。总体上，核心居于统治地位，边缘在发展上依赖于核心。由于核心与边缘之间的贸易不平等，经济权力因素集中在核心区，技术进步、高效的生产活动以及生产的创新等也都集中在核心区。核心区发展与创新有密切关系。核心区存在着对创新的潜在需求，创新增强了核心区的发展能力和活力，在向边缘区扩散中进一步加强了核心区的统治地位。

但核心与边缘区的空间结构地位不是一成不变的。缪尔达尔提出了极化—扩散效应来补充核心—边缘模式理论。他把核心区与边缘区经济联系的效果划分并定义成“极化效应”和“扩散效应”。“极化效应”是指在核心区快速增长阶段，边缘区财富向核心区流动，包括资金、技术、人力资本、资源的流动，这种流动造成边缘区经济的衰落。随着财富的不平衡状况迅速膨胀，核心区向边缘区的“扩散效应”开始加强。核心区经济扩展所产生的剩余资本投向新的发展区，核心区的先进技术也将向边缘区扩散，从而出现资金、技术、人力资本等从核心区向边缘区的流动，其结果是促进边缘区的经济发展，核心区的工业比重开始下降，工业活动逐步由核心区向边缘区扩散，特大城市内部的边缘区逐渐被城市经济同化。

正是在“极化效应”和“扩散效应”的双重作用下，边缘地区内可以形成新的核心区，核心区与边缘区的边界会发生变化，区域的空间关系会不断调整，经济的区域空间结构不断变化，使不同区域间的经济发展日益均衡化，最终达到区域空间一体化。

2. 核心区域与边缘区域的划分

核心区域由一个城市或城市集群及其周围地区组成。边缘的界限由核心与外围的关系确定。弗里德曼较为深刻地刻画了核心—边缘结构模式，从一般意义上把它分为四个部分。第一，核心增长区。主要指城市集聚区，这里工业发达，技术水平较高，资本集中，人口密集，经济增长速度快，包括：①国内都会区；②区域的中心城市；③亚区的中心；④地方服务中心。它们是创新变革的发源地，在资本、技术和政策方面具有明显的优势，可以发展那些受原料区位变化影响较小的产业，且由于政治机构集中，处于稳定发展和支配的地位。第二，向上转移（或上升）地带。这个区域是联结两个或多个核心区域的开发走廊，虽然处在核心区域外围，但与核心区域之间建立了一定程度的经济联系，受核心区域的影响，经济发展呈上升趋势，就业机会增加，能吸引移民，具有资源集约利用和经济持续增长等特征。该区域有新城市、附属或次级中心形成的可能。这一地带在核心增长区的刺激下发展起来，投资不断增加，资源利用和农业发展的集约化程度不断提高，人口迁移量不断上升，显示出经济上升趋势。第三，向下转移（或下降）地带。这种边缘地带多为边远的农村地区，还包括原料枯竭、老工业衰退的区域。该区域整个产业结构老化，效率低下，以粗放型经营为主，人口向外迁移。这个地带的社会经济特征处于停滞或衰落的向下发展状态。这类区域可能曾经有中小城市发展的水平，其衰落向下的原因可能有初级资源的消耗、产业部门的老化以及缺乏某些成长机制的传递、放弃原有的工业部门、与核心区域的联系不紧密等。第四，资源边际区。这类地区富有待开发的资源，对区域发展有着极大的潜在价值。它可能位于上升带和下降带之间，随着资源开发和人口聚集，使它与外界尤其是核心区的联系要多于毗邻地区的联系，创新、变革可能以较快的速度到达这类地区。这个地带虽然地处边远但拥有丰富的资源，有经济发展的潜力，有新城镇形成的可能，可能出现新的增长势头并发展成为次一级的核心区域。

3. 核心—边缘理论在规划中的作用

"核心—边缘"理论的价值在于提供了一个关于区域空间结构和形态变化的解释模型，并且把这种区域空间结构关系与经济发展的阶段相联系，为区域规划学家提供了区域规划的系列理论工具。

缪尔达尔认为，核心区的经济发展必然以其他地区的不发达为代价。这是因为，无论哪一个经济部门的增长都必然集中在少数几个地区，带动这些地方的繁荣。如果一些地区不能保持其增长型工业的地位，仍以那些行将淘汰的主工业部门为主，则难以再进一步扩大发展。因此，边缘地区的落后，不仅因为缺乏先进技术、资本和创新能力，而且因为核心—边缘结构关系的制约使边缘地区的现实发展低于可能的水平。

核心区域与边缘区域的空间关系在经济发展的不同阶段会发生转化：在发展的初级阶段，是核心区域对边缘区域的控制，边缘区域对核心区域的依赖；然后是依赖和控制关系的加强。随着社会经济的发展，核心区的扩散作用日渐加强，核心将带动、影响和促进边缘区域的经济发展。边缘区域将形成次级核心，甚至替代原有核心区域的地位。核心与边缘地区应该是一种平等竞争、优势互补的合作与互赢的空间关系。发展核心，带动边缘，是区域发展的重要空间战略举措。任何一个区域都要重视核心区的发展，依靠核心区把区内各种资源凝聚成一个整体。特别是发展中地区要十分注意培育自己的核心区，通过培育和发展核心区，形成创新活动基地，并有步骤地主动向边缘区域扩散联动，促进核心区质量升级，带动边缘区域发展，壮大整个区域的竞争力。

西方经济学家主张扩张核心区与边缘区的市场联系，利用政府力量使新的核心区在边缘区活跃起来，通过不断扩张的市场联系、资源开发、空间扩展和收入增长等政策，逐渐使边缘区的中等城市成为有吸引力的工业区位，甚至依靠行政区划体制将政治权力分散到省、县作为发展中心，使核心与边缘的界限模糊，以致被空间一体化模式所代替。

（四）点—轴渐进扩散理论

“点—轴系统”理论建立在德国地理学家瓦尔特·克里斯塔勒（Walter Christaller）的“中心地理论”基础上。“中心地理论”是关于一定区域内（国家）城市和城市职能、大小及其组成空间结构的学说，它用正六边形形象地概括了区域城市等级与城市规模关系。这一理论为城市规划和区域规划提供了方法论依据。“中心地理论”是关于城市规模等级法则的学说，是城市规划和城市建设的理论模式；“点—轴系统”理论是关于社会经济空间结构（组织）的理论之一，是生产力布局、国土开发和区域发展的理论模式。

1. 据点开发理论和轴线理论

从区域经济发展的过程看，经济中心总是首先集中在少数条件好的区位，呈斑点状分布。这种经济中心既可称为区域增长极，也是点轴开发模式的点。点—轴开发中的“点”是指区域中各级中心城市，它们都有各自的吸引范围，是一定区域内人口和产业集中的地方，有较强的吸引力和凝聚力。点状开发模式指区域的经济开发重心是区域内几个中心城市。开发的任务是进一步扩大中心城市的规模，使之达到和超过最佳规模的下限。此时，极化效应将大于扩散效应。其经济活动应以发展集聚经济为主，通过提高中心城市的经济实力来推动区域经济的增长。

据点开发模式又称为增长极开发模式，其基本思路是：首先选择符合区域条件的主导产业和经济基础相对较好的城市，建立区域经济增长极，促使区域内的要素和经济活动向优势区位集聚，在以主导产业为核心的产业群内合理配置，产生规模经济和集聚经济；然后通过增长极的作用，较快地启动区域经济，在较短的时期内实现区域经济总体上的迅速增长，建立起具有自我增长力的区域经济发展机制，逐步带动区域经济的全面发展。该模式适用于经济发展水平低、传统产业比重大、资源丰富但技术条件差、城市不发育且中心城市没有形成辐射的区域。

随着经济的发展，经济中心逐渐增加，点与点之间由于生产要素交换的需要，需要交通线路以及动力供应线、水源供应线等相互连接起来，这就是轴线。“轴”是联结点的线状基础设施束，包括交通干线、高压输电线、通信设施线路、供水线路等工程线路。线状基础设施经过的地带称为“轴带”，简称“轴”。这种轴线首先是为区域增长极服务的，但轴线一经形成，对人口、产业也具有吸引力，吸引人口、产业向轴线两侧聚集，并产生新的增长点，轴、带的实质是依托沿轴各级城镇形成产业开发带。

所谓轴线开发模式是指区域的经济开发重心是区域内几个重大中心城市之间交通便利、资源丰富等具有发展优势的轴线地带。开发的任务是通过在轴线地带配置一些新的增长极点，“以点带线”，使其逐步形成产业密集带。此时的经济活动仍应以发展集聚经济为主，通过提高重要轴线地带的经济实力来带动区域经济的增长。

2. 点—轴渐进扩散理论的核心

点—轴渐进扩散理论的基本要点是：社会经济客体在区域或空间的范畴总是处于相互作用之中。这也类似于物体空间相互作用的基本原理，存在空间集聚和空间扩散两种倾向。在国家和区域发展过程中，大部分社会经济要素“点”上集聚，并由线状基础设施联系在一起而形成“轴”。这里的“点”指各级居民点和中心城市，“轴”指由交通、通信干线和能源、水源通道连接三突的“基础设施束”；“轴”对附近区域有很强的经济吸引力和凝聚力。轴线上集中的社会经济设施通过产品、信息、技术、人员、金融等，对附近区域有扩散作用。扩散的物质要素和非物质要素作用于附近区域，与区域生产力相结合，形成新的生产力，推动社会经济的发展。在国家和区域的发展中，在“基础设施束”上一定会形成产业聚集带。由于不同国家和地区地理基础及社会经济发展特点的差异，“点—轴”空间结构的形成过程具有不同的内在动力、形式及等级和规模。在不同社会经济发展阶段（水平），社会经济形成的空间结构也具有不同的特征。这种特征体现为集聚与分散程度及社会经济客体之间的相互作用等。

根据对现实中经济和社会空间组织形成过程模式的分析，可以看出社会经济“点—轴”空间结构系统的形成主要有四个阶段。这四个阶段社会经济的空间结构体现了各主要国家和地区的一般规律，而且，也是与社会经济发展的水平和结构特点的阶段差异相一致的。

第一阶段，“点—轴”形成前的均衡阶段，地表是均质的空间，建立在农业社会之上的社会经济客体（以村镇为主的居民点）虽说呈“有序”状态的分布，但却是无组织状态，这种空间无组织状态具有极端的低效率。

第二阶段，社会经济客体开始集聚，点、轴同时开始形成，区域局部开始有组织状态，区域资源开发和经济进入较快增长时期。按照社会经济的发展阶段衡量，这种空间结构特征属于工业化的初期阶段。

第三阶段，主要的“点—轴系统”框架形成，社会经济演变迅速，空间结构变动幅度大，具有工业化中期阶段的空间结构特征。

第四阶段，“点—轴”空间结构系统形成，区域进入全面有组织状态。它的形成是社会经济要素长期自组织过程的结果，也是科学的区域发展政策和计划、规划的结果。从宏观角度考察，空间结构重新恢复到“均衡”阶段。在这个阶段，社会组织、经济组织虽然有高效率，但作为社会发展标志的人口增长和经济却不是高速度。

（五）二元结构理论

二元结构理论起初是对落后国家早期发展阶段中存在的一种状况的描述。“二元”是指一国经济系统中不同性质制度、技术、机制等的并存，如本国传统社会制度和外来社会制度的并存，各部门不同时代技术的并存，自然经济和市场经济的并存等。二元经济论对构成国民经济两部门的提法多种多样，最常用的是传统农业部门和现代工业部门。

1. 经济结构转换中的二元理论

在发展经济学文献中，“二元经济”的思想可追溯到重农学派，但“二元经济”这个术语最初是由伯克（J. H. Boeck）提出的，他在对印度尼西亚社会经济的研究中，把该国经济和社会划分为传统部门和现代化的、由荷兰殖民主义者所经营的资本主义部门。本杰明·霍华德·希金斯（Benjamin H. Higgins）从“技术二元主义”的角度，用生产函数的异质性来表示原有部门和先进部门的区别，从而进一步描绘了发展中国家二元经济结构的特征。

1954年刘易斯创立了经济发展的二元结构模型。这一模型把发展中国家的经济结构概括为现代部门与传统部门，建立了两部门经济发展模型，奠定了无限剩余劳动力供给的二元经济结构理论的基础，成为发展经济学第一阶段的核心理论。他认为，在具有二元经济结构特征的社会里，由于传统农业部门存在着大量低收入的劳动力，所以劳动力供给具有完全的弹性，工业部门可以获得无限供给的劳动力而只支付与传统农业部门维持生存相应的工资，这就促使农业劳动力源源不断地从农村流向城市，这一过程将一直延续到农村剩余劳动力被城市完全吸收，农村工资和城市工资趋向一致，城乡差别逐步消失，国民经济实现现代化为止。刘易斯的二元经济论是具有开拓性的，他把传统部门和现代部门联系起来，用现代部门的不断扩大来说明落后国家经济发展的过程，并围绕这个过程根据收入分配来解释资本积累，同时提出了贸易条件、工农业关系等一系列问题。此外，他也为那些新古典主义和凯恩斯主义假设不适用的国家提出了一个分析经济发展问题的理论框架。

2. 区域结构转换中的二元理论

诺贝尔经济学奖获得者缪尔达尔提出的“地理上的二元经济结构”理论是继刘易斯之后对发展经济学的重要贡献，他从地域角度进一步丰富了“二元结构”理论。缪尔达尔在批判新古典主义经济发展的差别和不平衡的静态均衡分析基础上，运用动态和结构分析方法，根据地区间经济发展的差别和不平衡状况，提出了发展中国家存在经济发达地区与经济不发达地区的二元结构。作为二元结构主体的发达地区和不发达地区的经济不是孤立存在的，它们彼此之间存在着两种相反的效应，即“扩散效应”和“回流效应”。前者使生产要素（特别是资本、人才、技术）从发达地区向落后地区分散，客观上起到了缩小两者经济差别的作用；后者是生产要素从落后地区向发达地区集中，从而扩大了两者之间的差别。就地区经济发展而言，各地区从这两种相互作用中获得的利益取决于二者在该地区作用力的对比。

在完全市场经济条件下，“扩散效应”和“回流效应”是自发形成的。由于各地区经济的差别性，个别地区受外部因素的作用经济发展会快于其他地区而出现不平衡。“扩散效应”和“回流效应”则在其中自动调节生产要素的流动，对资源的优化配置和经济的发展起到推动作用。但当市场经济经过一定的发展之后，市场的局限性日益暴露：市场反映的只是眼前的、局部的情况，解决不了公益性投资的问题；解决不了宏观布局的问题。在市场经济优胜劣汰的原则下，发达地区在很多方面占有绝对优势，而落后地区各方面均较差，竞争的结果必然是更大的“地理上的二元结构”。而忽视落后地区的发展，会导致落后地区的人力、资源、资本存量等处于闲置状态，这不仅会造成巨大的浪费，还会对发达地区的进一步发展形成阻力。

这一问题在研究当今发展中国家的城市化上显得尤其突出。因为发展中国家城市化的一个显著特征就是高度集中的空间模式。这种高度集中于大城市的发展模式，往往直接造成区域之间和城乡之间发展的极度不平衡。这种现状仅通过经济结构的转变以及经济发展过程中城市发展的集聚效应已不足以解释。因此，许多发展经济学和区域经济学文献从区域发展的空间过程的角度提出了有关的理论和模式，“地理上的二元结构”理论无疑为研究发展中国家的区域经济发展问题提供了方法论的指导。从这一思想出发，自20世纪50年代以来，先后形成了以区域经济不平衡发展为核心的一系列理论。虽然这些理论也存在着分歧，特别是在二元空间结构的变化上争议较大，但它们基本都承认空间二元结构和区域经济发展不平衡的客观存在。

3. 二元结构理论在区域规划中的作用

（1）重视农村地区的发展

农村富余劳动力向非农产业和城镇转移，是工业化和现代化的必然趋势。没有广大农村的发展，就没有中国的全面工业化与现代化。全面繁荣农村经济，加快城镇化进程，必须首先全面实现广大农村的工业化，以工业化带动城市化建设，走二元工业化结构与城市化的发展道路，这是我们的必然选择。

第一，以现有的县域和有条件的建制镇为基础，科学规划、合理布局“新生城市增长点”。对人烟稀少的区域则要做出新生城市增长的长远规划，并加紧制定和实施人口流动与聚集政策。为此构建创新规划和政策支持系统，对每一个新生城市的发展都要精心设计，对新老城市的和谐互动关系要统筹考虑①。

第二，新型工业园（或产业园）建设是我们解决“三农”问题的有效措施。在区域规划中要重视这种产业区的重要性，使其能够发挥在经济中的带动作用。要注意的是，工业园的建设必须建立在引水、修路和输电先行基础之上，通过招商引资、企业扩张和政府扶持进行综合开发。为此要为其构建技术、人才、资源、资金和相关制度保障支持系统。在区域的产业规划中，要充分考虑区位的自然资源、人力资源和交通环境状况，对不同地区的产业整体进行特色定位，使不同产业合理分布，同类产业集群形成优势。从而带动信息、金融、交通运输、房地产和娱乐服务等第三产业的规模化发展，将大量的农村劳动力逐步转移到各个行业。

第三，当大量的农村劳动力转移到城市时，随着城市化的发展，集约了大片农村的土地，在农村开始实施农业产业化和工业化，为其构建现代化农村和农业产业支持系统，对农、林、牧、水产、养殖和加工业进行综合规划。

（2）加强城乡一体化规划

城乡统筹发展关系到城乡发展的大局，应该相对集中力量，对此进行全方位、多侧面、广视角的研究。通过科学规划、精心实施，把城乡广大人民群众全面建设小康社会的强烈愿望变成个体思路和奋斗目标，发挥优势，合力推进。这个规划应包括以下内容：一是城乡统筹发展的战略思想、战略目标、战略部署、战略重点；二是统筹城乡发展的方向和主要任务，着重在统筹城乡空间、统筹城乡产业、统筹城乡社会进步、统筹城乡发展理念等方面，提出消除二元结构，缩小城乡差别的主要途径；三是城乡统筹发展，消除城乡二元经济结构的支持体系，主要有管理体制的支持、政策法规的支持、资金财力的支持等。

---

① 安川金．中国二元经济结构及其发展中的矛盾与问题［J］．生产力研究，2005，7．

三、现代区域规划理论

鉴于“高投入、高消耗、高污染”的传统经济发展模式造成了对自然环境的极大破坏，20 世纪 70 年代中期以来世界各国对传统的区域发展理论和实施政策开始进行深刻反思。其中，曾经普遍以经济增长率作为发展主要目标的传统发展观开始遭受质疑和抛弃。区域发展应该是整体的、综合的、内在的，不仅包括经济的增长，还包括社会的进步和生活质量的提高①。由此，区域发展的理论内涵及研究视点均发生了根本性变化。

（一）地域生产综合体理论

20 世纪 40 年代，苏联经济地理学家 H. H. 科洛索夫斯基首次提出了地域生产综合体的概念。他指出，在一个工业点或一个完整的地区内，根据地区的自然条件、运输和经济地理位置恰当地（有计划地）安置各个企业从而获得经济效果。这种地区内各企业之间的结合就算是地域生产综合体②。同时，科洛索夫斯基认为，应以地域生产综合体内各部门企业的技术联系来合理组织生产过程。之后，1978 年苏联国家计委生产力委员会主席 H. H. 涅克拉索夫在其论著《地域经济学》中对地域生产综合体进行了概念拓展，即除包含各部门企业的合理结合思想外，还突出了物质生产部门与非生产性基础设施的合理结合的内容③。苏联运用地域生产综合体理论，根据各个地区的自然条件、资源状况、经济基础、主要生产专门化部门、经济发展面临的问题以及长远发展方向，把全国划分若干个大的基本经济区，且每一个经济区都有一个或几个主要专门化部门并与其他生产部门有机结合、综合发展，形成一个有机的地域生产综合体，而使区域规划演变成为对国民经济各部门所进行的综合地域规划。地域生产综合体发展成为指导第二次世界大战后苏联经济建设中广泛采用的一种地域生产组织形式。

尽管地域生产综合体理论在于促进实现资源综合利用，揭示内部要素结

---

① Lloyd M. G. British Planning：50 Years of Urbanand Regional Policy［J］. Land Use Policy，2000（4）：359－360.

② H. H. 科洛索夫斯基．经济区划原理［M］．莫斯科：莫斯科政治书籍出版社，1958.

③ 周起业等．区域经济学［M］．北京：中国人民大学出版社，1989.

构和部门关系、加强产业协作和延伸产业链等方面，对区域经济布局具有一定的科学指导意义。但是，由于它毕竟是在计划经济体制下为解决重大的国民经济任务形成和发展起来的，在当今全球市场经济环境中如再依赖国家和地方的大规模生产投资活动，组织实施以产业发展和布局为重点的区域规划已经难以适应经济社会发展变化的需要。

（二）系统论

1. 系统论概述

主要创立者是美籍奥地利生物学家贝塔朗菲（L. V. Bertjanffy）。1945 年发表《关于一般系统论》论文，宣告了这门新学科的诞生。经过几十年的发展和完善，系统论已经蜚声世界，并在现代科学技术群中独树一帜。系统论不仅在技术科学、自然科学和社会科学领域结出了累累硕果，而且给人类带来了新的思想观念，并引起了思维方式的巨大变化。

系统这一名词来源于希腊文，原意为由诸多部分组成的整体，或者说是处在相互关系和联系中的要素集会，它构成某种整体性和统一性。贝塔朗菲的定义："处于一定的相互联系中的与环境发生关系的各组成部分的整体。"这个定义强调和突出了两个方面：一是系统是由相互联系的要素构成的；二是系统不是孤立的，它与外部环境发生关系。

普遍公认的定义：系统是由相互作用和相互依赖的若干组成部分结合而成的具有特定功能的有机整体，而这个整体本身又是它所从属的一个更大系统的组成部分。

现代系统论是美籍奥地利生物学家贝塔朗菲创立的一般系统论，也叫通系统论（简称系统论）。它以抽象的客体系统为研究对象而撇开系统的具体物质运动形态，着重考察系统中整体与部分、结构与功能之间的关系，并运用数学手段和计算工具，确定适用于所有客体系统的一般原则和方法。特别强调整体与部分之间的相互联系和相互作用。现代系统论从不同方面展示了系统联系和系统发展的一般性质以及系统观、过程观和时空观的内容。

系统论认为，整体性、关联性、等级结构性、动态平衡性、时序性等是所有系统的共同的基本特征。这些，既是系统所具有的基本思想观点，而且它也是系统方法的基本原则，表现了系统论不仅是反映客观规律的科学理论，

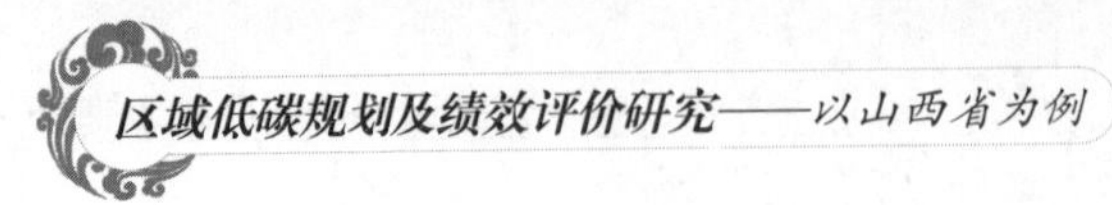

而且具有科学方法论的含义，这正是系统论这门科学的特点。贝塔朗菲对此曾作过说明，英语 System Approach 直译为系统方法，也可译成系统论，因为它既可代表概念、观点、模型，又可表示数学方法。他说，我们故意用 Approach 这样一个不太严格的词，正好表明这门学科的性质特点。

系统论的核心思想是系统的整体观念。贝塔朗菲强调，任何系统都是一个有机的整体，它不是各个部分的机械组合或简单相加，系统的整体功能是各要素在孤立状态下所没有的性质。他用亚里士多德的“整体大于部分之和”的名言来说明系统的整体性，反对那种认为要素性能好，整体性能一定好，以局部说明整体的机械论的观点。同时认为，系统中各要素不是孤立地存在着，每个要素在系统中都处于一定的位置上，起着特定的作用。要素之间相互关联构成了一个不可分割的整体。要素是整体中的要素，如果将要素从系统整体中割离出来，它将失去要素的作用。

系统论的基本思想方法就是把所研究和处理的对象当做一个系统，分析系统的结构和功能，研究系统、要素、环境三者的相互关系和变动的规律性，并以优化系统观点看问题，世界上任何事物都可以看成是一个系统，系统是普遍存在的。大至渺茫的宇宙，小至微观的原子，一粒种子、一群蜜蜂、一台机器、一个工厂、一个学会团体等都是系统，整个世界就是系统的集合。

系统是多种多样的，可以根据不同的原则和情况来划分系统的类型。按人类干预的情况可划分自然系统、人工系统；按学科领域就可分成自然系统、社会系统和思维系统；按范围划分则有宏观系统、微观系统；按与环境的关系划分就有开放系统、封闭系统、孤立系统；按状态划分就有平衡系统、非平衡系统、近平衡系统、远平衡系统等。此外还有大系统、小系统的相对区别。

系统论的任务，不仅在于认识系统的特点和规律，更重要的还在于利用这些特点和规律去控制、管理、改造或创造系统，使它的存在与发展合乎人的目的需要。也就是说，研究系统的目的在于调整系统结构，协调各要素关系，使系统达到优化目标。

系统论的出现，使人类的思维方式发生了深刻地变化。以往研究问题，往往是把事物分解成若干部分，抽象出最简单的因素来，然后再以部分的性质去说明复杂事物。这是笛卡尔奠定理论基础的分析方法。这种方法的着眼点在局部或要素，遵循的是单项因果决定论，虽然这是几百年来在特定范围内行之有效、人们最熟悉的思维方法。但是它不能如实地说明事物的整体性，不能反映事物之间的联系和相互作用，它只适应认识较为简单的事物，而不胜任于对复杂问题的研究。在现代科学的整体化和高度综合化发展的趋势下，在人类面临许多规模巨大、关系复杂、参数众多的复杂问题面前，就显得无能为力了。正当传统分析方法束手无策的时候，系统分析方法却能站在时代前列，高屋建瓴，纵观全局，别开生面地为现代复杂问题提供了有效的思维方式。所以系统论，连同控制论、信息论等其他横断科学一起所提供的新思路和新方法，为人类的思维开拓新路，它们作为现代科学的新潮流，促进着各门科学的发展。

系统论反映了现代科学发展的趋势，反映了现代社会化大生产的特点，反映了现代社会生活的复杂性，所以它的理论和方法能够得到广泛的应用。它不仅为现代科学的发展提供了理论和方法，而且也为解决现代社会中的政治、经济、军事、科学、文化等方面的各种复杂问题提供了方法论的基础，系统观念正渗透到每个领域。

2. 系统论在区域规划中的作用

（1）整体性

区域规划系统是由各组成部分和相对独立的子系统构成，包括总规划和专项规划，如区域产业规划、区域环境规划、区域基础设施规划等。整个规划系统的良性运作不仅取决于各规划自身，更有赖于它们彼此之间的有机整合，正如系统论所阐述的基本观点“整体大于各孤立部分之和”，区域规划系统内不同的构成要素通过相互协调，往往在系统功能上可以实现整体优势。这就要求规划编制过程中要高度重视规划衔接工作，促进专项规划、区县规划与总体规划的相互衔接以及各级各类相关规划之间的相互衔接，加强国民经济和社会发展规划与土地利用规划、城市规划等相关领域规划的相互协调，这样才能将规划的效能充分发挥出来。

（2）开放性

区域系统是属于耗散结构的系统，具有开放性。经由各种复杂的人员、物质、信息、技术以及能源交流与区域外部环境之间保持着密切的相互作用，并且在更为宏观的系统中承担一定的功能职能。区域系统的内部开发性指系

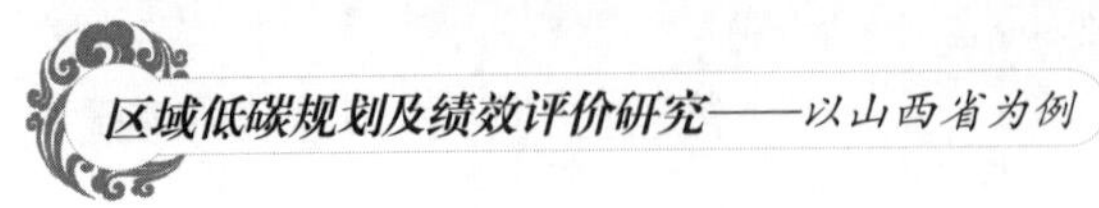

统内部诸要素之间（城镇空间与乡村空间、城镇群体之间、社会经济活动与物质环境之间等）以及系统与环境（外部系统）之间存在着有机联系。系统内部的有机关联决定了城市与区域发展中各子系统的协调性原则，而系统与外部环境之间的有机关联则表明系统的开放性。特别是在当今局域性的区域系统逐渐被融入全球系统，区域与外界在资源、信息、物质上的交换日趋频繁，经济、文化交流日益密切，因此区域规划的编制必须要充分考虑到外部大的宏观环境。例如，我国在进行区域规划的时候就要充分考虑到所处的国际环境，国际能源环境、经济环境、政治环境等因素对于我国区域规划的编制和实施都有一定的影响。

（3）动态性

系统内部和外部的存在与发展条件总是不断变化的，所以对于某一特定的区域，无论是规划的提出还是发展政策的制定都是一次暂时性的解答。按照系统论的研究，复杂系统总是处在从一种均衡态开始，受到来自系统内部或外部的“扰动”，引发系统的变迁进入非均衡态，通过调整机制再次向新的均衡演变的动态过程中。其中如果没有足够强的“扰动”，系统将停滞在低水平，而无法向更高的均衡态跃升，这称为“锁定”。其发展的过程不仅取决于系统的结构、外部环境以及“扰动”的方式及强度，而且取决于系统的初始选择，即“路径依赖”（Path Dependence）。演化的结果受多种因素影响，存在多种均衡现象。当今，在市场经济环境中，各种不确定因素的共同作用使区域发展面临非常复杂的局面，正向的、积极的“扰动”使区域向更高的层次跃进。而负面的、不利的“扰动”将使区域的发展出现倒退。这就要求区域规划，强制采取动态的、富有弹性的方法，适时地对区域发展做出调控，从外部引入各种积极的、正向的“扰动”，避免区域系统在低水平“锁定”。

（三）区域创新理论

在知识经济形态下，知识资源和知识资产的传播和运用激发了创新，知识已成为区域发展的根本，创新成为区域经济发展的“引擎”和“推进器”。一些自然资源丰富的地区由于缺乏创新而使经济滞后，同时一些自然资源贫乏的国家或地区却凭借创新而使经济得到快速发展。

1. 创新的含义

1912年，经济学家约瑟夫·熊彼特将“创新”概念引入经济学，提出“创新理论”。熊彼特认为，所谓“创新”，就是建立一种新的生产函数，把一种从来没有过的关于生产要素和生产条件的“新组合”引入生产体系。熊彼特列出了5种新组合：①采用一种新的产品；②采用一种新的生产方法；③开辟一个新的市场；④掠取或控制原材料或半制成品的一种新的供应来源；⑤实现任何一种工业的新的组织。

熊彼特的创新理论所说的创新指一个过程或一个系统工程，是既包括开发新产品，也包括将这些开发成果转化为物质生产力而在市场上得到实现的全过程。这种有关创新的概念能够较好地体现技术变革在经济发展中的作用，同时有利于纠正科学技术与经济相互脱节的弊端，促进了技术和经济的结合。这种“创新”的概念已经在许多国家和国际组织中得到了广泛的认同和应用。

受熊彼特的启发，现在多数学者从广义的角度理解创新。尼尔森对创新的含义重新做了说明，他指出，“创新”包括企业掌握和开发新产品的设计过程和制造过程，而不论这些过程对整个世界来说，或者对该国来说是否是全新的。可见尼尔森更多强调的是“过程”。库克区分了创新和发明，他认为“创新”是知识的商业化，而发明是新知识的产生。库克进一步指出，技术变化从广义上说不仅是单纯的技术进步，它也包括组织行为的改变以及一个系统中不同主体之间相互关系的变化。在这里，库克指出创新是一个系统，应该从系统的角度理解创新，他认为创新与制度的变化是联系在一起的。他还认为创新是一种集体的努力，一种合作进程，这样理解的创新已完全是针对区域创新的分析了。

可见创新不仅是技术的推动过程或一项孤立的事件，也不仅是产品或工艺的改良，它是一个系统的、动态的、突变与渐进相结合的过程。

2. 区域创新系统理论的起源

区域创新系统有人也称之为区域创新体系或区域创新网络，这是由于翻译理解的不同。区域创新系统概念（Regional Innovation System，RIS）在1992年提出，是世界经济学界和地理学界的一个新领域，它通过“后福特主义”、“产业群”、“区域的崛起”等经济的实践和经济理论展开得到发展，它以系统的、动态演化的观点将新区域科学中的制度、文化、组织等因素和新马克思主义和新熊彼特主义的创新研究在市场机制起主导作用的背景下结合起来，以解释区域进行系统性创新的能力和潜力以及对制度、组织等环境条件的要求，从而建立区域创新、地方环境和区域增长之间的有机联系，组成了一个分析区域创新和区域经济发展的有效理论框架。区域创新系统是国家创新系统（National Innovation System，NIS）的延伸，英国卡迪里大学的库克（Philip Nicholas Cooke）对它进行较早和较全面研究理论与实践研究，代表作是《区域创新系统：全球化背景下区域政府的作用》（1996）。

中国从1996年起，在国家创新系统框架内，开始区域创新系统的研究。区域创新系统理论的来源及基础主要有：国家创新系统理论、渐进经济学理论、新区域科学和现代发展理论及新产业区理论。区域创新系统理论中较为有影响力的理论有企业群理论、三螺旋理论、区域创新网络理论等。

3. 区域创新系统理论的基本概念

库克认为，区域创新系统主要是由在地理上相互分工与关联的生产企业、研究机构和高等教育机构等构成的区域性组织体系，而这种体系支持并产生创新。刘金友认为区域创新体系是指一个经济区域与技术创新的产生、扩散和应用直接相关，并具有内在相互关系的创新主体、组织和机构的复合系统。王核成、宁熙认为区域创新网络是指某一特定区域内互相联系，在地理位置相对集中的利益相关多元主体共同参与组成的以技术创新和制度创新为导向、以横向联络为主的开放系统，它是在地理位置相互靠近的经济主体之间通过某种方式而形成的一系列长期交易关系集合，其中既包括把各类行为主体联结起来的一般联系，更大量的则是体现在系统内以资产、信息、人才、技术的流动等具体形式之上的经济主体之间的交互关系。一般认为，区域创新系统是指由一个区域内参加技术创新和扩散的企业、大学及研究机构、中介服务机构以及政府组成的，为创造、储备、使用和转让知识、技能和新产品提供交流关系的网络系统。可见，人们对区域创新系统的概念有多种的理解，但其基本内涵是：①具有一定的地域空间范围和开放的边界；②以生产企业、研究与开发机构、高等院校、地方政府机构和服务机构为创新主要单元；③不同创新单元之间通过关联，构成创新系统的组织结构和空间结构；④创新单元通过创新（组织和空间）结构自身组织及其与环境的相互作用而实现创新功能，并对区域社会、经济和生态产生影响；⑤通过与环境的作用和系统自组织作用维持创新的运行和实现创新的持续发展。

4. 区域创新系统的功能和特征

区域创新系统功能抽象表达为协调、催化、化险、解惑，具体功能说法是：推动区域产业结构升级，形成区域竞争优势，实现区域经济跨越式发展。更详尽的一种说法是整合区域创新要素，激活中小企业，发展高新技术产业，促进科技成果转化，加快传统产业改造和推进制度与机制创新，其实，区域创新系统作为一个动态开放系统，基本功能在于交流，并在交流中创新，最后归结为促进、保障区域经济和社会的持续发展。

关于区域创新系统的特征，它具有客观性、多样性、整体性、自组织性和开放性等特征，有人认为区域创新系统具有系统性、经济性、创新性、区域性和开放性，也有人详细述之为：①它是一个由各要素的有机结合而成的系统；②功能和组织结构具有可分性；③它强调区域在全国乃至全球经济中的分工；④它的重点在技术开发、技术扩散和技术的应用。总体来说区域创新系统的特征是主体多元性的，网络交流多层次、多渠道及相对稳定的，网络本质是动态的。

5. 创新理论的发展——从线性创新到网络发展①

早期的创新理论，是“线性模式”的思维。1989 年，米切尔把创新的过程比喻为“急速前进的队伍”，即“某人在研究实验室里提出一个思想，把它交给设计部门进行设计，制造部门根据设计图纸的规格来生产，最后，产品被拿到市场上销售”。这种“发明—开发—设计—生产—销售”的整个过程都在企业内部发生，而其他企业采用新思想或新产品就是创新的扩散。在空间分析中，区位条件的变化使得创新过程在地理空间上呈等级结构，也就是说，创新的早期阶段（研究与开发、产品创新）和扩散阶段的早期，企业集聚在发达的核心地区；在创新的后期阶段（过程创新）和产品采用的后期，企业分散在较不发达的边缘地区。

还有一些研究认为，创新不一定是从发明开始到扩散的线性模式，而是在不同的出发点上都有可能发生，即不同创新源中的所有活动都有可能创新。而且，创新通常是在研究与开发活动之外，在生产实践中发生。20 世纪 80 年

---

① 王德禄．区域的崛起——区域的新理论与案例研究［M］．山东：山东教育出版社，2002.

代后期的一些文献这样提到，创新与新产品开发活动是按照一个从小规模的、渐进的创新到大规模的、能导致技术革命的、相互联系的创新簇的过程中进行的。

创新从空间角度来讲，既可以是全球性的（例如，企业运用战略联盟来开辟国外市场或探听远距离的技术信息），也可以是全国性的（例如，国家通过建立国家范围的合作机构、研究性大学以及研究性实验室等来提高国家的竞争力）。再有一种就是区域性的，也就是通过企业的地理接近和地方联系（产业集群）来获得创新能力。

（四）可持续发展理论

随着经济的发展，人类社会对环境的冲击力大大增强，全球范围的环境污染和破坏日益严重，于是环境问题开始作为一个重大的科学技术问题由一些科学家提出。对于“环境问题”的提出，人们首先根据传统理论研究治理方法和技术，同时人们进一步体会到，仅靠科技手段，用工业文明方式作为定式去修补环境是不能从根本上解决环境问题的，必须从各个层次去调控人类社会的行为和支配人类社会行为的、打着工业文明烙印的思想和观念。可持续发展作为一种新发展观悄然兴起，并日益引起国际社会的关注。特别是进入 20 世纪 90 年代以来，可持续发展以其崭新的价值观和光明的发展前景，被正式列入国际社会议程。1992 年的世界环境与发展会议，1994 年的世界人口与发展会议，1995 年的哥本哈根世界首脑会议，都以此作为重要议题，提出了可持续发展战略构想。

可持续发展作为“解决环境与发展问题的唯一出路”已经成为世界各国的共识。按照国际通行的解释，可持续发展是指既满足当代人的需要又不危害后代人满足其自身需要能力的发展，是既实现经济发展的目标，又实现人类赖以生存的自然资源与环境的和谐，使子孙后代能够安居乐业、得以永续的发展。因此，可持续发展并不简单地等同于环境保护，而是从更高、更远的视角来解决环境与发展的问题，强调各社会经济因素与环境之间的联系与协调，寻求的是人口、经济、环境各要素之间相互协调的发展。由以往的将经济发展和环境保护相互分离甚至对立到今天的可持续发展，这一过程反映了人类认识上的飞跃。1992 年 6 月，联合国召开的环境与发展会议通过了

《世纪议程》，为人类改变传统的发展模式和生活方式，实现经济、社会、资源和环境协调和可持续发展树立起一座崭新的碑。1994 年 7 月 4 日，国务院批准了我国第一个国家级可持续发展战略——《中国 21 世纪人口、环境与发展白皮书》。

1. 可持续发展理论的内涵

按照世界环境和发展委员会在《我们共同的未来》中的表述，即“既满足当代人的需要，又对后代人满足其需要的能力不构成危害的发展”。具体来说，就是谋求经济、社会与自然环境的协调发展，维持新的平衡，制衡出现的环境恶化和环境污染，控制重大自然灾害的发生。如何实现可持续发展?《中国 21 世纪议程》认为，主要是在保持经济快速增长的同时，依靠科技进步和提高劳动者素质，不断改善发展质量，提倡适度消费和清洁生产，控制环境污染，改善生态环境，保持可持续发展的资源基础，建立“低消耗、高收益、低污染、高效益”的良性循环发展模式。我国国民经济和社会发展“九五”计划和 2010 年远景目标规划把可持续发展作为跨世纪的战略任务。同时，可持续发展业已成为人类迈向 21 世纪的行动纲领。

（1）可持续发展的系统观

可持续发展把人类赖以生存的地球及局部区域看成是由自然、社会、经济等多因素组成的复合系统，它们之间既相互联系，又相互制约。可持续发展的系统观为人类活动与资源环境问题的分析提供了整体框架。环境与发展矛盾的实质，是由于人类活动和这一复杂系统各个成分之间关系的失调。一个持续发展的社会，有赖于多因素的协调，任何一方面功能的削弱或增强都会影响其他组成部分，甚至影响可持续发展的进程。

（2）可持续发展的效益观

开发与保护统一的生态经济观，为社会持续发展提供了指导思想。可持续发展的概念，从理论上结束了长期以来，把发展经济和保护资源对立起来的错误观点，并明确指出二者应相互联系和互为因果。发展经济和提高生活质量是人类追求的目标，它需要以自然资源和良好的生态环境为依托。忽视对资源的保护，经济发展就会受到限制，没有经济的发展和人民生活质量的改善，特别是基本生活需要的满足，资源和环境的保护就无从谈起，因为一个可持续发展的社会不可能建立在贫困、饥饿和经济落后的基础上。因此，可持续发展追求的是生态效益、经济效益和社会效益的综合，并把系统的整体效益放在首位。

（3）可持续发展的资源观

可持续发展强调对不同属性的资源要采取不同的对策。如对矿物、石油、天然气和煤等不可更新资源，要提高其利用率，加强循环，尽可能地用可更新资源代替，以延长其使用寿命。对可更新资源的利用，要限制在其再生产的承载力限度内，同时采用人工措施促进可更新资源的再生产，要保护生物多样性及生命的支持系统，保证可更新生物资源的持续利用。

（4）可持续发展的全球观

人类共居在一个地球上，没有哪一个国家能脱离世界市场而全部自给自足。当前世界上的许多资源与环境问题已超越国界和地区界限，并具有全球的规模。我们要达到全球的持续发展，必须建立良好的国际秩序和合作关系，对发展中国家，发展经济、消除贫困是当前的首要任务，国际社会应给予帮助支持。保护环境、珍惜资源是全人类的共同任务，经济发达的国家负有更大责任。

（5）可持续发展的社会平等观

可持续发展主张人与人之间、国家与国家之间的关系应相互尊重、相互平等。一个社会或一个团体的发展，不应以牺牲另一个社团的利益为代价，这种平等的关系不仅表现在人与人、国家与国家、社团与社团间的关系上，同时也体现在当代人与后代人之间的关系上。

2. 可持续发展理论的特征

可持续发展理论的提出，摒弃了过去“零增长”（过分强调环保）和过分强调经济增长的偏激思想，而是主张“既要生存、又要发展”。

第一，可持续发展鼓励经济增长。因为它是国家实力和社会财富的体现。同时，可持续发展不仅重视增长数量，更追求改善质量、提高效益、节约能源、减少废物，改变传统的生产和消费模式，实施清洁生产和文明消费。

第二，可持续发展强调环境与发展的辩证关系，要以保护自然为基础，与资源环境的承载能力相协调。因此发展的同时必须保护环境，包括控制环境污染，改善环境质量，保护生命支持系统，保护生物多样性，保持地球生态的完整性，保证以可持续的方式使用可再生资源，使人类的发展保持在地球承载能力之内。

第三，可持续发展要以改善和提高生活质量为目的，与社会进步相适应。当代社会发展不可回避的一个事实是世界上大多数人口仍然处于半贫困或贫困状态。可持续发展必须与解决大多数人口的贫困联系在一起。对于发展中国家来说，贫困与不发达是造成资源与环境恶化的基本原因之一。只有消除贫困，才能构筑起保护和建设环境的能力。世界各国的发展阶段不同，发展的具体目标也各不相同，但发展的内涵均应包括改善人类生活质量，提高人类健康水平，并创造一个保障人们平等、自由、教育、人权和免受暴力的社会。

第四，提出了当代与后代的公平根据。人类历史是一个连续的过程，后代人拥有相同的生存权和发展权。当代人不能剥夺后代人生存和发展所需要的必要条件，包括生态、环境和资源。保护地球生态系统是当代人应尽的责任。

3. 可持续发展理论在区域规划中的意义

区域规划和可持续发展都从区域长远发展的角度出发，为有效实现区域发展战略服务。区域规划是对区域发展做出的具体部署，是实现区域发展的可操作方案，也是实现区域发展战略的宏观调控手段。可持续发展是把人类生存的地球或局部区域看成是包括自然、社会、经济、文化等多种因素组成的有机复合系统，生态经济社会协调发展成为可持续发展的要求和衡量标准，目前维护地球生态环境安全健康和经济社会可持续发展将成为各类区域追求的目标，是区域的最高发展战略。所以可持续发展是制定区域发展战略的指挥棒，为区域发展指明了方向。

当前可持续发展理论在区域规划中的应用越来越广泛，近几年，区域经济规划已鱼贯而出，长三角、珠三角、环渤海等“八大经济圈”陆续划定，13 个区域发展规划相继上升为国家战略。这些区域规划都将可持续发展作为区域规划编制的重要指导思想。中国共产党第十七届中央委员会第五次全体会议通过的《中共中央关于制定十二五规划的建议》也是以科学发展为主题，更加注重以人为本，更加注重全面协调可持续发展，更加注重统筹兼顾，更加注重保障和改善民生，促进社会公平正义。

（五）循环经济理论

1. 循环经济概念和特征

对“循环经济”一词的解释中外有所不同。德国所指的循环经济主要指物质闭路循环和废弃物管理（Closed Substance Cycle and Waste Management Act）；日本普遍使用的“循环型社会”概念是指以循环为基础的经济（Recycling – Based Economy）或以循环为方向的社会（Recyling – Oriented Society）；美国学者常说的“循环经济”主要是指闭路经济（Closed – Economy）。国外通常说的“循环经济”主要指废弃物管理和物质循环使用，而我国循环经济概念的使用较国外范围更加广泛。

目前，冯之浚对循环经济所下的定义最为权威。他认为，循环经济（Circular Economy）又称物质闭环流动性经济（Closing Materials Cycle Economy）、资源循环经济（Resources Circulate Economy），是指以资源的高效利用和循环利用为目标，以“减量化、再利用、资源化”为原则，以物质闭路循环和能量梯次使用为特征，按照自然生态系统物质循环和能量流动方式运行的经济模式。它要求人类在社会经济中自觉遵守和应用生态规律，通过资源高效和循环利用实现污染的低排放甚至零排放，实现经济发展和环境保护的“双赢”。循环经济是一种符合可持续发展理念的经济增长模式，是对传统经济“大量生产、大量消费、大量废弃”模式的根本变革，是在物质流动的全过程中，通过3R原则来提高资源生产率的生态经济。它把人口、资源、环境等问题统一起来，要求实现从以人为中心到以生态为中心的转变，实现从“开环”的末端治理到“闭环”的全过程控制的变革，实现从数量型物质增长到质量型服务增长的转变。

循环经济的本质特征包括以下四个方面。一是资源节约。将传统的线性开放式经济系统转变为非线性闭环式经济系统，使经济活动按照生态系统的规划模式运行，形成“资源—产品—再生资源”的物质反复循环流动的过程，提倡产品集约使用，资源节约利用。注重提高资源和能源的利用效率，最大限度地减少废物排放，减少资源损耗。二是环境友好。循环经济把环保理论置于经济运行机制之中，强调从源头预防和治理污染。提倡延长产品的使用寿命，减少废料排放量，降低资源流动的速度。表现为自然资源低投入、高利用和废弃物的低排放，从而从根本上解决了环境与发展之间的尖锐冲突。三是节能至上。循环经济又称节能经济，把核心概念建立在使用价值之上，更加提升产品的职能。企业推销的不再是产品而是服务，消费者购买的是服务而不是产品。循环经济从生产优先转变为服务优先，要求强化产品的使用而不是物质的消耗。基本战略是优化物品性能，使之可长期使用，而不再是最大限度地生产、最大规模地销售以及推销寿命很短的产品。四是科技先导。科技进步是发展循环经济的基础条件，循环经济许多理念（例如资源化、减量化、再利用等）的贯彻实施都依赖于科技发展。鼓励积极采用新工艺、新技术，降低原材料和能源的消耗，实现少投入、高产出、低污染，尽可能把对环境污染物的排放消除在生产过程之中。

循环经济的实质是生态经济，要求按生态学规律来指导人类经济活动，将人类经济活动的目标同维持生态系统平衡统一起来。主张以经济活动规模不突破地球生态系统支撑能力为前提，将空气、水等过去视为取之不尽、可以免费使用的公共资源纳入人类经济活动的成本来考虑。要求讲求生态率，在尽量提高自然资源的利用效率和减少环境污染的基础上，实现国民经济的持续增长。

2. 循环经济的基本原则

循环经济的基本原则可以概括为3R1D：一是减量化（Reduce）原则。它指尽可能减少资源消耗和废物产生，核心是提高资源利用效率。要求用较少物料和能源投入，提倡产品体积小、重量轻型化、产品包装简单朴实；在消费中，提倡减少对物品的过度需求。二是再利用（Reuse）原则。它指延长产品和服务的时间强度。要求人们以多种形式尽可能多次使用物品，防止物品过早成为垃圾。在生产中，鼓励制造商使用标准尺寸的零部件，使之容易更换；推动再制造工业发展，促使用过产品的修复、再利用，提高资源利用率。在生活中，提倡对旧的物品维修，多次使用，避免频繁更换。三是再循环（Recycle）原则。它指废弃物再次变成资源，“变废为宝”，减少最终处理量。要求生产出来的物品在完成使用功能后，人们尽可能多地再生利用或使其资源化。回收可再循环废物，将其加工成新的材料或产品。四是低碳化（Decarbonization）。强调在经济发展过程中减少对化石能源的依赖，注重开发利用新能源和可再生能源，以减少温室气体排放。循环经济的根本目的不是减少处理废弃物的体积和重量，而是从根本上减少自然资源的消耗，减少由线性经济引起的环境退化。

3. 循环经济在区域规划中的作用

循环经济在区域规划中的应用可分为以下三个层次。一是微观层面。在企业中，推行清洁生产、节能降耗，减少产品和服务中物料和能源的使用量，实现污染物排放量的最小化。主要要求是：减少物质使用量、能源使用量、有毒物质的排放，促进物质循环，最大限度地使用可再生资源，提高产品耐用性，增加产品与服务的强度。二是中观层面。主要指生态、工业园区、循环经济试点园区以及其他按循环经济理念运行的工业园区，是循环经济的重要载体。它把不同企业联合起来，形成共享资源和互换副产品的工业共生体，使一家企业的废物成为另一家企业的原料或能源。三是社会层面。以人类社会发展与自然和谐统一的生态原理为指导，促进国家发展战略、社会运行机制及社会经济发展模式全方位向可持续发展轨道转变，以循环经济的运行模式为核心，减少生态破坏、资源耗竭、环境污染，实现社会、经济系统的和谐。通过物质上的良性循环，达到环境与经济的双赢目的，从而实现社会的可持续发展。

第四节　我国区域规划转型①

一、理论转型：树立正确的区域观念

欧美等国家的区域规划已经普遍带有了公共政策的功能内涵，即“在合适的时间和地点，使经济、社会、环境得到合适的综合发展”。它所寻求的核心目标是：时间秩序和空间秩序相统一的综合发展。而对于一、二、三产业的发展与布局则应该主要由市场力量来决定并辅之以国家产业政策和环境政策的合理调控。借鉴国际经验，面对我国急剧变化的区域经济社会环境，区域规划的功能转型更具紧迫性。为此，不仅要实现区域观念的与时俱进和加强对区域规划本质属性的科学理解，同时还要尽快完成理论依据的更新，并

① 殷为华，沈玉芳，杨万钟．基于新区域主义的我国区域规划转型研究［J］．地域研究与开发，2007（10）：12－16.

完善其“国家宏观调控目标下激发经济增长、促进社会进步、维护生态平衡”的综合功能。

在新一轮区域规划中，科学理解区域规划的本质属性成为突出特点，基本上体现出“国家宏观调控目标下激发经济增长、促进社会进步、维护生态平衡”的综合功能，在坚持重点地区开发和产业经济转型的发展基础上，对基础设施、生态环境和社会发展都做出统一、合理的部署和谋划，例如，黄河三角洲高效生态经济区发展规划、经济区规划、关中天水经济区发展规划等，都突出了生态环境主题。

二、模式转型：改变自上而下的规划思维

从新中国成立以来我国区域规划的发展历程看，各类区域规划基本都属于自上而下以政府为编制和实施主体的纲要性规划（Synoptie Planning），规划的模式比较单一。根据规划学理论的解释，其特征实际上是一种综合理性规划（Comprehensive Rational Planning）。该种规划模式的基础是假设人都具有经济人的特征，即各级政府和相关专家具有辨别各种目标、目的和价值的能力，并在获得完备信息和进行系统评估后能够一致地选择最优方案。但根据新区域主义的观点，区域和区域化是复杂的、不确定的甚至是紊乱的。可见，该种规划模式过于高估了政府自身对区域系统进行认知、管理和控制的完美性。为了有效克服此种模式的缺陷，20 世纪 80 年代末期以后，受新区域主义的影响下，西方发达国家的区域规划领域出现了渐进型、倡导型、交流型等规划模式。不同于此，20 世纪 90 年代以来虽然我国经济社会快速发展，而且区域规划在规划理念、技术手段等方面也得到不少改进，但是受计划经济体制惯性的影响，综合理性规划依然是主导模式。主要表现为：过分相信行政权力是公认的最佳利益代表，规划全过程主要由相关政府部门和规划专家来组织和参与。而且，不容忽视的是，在“经营城市”和“经营区域”思想的驱动下，不少地方政府热衷于编制各类区域规划，以此作为谋求不合理政绩的“合理”途径。新时期的区域规划必须改变严重依赖行政力量的惯性思维，避免机械地使用任何一种模式。未来我国区域规划模式转型的正确方向应该是：在合理看待各区域规划模式优缺点的基础上，积极调动学术机构、社会团体、政府部门、社会公民共同参与到

规划过程中，充分重视受规划与政策影响的多方利益，形成新时期我国区域规划的新模式和新机制。

三、体制转型：协调规划及其政策的空间效应

在新区域主义的影响下，以欧洲空间发展展望计划为依据，欧洲区域规划发展历史最久的英、德两国对现行规划体制进行了革新。2000 年以后英国形成了由国家社区和地方政府管理部、9 个区域发展机构（Region Development Agencies，RDAs）以及 8 个区域议院（除大伦敦区以外）组成的区域规划管理和实施体制。德国实行的是国家空间规划委员会统一领导，以州为主的区域规划管理和实施机制及相关体制。其中，英国的 DeLG 和德国的国家空间规划委员会分别负责制定国家区域规划指引，区域层面则建立起了由传统力量（政府）和新型力量（社会团体、私人机构、公民代表）共同组成的管理和实施网络。这种新型区域规划的组织和实施机制与体制，相对有效地成为产业、环境、土地、交通等具有空间效应的部门进行沟通和协调的制度框架。

相比而言，我国具有空间规划职能的部门或机构包括了国家发展和改革委员会、国土资源部等十多个中央部委及其相应的各级地方职能机构。但是，不容忽视的是，目前我国区域规划的管理体制存在上述部门间的规划内容不衔接、规划手段不协调和规划事权不清晰等诸多现实问题，而且地方政府又有落实辖区内国民经济社会发展规划的空间需要，从而形成了“条条分割”和“条块分割”双重叠加的不合理态势，成为我国区域规划难以真正发挥作用的体制性障碍。

新区域主义更强调网络化多层治理的决策模式，不同层次权力组织间（特别是行政区之内的行政管理层级）的平等与协商关系，同时鼓励多方参与的协调合作机制，倡导区域的整体观念与合作观念。新一轮区域规划中，侧重经济、社会、环境等综合功能的发展，促进更多部门联动，同时致力于打破我国既有的行政区经济格局，以区域整体功能开发确立区域作为主体的存在。但如何打破原有区域发展路径的惰性，在行政管理和区域开发体制方面保障规划区域作为发展主体的存在，仍急需完善。

四、功能转型：增强区域规划的科学性

在我国城市区域化和区域城市化快速发展的趋势背景下，迫切需要通过功能转型来提高区域规划的科学性，以实现区域资源的合理配置与经济、社会、环境的协调和可持续发展。具体而言，区域规划的科学性应体现在以下五个方面。

1. 规划视角的战略性

区域规划应该明确对空间发展的战略指引，通过战略规划预测发现空间变化的多种可能性，分析影响空间变化的决定性因素，促使新时期的区域规划编制有理有据，并对区域内城市规划的实施发挥指引作用。

2. 规划目标的合理性

我国传统区域规划大多是通过若干城市规划的拼接来决定规划的目标，往往围绕区域内“城市人口等级规模结构、城市职能类型结构、城市空间地域组织结构和区域基础设施网络”来展开。新时期的区域规划必须以科学发展观为统领，目标应重点集中在实现“五个统筹”上。当前区域规划的目标设定应主要体现：①区域城市化和城市区域化的内在联系；②市场经济体制下的政府调控功能，突出政府弥补市场不足的管治功能；③人口、经济、资源、环境的协调和城乡一体化可持续发展的要求；④应对区域性公共问题的具体解决方案对策。

3. 规划内容的针对性

新时期条件下，区域规划需要着重解决：工业化与城镇体系之间的矛盾、城镇化与资源有限之间的矛盾、人口集聚与空间优化之间的矛盾、污染加剧与人居环境之间的矛盾、城镇体系空间组织结构对产业结构演进的影响等矛盾。

4. 规划布局的前瞻性

在经济全球化时代，相对合理的区域空间组织一定程度上影响了区域利用国内外良好发展机遇的能力。由于不同时代的经济社会发展对区域及其内部的城市有不同的空间要求，作为区域空间组织重点内容的区域镇体系的合理布局和优化必须具有前瞻性。

5. 规划政策的有效性

区域规划能否真正落到实处，还必须实施更有针对性、更有效的区域规划政策加以配套。而目前以问题为导向的公共政策研究是我国规划体系中最薄弱的环节。值得借鉴的是，早在20世纪80年代初，西欧和北美国家的规划体系开始从物质性规划向公共政策功能的战略性转变。由此，区域规划政策的效用突出表现在区域规划对公共服务问题的响应能力和公众全程参与机制两方面。其内容涉及区域内城市之间的公共品协调与基础设施互补、生态环境互补、城乡和地区间的功能互补基于公众参与的区域治理等。而以上内容恰是考量目前我国以城市区域为重点的区域规划政策效用的主要方面。为此，要将区域规划编制与实施追踪对接起来构成系统完整的规划全过程，实现区域规划编制与实施追踪的一体化。这就要求在对接规划的制定和实施过程中，规划人员在编制阶段就有必要也有责任全面综合考虑规划的全过程并提出综合协调的保障措施。其中，区域治理开始逐渐被认为是新时期区域规划综合协调有力工具。它的重点是不同层级政府（或发展主体）之间、同级政府发展主体之间的权力互动关系，其实质上是寻求公平与效率并重的方式。

第五节　新时期区域规划创新理念

一、科学发展理念

新区域主义将社会、文化、政治、制度、生态、环境等要素引入到区域规划的研究和实践发展之中。而今，我国新一轮的区域规划也在科学发展观的指导下开始了新的创新变革努力。其中，科学发展观是针对我国经济社会发展中存在的突出问题提出来的，也是国民经济社会发展建设中改革目标的出发点和归宿。但需要认识到，科学发展、“五个统筹”的核心要义与新区域主义的理念价值观有一定程度的吻合关系。因此，科学发展观作为统领我国经济社会发展的重要指导思想，也必然成为贯穿我国新时期区域规划理论探索和实践创新的灵魂主线。换言之，新时期我国区域规划必须以“实现我国区域空间的科学发展”为核心任务。具体体现在以下四点。

（一）科学发展观区域规划体现“五个统筹”的实质

科学发展观涉及“五个统筹”，即统筹城乡发展、统筹区域发展、统筹经济社会发展、统筹人与自然和谐发展及统筹国内发展和对外开放。

统筹城乡发展的实质，是促进城乡二元经济结构的转变。我国正处在深刻的社会转型过程中，从城乡二元经济结构向现代社会经济结构转变，将是今后几十年我国社会经济发展的基本走向。“三农”问题过去主要是农业生产问题，现在是在围绕“农”字做文章的同时，更要注重从“农”外找出路，通过工业化、城市化、市场化，促进“农”问题的根本解决。

统筹区域发展的实质，是实现地区共同发展。保持较发达地区快速发展的势头和扶持落后地区的发展，都是国家的既定政策。地区差距不仅表现在东部和中西部之间，也表现在省、自治区、直辖市之间，还表现在省、自治区内部地区之间。地区差距问题要在工业化、城市化和市场化的发展进程中逐步得到解决①。

统筹经济社会发展的实质，是在经济发展的基础上实现社会全面进步，增进全体人民的福利。随着温饱问题的解决和改革的深入，经济发展中的社会问题日益凸显出来。社会发展领域存在的许多问题同经济转轨过程中政府职能不到位有直接关系，需要转变政府职能。社会保障、科学技术、文化教育、公共卫生和医疗等领域有其特殊性，政府必须承担起应负的责任，不能简单地提“市场化”或“产业化”的目标和口号。

统筹人与自然和谐发展的实质，是人口适度增长、资源的永续利用和保持良好的生态环境。我国是人均资源比较少的国家，资源约束是伴随工业化、现代化全过程的大问题，工业化和城市化道路的选择，发展模式、发展战略和技术政策的选择，乃至社会生活方式的选择，都必须考虑资源约束和环境承载能力。从古代的屈服和崇拜自然，到产业革命以来大规模征服自然以致破坏自然，发展到现在强调人与自然和谐，这是人类进步的标志。

统筹国内发展和对外开放要求的实质，是更好地利用国内外两种资源、

① 殷为华．基于新区域主义的我国新概念区域规划研究［D］．华东师范大学博士学位论文，2009.

两个市场，顺利实现中国经济的振兴。中国的国际经济地位正在发生根本性的变化。我们现在面临着和改革开放初期甚至和十年前完全不同的外部环境。过去在封闭经济、进出口很少、外汇短缺条件下形成的体制和政策需要改革，许多经济观念需要更新。

在区域规划中应用科学发展观，就要解决发展与协调统一的问题。区域的发展不能仅仅对统计意义上的“整体”做贡献，还要真正惠及由各个区域组成的有机整体。真正的发展是目标与手段、个体与整体的统一，它不会破坏区域关系，而应该对区域关系的协调做出贡献。“发展是硬道理”并不是说发展之后才找到解决问题的办法，而是说发展本身就是促进和谐的力量，和谐是发展的根本之义。区域关系的对立不是发展的“代价”，而是“某种发展”的“代价”，违背这种“发展”方向，其“代价”只会越来越大，不会由于“发展”而消失。要避免这种情况的出现，就必须在区域规划中以整体的、大发展的眼光看待区域发展，任何重大的区域发展规划都必须超越区域因素而成为国家的一部分。区域发展规划应该有新思路，应该在利用现有区位优势的基础上谋求整体的发展，使区域发展成为超越区域的、开放的、惠及全体中国人的整体的发展。目前存在的最大问题是，区域规划仅仅被定位于区域，导致东部发展仅仅惠及东部，不能缓解中西部地区所面临的人口与资源的矛盾，造成区域差距不断扩大。

任何发展都是在一定“关系”之下的发展，如果将发展与协调统一起来，或者将协调视为发展之后才能解决的问题，那么区域协调就难以实现。区域分化发展使得财富在少数区域形成掠夺式的聚集，越是发展对区域关系破坏也就越大。少数地区先富起来然后带动其他地区的发展，这种政策本身并没有问题，但如果以积极的态度促进少数地区的发展，而将带动其他地区发展的任务交给“市场”，等待其自发调节，那么所谓的先富效应就不会是先富带动后富，而是富者更富而穷者更穷。发展不能促进协调的原因并不是发展本身的问题，而是发展内涵的问题，只追求“区域化”的发展，缺乏必要的带动意识和政策配套，根本不可能带动其他地区的发展。这就要求在制定区域规划时重视整体的利益，兼顾公平和协调发展的问题，不能以牺牲部分人的利益为条件求得区域发展。

科学发展观强调的是自然、和谐而非人为造作的发展，它是更高层次上的发展，需要社会的全面配合。解决区域矛盾、消除区域之间差别过大的关键是将城与乡、东部与西部联系起来看问题。在区域规划上，需要用科学发展来促进区域间的协调发展，解决目前的区域矛盾，使高效率能够获得高收益。

（二）科学发展观在加快区域规划创新中的作用

纵观贯彻和落实科学发展观的每一个环节，各级政府都扮演着极其重要的角色。这就需要各级政府通过有效运用国家权力，把人、财、物和信息等各种资源合理地组织起来，经过组织、领导、控制等行政过程，协调政府内外各种关系，向社会和公众提供公共产品和服务，以实现政府的各项职能和国家的总体目标。其中，本质要求是运用公共权力制定并实施公共政策来有效配置公共资源，以实现公共利益的最大化和促进区域全面、协调与可持续发展。此外，科学发展观的提出不仅要求政府要全面审视经济社会发展中的各种问题，还要求高瞻远瞩把短期利益与长远利益相结合。不能将效益作为唯一重要的规划指标，生态指标应该在规划中更多地被体现。

自20世纪90年代以来，越来越多的发达国家在制定规划时，将高污染产业排除在发展序列之外，这也是为什么很多高污染产业争相向发展中国家转移的重要原因。区域在进行规划时要权衡利弊，不要用不可持续的增长方式刺激区域经济的短时期增长，而是需要区域等待时机，实现可持续增长。因此，科学发展观的提出无疑是赋予了新时期区域规划全新的政策目标取向及规划管理机制体制创新的强大动力。

（三）科学发展观对区域规划实现转型的总体要求

根据科学发展观提出的“实现经济、社会、生态的协调发展、以人为本的可持续发展”的基本思想，我国新时期的区域规划转型必须改变单纯以经济发展和物质建设为目标，而是更多地转向实现经济、社会和生态多目标综合协调。区域要制定优惠政策刺激能够带来区域经济实现可持续增长的产业的发展，加快发展低碳经济。由于在转型期利益主体呈现出多元化格局，区域内各种利益关系处于竞争与非整合状态，区域规划创新的出发点应该是平衡各种利益关系和维持公平秩序。

（四）科学发展观在区域规划的主要功能

科学发展观的以人为本，实现全面、协调和可持续发展思想，要求新时期区域规划的功能要重点体现以下方面：重塑区域优势、重组区域发展联盟、找准区域定位、化解区域冲突。具体而言，用科学发展观编制的区域规划是弹性、多目标统筹协调、应对公共问题、调控风险和应用导向的区域规划。这其中，关键内容是要理顺规划层次、突出规划重点，加强区域规划与其他规划的分工与协调，从而更好地促进区域一体化的发展进程。

二、主体功能区理念

（一）主体功能区内涵

主体功能区是针对我国生态环境比较脆弱、适宜大规模开发的地域空间有限的国情，打破按行政区发展经济的传统模式，主动引导人口分布与经济发展趋势相适应，人口、经济分布与资源环境承载能力相适应，最终实现城乡之间、区域之间以及人口、经济、资源环境之间协调发展的重大战略举措。推进形成主体功能区，不是简单的区域类型划分，空间开发战略，也蕴含着将支撑经济增长、促进城乡区域协调发展和可持续发展以及参与国际竞争的综合性战略考虑在内。因此，“十一五”乃至更长时期内，主体功能区建设将既是我国区域发展中的重要内容，也是我国区域经济发展格局和重塑的重要手段。深入理解主体功能区的提出背景、基本内涵，充分把握主体功能区的精神实质，全面分析主体功能区的类型特征，对于我国主体功能区建设的健康开展有着重要的意义。“十一五《纲要》”提出，要根据资源环境承载能力、现有开发强度和发展潜力，统筹考虑未来我国人口分布、经济布局、国土利用和城镇生产布局，将国土空间划分为优化开发、重点开发、限制开发和禁止开发四类主体功能区，按照主体功能定位调整完善区域政策和绩效评价，规范空间开发秩序，形成合理的空间开发结构。因此，主体功能区就是基于不同区域的资源环境承载能力、现有开发密度和发展潜力等，按照区域分工和协调发展的原则，确定区域为具有特定主体功能定位类型的一种空间单元与规划区域。

就其构成而言，“主体功能”是指一个地区承担的主要功能，或者发展经济，或者是保护环境，或者是其他功能。“主体功能”决定了区域的空间属性和发展方向，是地域主体功能区的核心与灵魂。之所以标明“主体”，是因为在一个主体功能区内，其功能是多元的、综合的。除了主导功能，还有辅助功能、次要功能。如长江三角洲地区，作为我国经济发达地区，城市密集，交通发达，人口素质较高，是我国重要的经济核心区，其持续快速发展对于长江流域，乃至我国整体经济发展都有着重要的意义。除了经济功能之外，其内部土地紧张、环境恶化等问题也应重视，即生态功能等。“区”是明确空间单元，体现了主体功能的空间大小。

主体功能区的基本内涵可以从以下几个方面理解。第一，区域资源环境承载能力、现有开发密度和发展潜力的综合评判构成地域主体功能区划分的科学依据。第二，主体功能区不同于一般功能区，如工业区、农业区、商业区等，也不同于一些特殊功能区，如自然保护区、防洪泄洪区、各类开发区等，是超越一般功能和特殊功能基础之上的功能定位，是综合考虑地域资源环境承载能力、现有开发密度、发展潜力、自然属性、开发利用现状和社会经济需求，经过功能重要性排序确定的主导功能，不排斥一般功能和特殊功能的存在和发挥。第三，主体功能区可以从不同空间尺度进行划分，既可以有以市、县为基本单元的主体功能区，也可以有以乡、镇为基本单元的主体功能区，取决于空间管理的要求和能力。第四，主体功能区的类型、边界和范围在较长时期内应保持稳定，但可以随着自然条件和社会人文因素的变化，资源环境承载能力、开发密度和发展潜力的改变，不同层次区域中的战略地位等因素发生变化而调整，主体功能区表现出动态性。第五，主体功能区中的“开发”主要是指以陆地国土空间为对象，以集聚人口和经济为目的，大规模、高强度推进工业化和城镇化的活动。优化开发是指在加快经济社会发展的同时，更加注重经济增长的方式、质量和效益，实现又好又快发展。重点开发并不是指所有方面都要重点开发，而是指重点开发区域主体功能所指向的开发活动。限制开发是指为了维护区域生态功能而进行的保护性开发，对开发的内容、方式和强度进行约束。禁止开发也不是指禁止所有的开发活动，而是指禁止那些与区域主体功能定位不符合的开发活动。

（二）主体功能区的发展理念

主体功能区规划摒弃了 GDP 增长至上的理念，将生态环境放到了优先位置，使区域规划首先考虑的是资源环境的承载能力，并在此基础上先确定非建设用地范围，然后再分配建设用地空间，按照空间条件提出不同开发和保护要求，使区域规划改变了过去重开发轻保护、重建设轻控制的状况。同时，在绩效评价和政绩考核方面，对优化开发区域弱化了经济增长的评价，对限制开发区域突出了生态环境保护的评价。这种根据不同地区制定不同绩效评价和政绩考核标准的措施，也体现了从“经济增长优先”到“生态环境优先”的转变。

区域规划是一种战略性、宏观性和政策性的规划。由于区域发展环境的多变性，在编制和实施中必然存在很多不确定因素。因此，对于战略性、方向性的内容如目标、规模、结构等要有弹性；而由于“行政区经济”背景下的地方主义利益保护使区域问题单靠区间协调来解决非常困难，因此，对于涉及全局利益、公众利益的内容如生态环境保护、基础设施和公共服务设施等应有刚性规定。主体功能区的建设，使区域规划对空间的管治实现了弹性适应空间和刚性约束空间的有机结合。对于明确限制某些产业进入的限制开发区和严格禁止开发建设的禁止开发区这两类主体功能区，属于为保护生态环境和维护公共利益而确定的刚性约束空间。对于优化开发和重点开发两类主体功能区则在产业引导、用地安排、人口政策等方面留有程度不同的有较多回旋余地的弹性发展空间。

从“经济社会发展”到“空间协调”的转变。区域规划的核心任务是搞好区域空间的综合协调，包括与经济社会发展有关的城乡建设、基础设施建设的空间布局协调；资源开发利用与生态环境保护整治的协调；不同行政地区之间及区内城镇、城乡间的协调等。其主要目的是通过资源、人口和经济活动的空间配置，来协调不同空间单元的发展、解决区域性问题和空间差异、营造区域整体竞争力，因而确定区域内部的空间结构以及不同功能区的空间范围是其重要工作。但在向市场经济过渡中，区域规划主要注重的是总供给与总需求的协调及产业结构的协调，空间协调功能淡化。而基于主体功能理念的区域规划则强化了空间协调功能，注重有疏散、有集聚、有禁止、有限制地对资源与要素加以引导，以实现空间资源与经济要素在区域空间的合理配置，使区域规划从“经济社会发展型”转向“空间协调型”。

在此理念的指导下，“生态环境”成为重要内容。生态环境问题是人地关系不协调的突出表现。科学发展观要求以人为本，注重全面、协调、可持续发展，就必须重视生态环境在区域发展中的作用。而市场经济对经济资源的优化配置作用发挥得淋漓尽致，对保证区域持续发展的非经济资源并不偏好。因此，需要通过区域规划将市场调节与政府调节结合起来进行宏观调控。但在目前的区域规划中，社会文化、生态环境保护等多是作为一种“配套内容”，无论是规划者还是执行者，都没有将其放到真正重要的地位。主体功能区划将资源环境承载力放在首要位置，并以此为重要基础确定各区的定位、发展方向、开发时序、管制原则及政策方向，真正将经济社会和资源环境协调发展放到了重要位置，使物质建设规划向经济社会和生态环境协调发展规划转变成为现实。

为此，需要在确定主体功能区的时候，尊重自然，以当地的资源环境承载能力为前提，保护好自然生态环境，矿产资源开发和交通等基础设施建设要避免对农业、生态环境带来的不利影响，改变现在不太合理的空间结构状态，按照生活、生态、生产的顺序调整空间结构，充分利用现有建成区空间，集约建设农村基础设施和公共服务设施。

三、空间治理理念

（一）全面治理概念

城市起源于地球上人类活动相对集中的地域，是人类文明的象征。城市中用高墙围成上下至天地的空间区域，即为城市空间，它是社会经济和科学技术发展的基础平台。传统的城市空间管理是在城市化发展初级阶段，城市管理主要依靠城市政府实施规划准入和实施管理，本质上体现着对城市建设资金、地域空间资源的计划性配置理念，与中央集权式的垂直政治管理思想是一脉相承的。

现代城市空间管理理念的转变是在西方国家进入以强调平等、多元等既强调跨越边界、区域差异，又强调控制和协调，人们开始崇尚多元、分散、网络型和多样性的管理和控制方式，即成为现代城市空间治理的理念。空间治理，即以空间资源分配为核心，以经济、社会、生态等可持续发展为目标，将资本、土地、劳动力、技术信息、知识等生产要素综合包容在内的整体地域空间管治。在此意义上，以空间资源管理和区域空间结构有序化为主要任务的新时期区域规划，在相关体系、编制方式及管理协调机制等方面都应该充分地运用空间治理理念。

（二）基于治理的区域规划

新时期进行区域规划的主要目的在于，通过空间资源的优化配置来促进不同空间单元的协调和平衡发展，解决区域性矛盾和空间差异，营造提升区域整体竞争力，因而确定区域内部的空间结构以及不同空间范畴的主要功能是其重要工作。这也正是区域空间治理的本质性任务所在。

当前，在长江三角洲、跨域治理中地方政府间伙伴关系已经显现，并开始出现由政府主导向政府、学术研究机构、行业协会等多元行为体互动的方向发展。尽管长江三角洲城市经济协调会主导下的跨地域治理取得诸多成效。但同时也应清醒的认识到，目前成员城市恶性竞争势头依然不减、城市经济协调会“议而不决、决而不行”现象突出、跨地域环境污染综合治理和产业跨地域合作迟迟难以开展等，这说明长江三角洲区域治理机制有待于进一步完善和深化。同时，从参与者类型来看，当前长江三角洲跨地域治理与“治理”的核心内涵仍然相差甚远。

区域空间治理理念明确了新时期区域规划是全过程的区域管理行为。它的必要性在于国家层面的宏观规划与地方层次的各种规划间要提倡区域空间管理手段和形式的介入，而不仅仅限于国家区域空间规划文本的制定。由此，作为过程管理的区域规划，不仅需要规范的文本、精美的图集、言之有物和言之成理的规划方案，还需要具有综合协调的手段和具体措施。因为规划作为一种中长期规划和行动纲领，一般应该经历“编制—评鉴—方案决策—实施—跟踪监控”五大环节，而其编制与评鉴工作的完成还仅仅是规划成功迈出的第一步。而它能否保证规划决策方案科学并具有可操作性，才是规划能够实施的关键。所以，只有将区域规划编制过程与规划实施追踪过程联系起来，才能构成一个系统完整的规划全过程。这种全过程规划就是新时期区域立制、实施要引入空间治理理念。原因在于，区域治理逐渐被认为是新时期规划进行综合协调的有力工具，它涉及不同层级政府之间、同级政府之间、政府与社会的权利互动关系，而且关系到能否寻求到一种公平与效率并重的区域管理方式。全球治理委员会认为，“成功的治理”要能够实现平等包容、反馈及时、透明公开、政府负责、舆论导向、公众参与、遵守法律、效能并存。这实际上就是区域治理的标准和原则，而要在地域或者空间上落实这些标准和原则就是区域空间治理。因此，区域空间治理理念对于编制和实施区域规划具有重要的现实意义。

四、包容性增长理念

包容性增长的概念是在 2007 年由亚洲发展银行的经济学家首次提出的。时任中国国家主席胡锦涛在第五届亚太经合组织人力资源开发部长级会议开幕式致辞中，首次公开倡导“包容性增长”，从此，这个新名词一跃成为舆论热点。所谓包容性增长，是指一国经济增长、人口发展和制度公平三者之间的有机协同，也即随着经济的增长，政府应更关注民权民生，更能满足民众权利发展的制度公平诉求；而所有社会成员既能够对经济发展过程积极“参与”，也能够对经济发展成果进行“共享”。由此可知，包容性增长的深刻内涵主要体现在，从国内方面看，不能只单纯发展经济，片面追求经济增长，而应该实现经济社会更加全面、均衡地发展，使经济增长和社会进步、人民生活改善同步进行；包容性增长包括经济、政治、文化、社会、生态等各个方面，经济增长与其他方面的增长应该是互相协调、和谐增长、可持续增长和科学增长；经济增长的同时，财富公平分配，不造成贫富差距，向低收入人群倾斜，使所有人都从增长中获益。从全球视野看，包容性增长体现在发达国家应当主动承担起全球经济增长与经济失衡的责任，促进全球经济稳定协调发展；体现在进一步发展开放的、遵循规则的、可预测的、非歧视性的贸易和金融体制；更体现在让那些贫困国家在全球区域性增长过程中能够受益更多，以确保联合国千年发展目标的实现。

“包容性增长”与“科学发展观”、“和谐社会”是一脉相承的，是“共享式发展”的继续，是新时期新形势下更科学的提法。包容性增长符合我国国情，是使我国经济发展回归增长本意，即以人为本，发展的目的不求 GDP 的增长，而是使经济增长和社会进步以及人民生活改善同步进行，并且追求经济增长与资源环境的协调发展。“单纯地发展是不够的，而更加全面、均衡地发展才能使得经济的增长和社会的进步、人民生活的改善同步进行。这才是发展的目的，这样的发展才能够可持续。”包容性增长的提法涵盖的内容更完整，其概念更具有针对性，强调公平、公正以及经济、社会和资源环境间的协调发展，更具有操作性、更具有号召力。

中国共产党第十七届中央委员会第五次全体会议通过的《中共中央关于制定“十二五”规划的建议》从加快转变经济发展方式、坚持扩大内需战略、加快社会主义新农村建设、提高产业核心竞争力、积极稳妥推进城镇化、建立健全基本公共服务体系、提升国家文化软实力、加快改革攻坚步伐、进一步提高对外开放水平等十余个大方向上对“十二五”规划进行了定调。当中国社会经济建设在“十一五”期间以科学发展观和构建和谐社会为主旨取得举世公认成就之际，即将到来的“十二五”期间，包容性增长必将使科学发展观在经历了数年实践洗礼之后进一步深化。

第六节　低碳区域规划理论

一、基本概念

（一）生态经济、循环经济和绿色经济

美国经济学家肯尼思·鲍尔丁于 1966 年在题为《一门科学——生态经济学》的论文中，开创性地提出了生态经济的概念。其主要观点是，不断增长的经济系统对自然资源需求的无止境性，与相对稳定的生态系统对资源供给的局限性之间，必然构成一个贯穿始终的矛盾，而解决这个矛盾的有效办法就是生态经济发展模式。20 世纪 60 年代，鲍尔丁又在其“宇宙飞船经济”理论的基础上提出了“循环经济”的概念。鲍尔丁认为：通过资源循环利用，使社会生产投入自然资源最少、向环境中排放的废弃物最少、对环境的危害或破坏最小的经济发展模式。1989 年，英国经济学家皮尔斯出版的《绿色经济蓝皮书》中首先提出了“绿色经济”的概念。绿色经济是指人们在社会经

济活动中，通过正确处理人与自然、人与人之间的关系，高效地、文明地实现对自然资源的永续利用，使生态环境持续改善、生活质量持续提高的一种经济发展模式。

（二）低碳经济与生态经济、循环经济和绿色经济的联系

1. 理论基础相同

四种经济形态理论基础都是生态经济理论和系统理论，核心是生态与经济系统协调发展，研究对象是包括人类在内的生态大系统，借鉴物质循环和能量转化原理，研究资源和环境的可持续发展问题以及探索人类经济活动和自然生态之间的关系。追求经济社会与生态协调发展，以达到生态经济的最优目标。

2. 技术手段相同

四种经济形态都是以生态技术为基础。生态技术将经济活动与生态环境作为一个有机整体，使经济在自然生态环境承载能力允许的情况下持续增长。

3. 追求目标相同

四种经济形态目标都是以保护、改善资源环境；追求人类的“两型社会”的实现。人类在考虑生产和消费时，要将自己作为大系统中的子系统来研究经济原则和自然生态系统的承载能力，节约自然资源，提高利用效率，促使人与自然和谐发展。

（三）低碳经济与生态经济、循环经济和绿色经济的区别

1. 核心内容不同

生态经济的核心是实现经济与自然系统的可持续发展；循环经济的核心是物质的循环，使各种物质循环利用起来，以提高资源效率与环境效率；绿色经济强调以人为本，以发展经济和全面提高人民生活福利水平为核心，保障人与自然、人与环境的和谐共存，促使社会系统公平运行；低碳经济是以低能耗、低污染、低排放为基础的经济。其核心是能源技术创新、制度创新与人类消费观念的根本性转变。

2. 研究角度不同

生态经济强调经济与生态系统的协调；循环经济侧重于整个社会物质循

环应用；绿色经济突出以科技手段实现绿色生产、绿色流通、绿色分配，兼顾物质需求和精神上的满足；低碳经济主要针对全球气候变暖问题以及能源领域，重点是建立低碳经济结构、提高碳能源利用率、开发低碳技术、减少温室气体排放的发展模式。

3. 控制环节不同

生态经济与循环经济分别从资源的输入端和废弃物的输出端来研究经济活动与自然系统的相互作用，同时循环经济还关注资源，特别是不可再生资源的枯竭对经济发展的影响；绿色经济更多关注的是经济活动的输出端，即废弃物对环境的影响，重点在于环境保护；低碳经济强调的是经济活动的资源输入端到经济活动的输出端的全部过程，通过减少碳排放量，使得地球大气层中的温室气体浓度不再发生深刻的变化，保护人类生存的自然生态系统和气候条件。

综上所述，我们可以看出低碳经济是以生态经济理论和系统理论为理论基础，以生态技术为依靠手段，以保护、改善资源环境、追求人类的“两型社会”的实现为最终目标的经济发展形态。低碳经济研究重点是建立低碳经济结构、提高碳能源利用率、开发低碳技术、减少温室气体排放的发展模式；低碳经济的控制环节是它更强调经济活动的资源输入端到输出端的全部过程都实现碳排放量的减少；低碳经济的核心是通过低碳能源、低碳技术、低碳制度、低碳产业和低碳管理与保障以实现低能耗、低污染、低排放。

二、区域低碳经济发展理论

区域可持续化发展，经济活动须建立在能源、资源节约和环境友好的基础之上，需要优化产业结构、改变增长方式、调整消费模式，以低碳经济作为经济生活的常态和主导方式。传统工业文明模式下经济利润最大化发展目标转向社会成本最小化、生态经济效益最大化、民生最优化等综合目标；传统的工业文明与外部治理结合的模式让位于生态环境内部化的生态经济模式；独立分隔的节能减排、生态修复、环境保护本质仍然是“工业文明＋节能减排”、“工业文明＋生态修复＋环境保护”，这种发展路径无法有效实现人地关系和谐与区域可持续发展，且不同类型区域低碳经济发展的条件、任务、目标存在着很大的区别。欠发达地区工业开发强度低，拥有良好的自然生态环境基础，可以借助建设低碳经济发展的契机，实现落后地区的跨越式、可持续发展；发达地区工业发展水平高，自身经济实力较强，可以通过技术创新、产业转型升级、体制机制优化、外部性内部化等途径寻求区域转型的新模式新路径。通过不同类型区域低碳经济发展模式的研究，实现全国低碳经济发展的突破，需要从理论上理清低碳经济的认识，构建低碳经济理论体系，以促进我国低碳经济发展。

（一）低碳经济国内外研究现状

自英国提出低碳经济的概念后，国内外学者先后从低碳经济的理论、技术、评价以及政策等方面给予了理解和探析。

1. 从理论的角度研究低碳经济

中国著名低碳经济学家张坤民教授认为：低碳经济是以低能耗、低污染和低排放为基础的经济模式，是人类社会发展的又一次重大进步，是目前最可行、可量化的可持续发展模式。低碳经济的实质是高碳能源利用效率和清洁能源结构问题，核心是能源技术创新、制度创新与人类生存发展观念的根本性转变；中国学者庄贵阳认为：低碳经济的实质目标是减缓气候变化和促进人类的可持续发展。即依靠技术创新和政策措施，实施一场能源革命，建立一种较少排放温室气体的经济发展模式，减缓气候变化；华能技术经济研究院谢进认为：低碳经济是以能效技术、可再生能源技术与温室气体减排技术的开发和运用为核心，以市场机制、制度框架与政策措施为先导，以减少化石燃料消耗以及温室气体排放为标志，以经济与环境和谐发展为目标的新型发展模式；刘细良强调现代意义上的低碳经济是对人与自然、人与社会、人与人和谐关系的一种理性认知；游雪晴等认为低碳经济是以低能耗和低污染为基础的经济。

2. 从技术的角度研究低碳经济

中国科技部在相关科技计划中，已经对清洁能源、核能、可再生能源、碳捕集及封存等具有战略意义的低碳前沿技术开发进行了部署。中国科学技术发展战略研究院软科学处赵刚认为：中国低碳技术自主创新能力正在快速提高，在国家的大力支持下，一大批较成熟的低碳技术正在得到推广以及应用，新的更有效的低碳技术正在研发并将产业化应用。2008 年 1 月，清华大学低碳能源实验室正式成立，清华大学校长顾秉林院士认为：清华大学低碳能源实验室将重点研究我国未来能源和节能减排的关键科学问题、先端技术问题、发展战略和技术路线，通过与企业合作实现重大技术集成和产品示范。

3. 从经济的角度研究低碳经济

气候集团在报告《赢余：低碳经济的成长》中表明低碳经济具有更高的投资回报率，能够显著地增加产量、改善产品质量、提高生产可靠性、缩短生产周期及改善工作环境等；由前世界银行首席经济学家、现任英国政府经济顾问尼古拉斯·斯特恩爵士在《斯特恩回顾：气候变化经济学》中，详细论述了气候变化造成影响的经济代价和相关温室气体减排的花费和收益。

4. 从评价的角度研究低碳经济

Treffers 等学者认为：通过采用相关政策措施、经济的强劲增长以及温室效应气体排放减少的共同实现，德国可以实现 2050 年比 1990 年减少温室效应气体排放 80% 的可能性；Johnston 等学者进行了英国大量减少住房 CO_2 排放的技术可行性分析，认为利用此低碳技术，到 21 世纪中叶实现比 1990 年减排 80% 是可能的；Kawase 等学者将排放变化分解为三个因素：能源效率、CO_2 强度以及经济活动等，指出为实现 60% ~80% 的减排目标，总的能源强度改进速度和 CO_2 强度减少速度必须比以前 40 年的历史变化速度快 2 ~3 倍。

国内外学者对低碳经济的研究内容主要归纳为五个方面：一是低碳经济与经济增长，研究重点在碳排放的影响因素，碳排放与经济增长的关系及碳减排对行业发展的影响等；二是低碳技术、新能源的研发，尤其是高碳能源低碳化利用技术的研发；三是低碳经济实现的制度安排，研究主要集中在对碳税和碳交易的讨论；四是不同国家发展低碳经济的进程；五是低碳区域构建的初步探索和尝试。通过低碳经济国内外研究发现，目前对于实现低碳经济的系统性研究较少，鲜有区域低碳经济模式的研究和相关报道。

（二）低碳区域规划

1. 区域学习理论[①]

经济发展相对落后地区发展低碳经济，除了依据自身特征选择适合的低碳发展道路，更重要的是学习、吸收、引进发达地区先进的低碳经济发展技术、治理模式、产业优势等。区域学习是欠发达地区实现低碳发展模式的跨越式发展的重要途径。区域学习理论是区域学习实践的基础。

经济学者阿罗（K. J. Jow）认为区域学习是通过实验、搜寻、叙述和交流等方式获得新的区域发展机会，学习的内容包括区域编码知识、意会知识、关系知识等，学习的方式包括交互式学习、契约学习、实践学习等不同形式，且学习区分为个人学习、组织学习、区域学习等不同层次。在后福特主义时期，产业组织和国际竞争中的学习表现为主动性、系统性、综合性及生产性特征（Jin，Stough，1998）。在区域学习理论的探讨中，学者重点分析了学习型区域的学习机制及对区域发展的影响。

佛罗里达（Forida，1995）认为学习型区域是对知识进行收集和储存，为知识、信息与学习流动提供基本环境和基础设施的区域。在福特制大规模标准式生产模式向知识密集型柔性生产模式的转变过程中，新型知识密集型企业持续的创新、知识创造和组织学习促进了学习型区域的发展。霍夫曼（Hofmainer，2000）认为学习型区域是创新模式由线性模式向自下而上的互动模式转变的自然结果。在福特制生产模式中，知识生产主要由科研院所组织，以学科内部的、基于正式编码知识的、线性的生产模式为主导。在后福特主义生产模式中，知识生产转向以社会公开组织，基于意会知识和编码知识混合的、开放式的终身学习，跨学科与部门的知识交流与生产、应用导向的、非线性的知识生产模式主导、知识生产模式的转变与创新模式的转变直接关联。互动创新模式促成了学习型经济和学习型区域的出现，学习型区域强调区域意会知识（Tacit Knowledge）、根植性（Embeddedness）、价值和制度的非贸易依赖、知识标准和社会惯例等。阿歇姆（Asheim，2000）认为创新能力来自创新网络，创新网络以协同作用和集体学习促进区域创新能力的提高。

---

① 倪外．基于低碳经济的区域发展模式研究［D］．上海：华东师范大学博士学位论文，2011．

区域一体化会增加“强联系”的弱点（Weakness of Strong Ties），导致社会、经济结构锁定，造成社会、经济、技术的根植性困境（Embeddedness Dilemma）。学习型区域整合了政治、社会和企业网络，是基于意大利新产业区理论的中小型企业成功发展的范式。学习型区域通过构建企业间和企业内部的动力过程，建立柔性的学习型组织，避免地方化路径依赖造成的发展的锁定。

在学习型区域中，经济发展由资源能源投入驱动向创新驱动转变，区域意会知识、社会资本及制度框架等形成了区域学习和创新的外部效应，空间临近性降低了创新过程中的不确定性，降低了交易成本，促进区域在技术创新、制度创新、组织创新、社会创新等领域的发展。在不同类型的区域生产系统中，学习型区域促进领先企业主导的区域垂直生产体系根植于本地生产系统，促进中小企业组成的地方生产网络结成官产学研网络系统，把企业发展与区域环境紧密结合，形成柔性专业化区域，以弹性专精的生产系统应对市场变化。另外，学习的区域性表现为集体学习过程，包括基于贸易网络和知识网络的互动学习，基于正式制度和非正式制度结构调整，目标修正的动态过程的制度学习，基于保持区域生产系统能效的连贯性和变化能力的组织学习，以及基于区域良好学习文化的以学促学等主要集体学习过程。由此，学习型区域将区域创新、区域柔性生产、区域集体学习有机结合，使知识、学习、创新、区域社会资本形成统一的有机整体。

2. 区域创新理论

区域经济发达地区经济发展已经达到较高层次，面临经济发展方式转型、产业结构调整的现实要求与挑战。在区域低碳发展过程中，已经积累了相当的经济、技术、治理、制度基础，在区域低碳发展中，探索经济发展方式转型，突破低碳发展限制，在低碳知识、低碳技术、低碳制度、低碳治理、低碳产业、低碳空间规划等方面实现创新发展，以实现区域经济转型发展，对外进行低碳技术、低碳治理等发展辐射，引领区域低碳发展的方向。区域创新是经济发达地区发展低碳经济的重要途径。

3. “脱钩”理论

区域发展，特别是经济增长，与资源能源消耗之间存在典型的耦合关系。20 世纪下半叶开始，西方主要发达国家经济增长对资源能源消耗具有强依赖关系，经济增长与资源能源消耗耦合关系紧密。在 20 世纪 70 年代，技术进步和工业体系建设趋于完备，打破了两者之间长期的耦合关系，出现经济增长与资源能源消耗的背离。学者对此进行研究，分析经济增长总量与资源能源消耗总量之间的关系，以及资源能源消耗强度（Intensity of Use）曲线，“脱钩”概念被引入社会经济研究领域，提出经济发展与环境压力“脱钩”问题，进而提出“脱钩”理论。按照“脱钩”理论，区域在发展初期，资源能源消耗总量随着经济总量的增长而同比增长，或更快增长，在达到特定阶段后，资源能源消耗增长相对于经济增长不再同步，而呈现下降趋势。

按照学者 Janicke，Robert（1994）对西方发达国家经济增长与资源能源消耗关系的研究结论，联邦德国 20 世纪 60 年代起 GDP 增长与钢材料消耗“脱钩”，70 年代初期起 GDP 增长与水泥消耗“脱钩”，70 年代末期开始 GDP 增长与能源消耗、道路运输量“脱钩”。70 年代至 80 年代中期，其他基本完成工业化的欧洲国家经济增长与资源能源消耗逐渐“脱钩”（见表 2-3）。

此外，学者 stian，John（2002）研究了美国 1900—1990 年间主要工业资源能源消费的 IU 曲线，SIJN，MERISTO（1999）研究了 OECD 国家 1960—1995 年间能源消费 IU 曲线，研究发现，在 90 多年间，美国主要工业资源的单位 GDP 消耗量逐渐下降，与经济增长“脱钩”，OECD 国家单位 GDP 产出耗能量在 1960—1970 年间上升，在 1980 年后持续下降，在 GDP 增长 119.2% 的同时能源 IU 下降了 32.4%，从 IU 角度验证了 OECD 国家经济增长与资源能源消耗之间的“脱钩”关系。

表 2-3　1970—1985 年间欧洲主要国家经济增长与资源能源消耗“脱钩”情况

国家	GDP 增长（%）	一次能耗（%）	钢材消耗（%）	水泥消耗（%）	道路运输量（%）
英国	32.4	-2.3	-43.5	-28.7	-18.2
法国	51.6	30.3	-34.8	-23.4	-14.5
丹麦	40.8	-2 7	-15.6	-33.2	20.1
瑞典	32.7	26.4	-37.9	-41.2	-21.4
比利时	42.7	7.1	-24.5	-17.6	-2.2

资料来源：依据 Robert，1994

“脱钩”理论论证了区域低碳化发展模式的可行性，西方发达国家在20世纪70—80年代经济增长与资源能源消耗“脱钩”发展实践验证了经济增长与资源能源消耗的耦合与背离关系。在工业化初期，以资源能源等要素资源投入为区域发展主要推动力，资源消耗量，使用强度随经济增长而增长，在低效率、低效益的工业生产流程中，资源消耗量大，环境污染加剧，碳排放量急剧增加。进入工业化后期，科技创新、技术应用、管理创新、智力资源等新型推动要素在区域发展中比重增大，超过传统的要素资源投入，单位GDP产出的资源能源消耗下降，实现经济增长与资源能源消耗的“脱钩”。区域发展由以资源能源等要素投入增长发展向以技术创新、管理创新等区域创新体系支撑的新型发展模式转变，区域低碳化发展模式成为区域发展的最新选择，由此论证了区域低碳化发展的可行性。

三、我国低碳规划的迫切性

我国是世界第二大能源消费国、世界最大煤炭生产国与消费国（产量与消费分别占世界总量的28%和26%）、世界上第三大石油消费国，世界第二大发电大国（我国以火力发电为主，2007年，共计12.82亿吨煤炭被用于火力发电，占我国原煤产量的51%）。我国排碳主要集中在第二产业密集区，区域的碳耗与碳排放量远远大于以农业为主的农村。区域交通、基础设施不断发展，我国几乎全部的汽油、60%的柴油和2/3的煤油被各类交通工具所消耗。根据发达国家的经验，交通运输业用能占全社会能耗比重的25%~33%。面对着区域化的加速，交通运输工具的增加、基础设施的不断建设，在未来一段时间内，交通能耗也将成我国能源消耗的主要来源。然而能源大量消耗，带来了大量温室气体排放和环境污染等问题。我国在能源消耗方面还是粗放型为主。从我国产业能耗调查发现，电力、钢铁、有色金属、石化、建材、化工、轻工、纺织等行业其主要产品的单位能耗平均比国际先进水平高40%；机动车油耗水平比欧洲高25%；水泥、钢、纸和纸板的单位产品综合能耗比国际先进水平分别高45%、21%、120%。我国单位面积采暖能效率相当于气候条件相当的西方发达国家的33%~50%；世界先进国家的矿产资源总回收率为50%，而我国却只有其先进国家的60%。因而我国在能源利用效率上急需提高。

改革开放后，我国正处于快速工业化与区域化过程中，一次能源大量消耗。美国能源部二氧化碳信息分析中心（CDIAC）2007 年统计数据可以得出 2004 年中国化石能源的二氧化碳净排放量为 13.7 亿吨，占世界的总排放量的 17.28%，仅次于美国。2007 年中国能源消费总量为比上年增长 7.8%，煤炭消耗量 25.8 亿吨，增长 7.9%，原油消费量为 3.4 亿吨，增长 6.3%，天然气消耗量为 673 亿立方米，增长了 19.9%，电力消费 32632 亿千瓦时，增长率为 6.3%，水电为 4829 亿千瓦时，占总电量的 14.8%，比上年增长 10.8%，中国能源消耗净增长量过大，中国有必要减缓温室气体排放。大多数国家认为，要实现公约“把大气中温室气体浓度稳定在防止气候危害人的水平上”的最终目的，要以中国、印度实施大量减排为先决条件。同时，能源问题已经成为我国工业化的主要制约因素。中国从 1993 年开始成为成品油的净进口国。据海关数据统计，中国 2007 年原油净进口 15928 万吨，成品油净进口 1829 万吨，然而我国能源的出口（如煤炭、焦炭等）也在不断下降，我国对外能源依存度上升，能源自给率的下降，对我国的能源安全与对减缓全球气候变暖都产生了不利的影响。减少温室气候排放，在一定程度上也有助于发展目标的实现。所以，如何处理好工业化发展与温室气体排放之间的矛盾才是我国可持续发展的关键。中国的选择只有化压力为动力，积极寻求低碳发展的道路。在温室效应备受关注的国际环境下，发展低碳经济也成为国际社会的重视，各国都有积极响应，对于发达国家而言，在发展经济过程中早已排放了大量的二氧化碳等温室气体，且负有重大责任。我国作为一个发展中国家，在面对发展经济与减少二氧化碳排放的压力下，如何更好处理发展与减排之间的关系已经成为我国社会、经济发展面临的重大问题。

四、山西省低碳经济转型原因分析

（一）山西省经济外部负效应分析

资源型经济是指以资源开发为主导、围绕资源产业形成的资源加工、贸易、服务等资源产业为主体的经济体系。由于对资源开发的过度依赖，资源型区域经济表现出在经济增长、结构演进与制度环境三方面独有的特征。此外，由于资源开发给区域发展带来的五个效应，导致五个方面的问题：即产业结构单一——产业的锁定效应；要素结构初级——要素挤出效应；经济增长方式粗放化——生产负外部性；带来经济活动的空间布局分散——矿城之间的冲突效应；区域可持续发展能力弱——资本的流失效应。

1. 产业锁定效应——产业结构单一

资源型区域最典型的特征就是生产要素向资源部门集中。其主要原因是资源性产品价格上升引起不同部门间贸易比价的变化，使生产要素从其他部门向资源部门流动（Corden 和 Neary，1982）；资源部门内部存在着沉淀成本，该沉淀成本制约了生产要素向其他部门的转型（汤吉军，2004）；资源部门及其资源产业的吸纳效应、锁定效应，导致要素在资源部门的滞留（张复明和景普秋，2008）。由于以上原因致使大量的生产要素被锁定在资源部门，形成单一的产业结构。

2. 要素挤出效应——要素结构初级

资源型地区丰裕的自然资源使得资源开采和简单加工业等资源部门的边际生产率大幅提高，势必会提高要素的价格，改变要素的价格弹性，引起经济要素比价的变化，以及要素在部门间的流动和重新配置，导致资本、劳动力等生产要素从制造业等其他部门向资源部门转移，进而造成制造业等其他部门的日益萎缩，这被称为要素挤出效应。要素挤出效应的存在，使资源型区域的经济增长主要依赖资源、资本，而不是技术进步和人力资本。资源开发造成制造业、农业等产业发展存在严重的挤出，也对技术进步与人力资本的开发形成巨大威胁。因为制造业被认为是具有溢出效应的产业（Matsuyama，1992），而资源部门并不具备上述特征。Gylfason（2001）认为，资源型区域依赖资源租金，危机意识不强，无论是政府、企业还是当地居民，对教育均重视不够，教育和研发的投入与产值比重不高。长期依赖自然资源开发和初级产品生产的资源型地区经济，必然导致本地区领导及公众的创新意识钝化和经济发展观念滞后，在以人才资源竞争为第一要素的国内外竞争中处于绝对劣势。所有这些就形成资源排斥其他生产要素的逆向发展态势和低效率资源配置的机制。

3. 生产外部负效应——增长方式粗放

资源开发过程伴随生态环境的破坏，以及对资源自身的浪费，对伴生共生资源的大量损耗。改革开放 30 多年以来，山西省累计生产煤炭近 80 亿吨，占全国同期产量的30%以上；累计外调煤炭近50亿吨，占全国省际调出量的80%以上，为国家能源安全和现代化建设做出了突出贡献。与此同时，山西在资源、环境、生态和社会等方面也付出了很大的代价。资源的大规模、高强度开采，粗放型的经济发展方式，不可避免地造成了山西省资源浪费比较严重、生态环境相对脆弱、环境治理任务繁重等问题。2009年，山西省GDP占全国的2.2%，而能源消耗却占到4.3%以上。山西省万元GDP二氧化硫、CO_2、烟尘、粉尘排放分别是全国平均值的2.61倍、1.23倍、3.47倍、3.72倍。

4. 矿城发展冲突效应——空间布局分散

以资源开发为主导产业的资源型区域，其城镇化是资源开发而不是其他产业推动的结果。但资源开发或者说矿区布局是资源指向性，依矿而建；而资源往往是分布在地理位置偏远、生态环境比较脆弱的、不适宜人类居住的山区，在空间上具有明显的分散性。区域发展最典型的特征是聚集效益，包括经济聚集、技术聚集、人口聚集等。经济活动与人口、技术在空间的集中与集聚，带来生产成本降低、效益提高。即聚集经济效益的存在，包括规模经济效益、外部经济效益、地方化经济以及区域化经济（Cheshire和Mills，1999）。二者之间的冲突导致资源型区域经济活动的空间布局分散，城镇化发展相对滞后，区域发展速度慢、质量低，区域城镇规模小，区域群发展持续性严重不足。

5. 资本流失效应——可持续发展能力弱

资源是大自然赋予人类的财富，资源开发并输出，造成资源财富流失，同时由于生态环境破坏，导致当地生态资本财富流失。资源依赖型地区在区际贸易中的“比较劣势”使得资源依赖型地区的应得利益在经济交换中大量流失，地区间的发展差距呈现不断扩大的趋势财富的流失方向大致有：一是矿产品价格不完善，不能体现资源的可耗竭性以及开发中的负外部性，导致资源低价卖出，财富从资源生产地转移到资源使用地；二是资源开发获取的收益，在地方与中央之间的非合理分配，地方获取的收益比例相对较低，导致利益的流失；三是矿产开发收益分配体制的非合理，导致收入分配出现两极分化，大部分收益集中在少数人手中，而这少部分高收入者的消费主要在外地，而非资源型区域，不能转化为当地的消费和投资，导致资源财富的再流失。由于长期以来对人才、技术资源的漠视以及对投资“软环境”建设的忽略，使得资源依赖型地区的优秀人才和建设资金大量流失，进一步加剧了地区经济发展的不平衡性。实现经济转型，对于资源依赖型地区在区际乃至国际竞争中获取公平利益进而缩减与其他地区的发展差距，已成为别无他途的唯一选择。

（二）山西省低碳经济转型内因分析

山西省是典型资源型地区，全国 1/4 的煤炭、3/4 的焦炭、1/17 的火电是在占全国 1/60 的国土面积上生产的，造成山西省产业结构重型化、初级化、高耗能、高排放、高污染、不可持续以及经济效益不高、竞争力不强等问题。中国政府承诺到 2020 年，单位国内生产总值二氧化碳排放比 2005 年明显下降，山西省二氧化碳排放居全国前列，毫无疑问山西省将在这个过程中承担自己的减排义务，而且压力极大。

1. 资源禀赋

由于长期的资源禀赋，山西不产原油，地热、核电、水电、天然气等能源占能源资源比例较低，由此形成的“锁定效应”，不仅导致了产业结构单一、发展方式粗放、生态环境脆弱、安全生产形势严峻等一系列经济社会生态问题，而且也形成了资源依赖的思维定式和发展惯性。山西能源生产结构和消费结构中以煤炭为主的局面在较长时间内很难改变（见图 2－1 和图 2－2）。

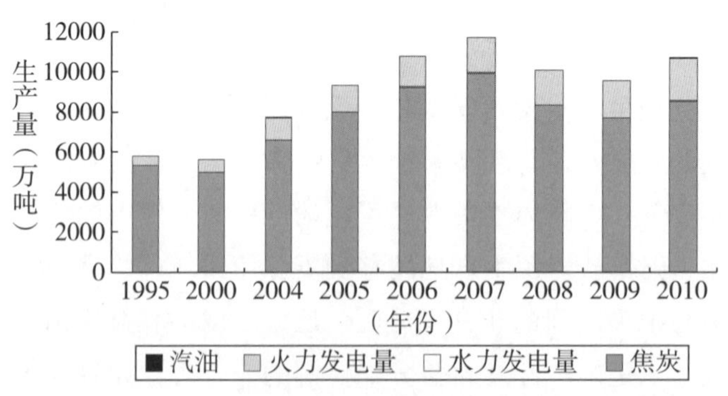

图 2－1　山西省 1995—2010 年能源生产结构

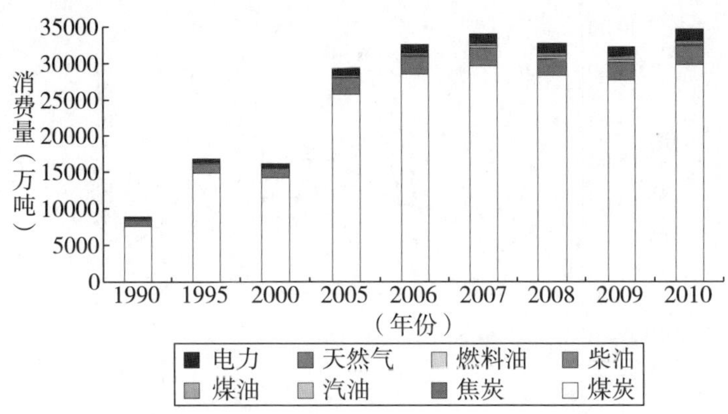

图 2－2 山西省 1990—2010 年能源消费结构

资料来源：山西省统计年鉴 2011

显然这种以煤炭为主的能源结构，负外部性对环境影响较为重大，必然会产生较高的排放强度，煤炭开发与环境保护的协调问题始终是一个焦点话题。山西资源禀赋状况决定了必须实施低碳经济转型，推广清洁碳排放技术，扩展新能源生产结构，促进环境与经济的和谐共赢。

2. 经济发展

经济发展是硬道理。山西省地处东部内陆，尽管经济发展存在着很大制约，但是在社会主义现代化建设中，特别是党的十一届三中全会以来，随着改革开放的不断深入，使山西省经济获得了长足发展，经济实力逐渐增强，为山西省经济今后更快更大的发展奠定了基础。但山西省的这种经济增长是以能源快速生产和消耗为代价的（见图 2－3）。

从低碳经济成本角度考虑，据测算，现在把 GDP 的 1% 用于发展低碳经济，将来就能避免 5%～20% 的 GDP 损失；作为新兴的经济形态，低碳经济具备短期投入相对较高、长期效益显著的基本特点，从世界经济发展趋势和中国经济走向来看，符合国家的根本利益。由图 2－4 可见，山西省近 30 年经济增长率与能源生产增长率和消费增长率是正相关的，而且比较明显的变化是自山西省 2007 年实施低碳经济转型以来，由于全球金融危机的爆发及蔓延，经济增长率的下降幅度远小于能源生产的增长率和能源消费的增长率的下降幅度。进一步从实践证明发展低碳经济对经济发展的重要意义。

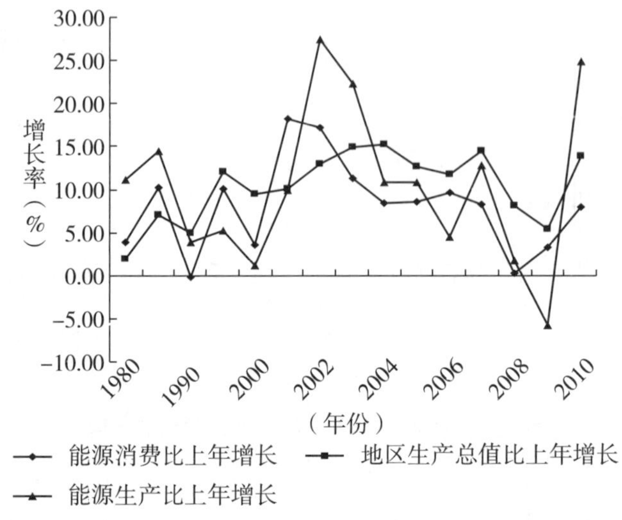

图 2-3　山西省 1980—2010 年经济增长、能源消费增长与能源消费增长比较

资料来源：山西省统计年鉴 2011

五、山西省区域低碳规划的必要性

自 1978 年以来，山西省宏观经济发展战略的落脚点和主导思想几乎都围绕在能源产业和基础设施上。20 世纪 80 年代，国家给山西省的定位是：以煤炭等能源工业为主导产业，建设能源及重化工工业基地。山西省委、省政府分别于 1990 年和 1993 年提出了工业结构调整的建议和实施强化农业基础、能源产业、基础设施，搞好挖煤、输电、引水、修路等“三基四重”战略。但是事实上，山西省的经济发展战略仍停留在 80 年代的发展思路上，忽视了主导产业的转移和新的经济增长点的培育，使这一时期山西省的经济发展缓慢。90 年代后期，山西省才开始把经济发展的重点确定为战略性调整产业结构，培育优势产业、优势企业和优势产品，以形成新的经济增长点。正是由于经济发展战略缺乏实质性的改变，使得山西省与全国较发达地区的差距越来越大。2010 年，山西省把发展低碳经济和绿色经济作为战略取向，从全局高度及早加以谋划、加以推进。在 2010 年年底召开的全省经济工作会议上，省委书记张宝顺把发展低碳经济提升到了全省产业调整经济转型的范畴。与此相呼应，2009 年年底，由国新能源完成的《山西低碳经济战略发展规划》

已发布了目标：改变能源结构，实现节能降耗。规划提出，今后山西省将从能源需求和污染的根源着手，明确了山西省缓解排放、保护环境的基本方向，努力建设低碳、绿色、新型能源基地的目标。实际上，山西省早在2007年已经在逐步进行低碳经济转型。

低碳经济本质是区域经济发展由传统的资源、能源等要素投入主导向以技术创新、治理创新等创新主导的经济发展模式转变，实现区域发展由经济增长为主，转向经济、环境、生态、民生等多目标协调发展的转型。目前山西省各区域在低碳发展的过程中存在严重问题。

1. “点—轴”布局框架的区域开发模式

随着山西省交通状况的逐步改善，一个纵贯南北、横跨东西的交通运输网已经形成，同时也逐步形成了以同蒲线为主轴，石太、太焦、侯西—侯月为副轴的点轴布局框架。这里的“点”指各级中心区域，“轴”指由交通线连接起来的“基础设施束”。从宏观上看，以太原为核心，以大同、阳泉、长治、晋城、临汾、运城等地级市为中心，辐射城乡的区域经济体制已初具规模。

2. 各区域整体水平低，缺乏发展潜力

山西省大多数区域仍以第二产业为主，工业行业结构趋同，并呈现出浓厚的能源原材料工业色彩。近年来，除太原市第三产业增长势头较快外，大同、阳泉、晋城、朔州市仍属于资源主导型区域，呈现出资源禀赋拉动经济的低增长模式。长治、临汾、晋中、运城区域则是各产业齐头并进，但内部结构不合理，技术水平落后，创新能力差，经济增长缺乏潜力。忻州、吕梁市则由于自然条件较差，环境脆弱，致使区内集聚了山西省近半数的国家级贫困县，因此该区域是山西省经济发展中反贫困的重中之重。

3. 中、东、西三大经济地带形成

山西省中、东、西三大经济地带指的是中部盆地区、东部山地区和西部高原丘陵区。从经济发展水平来看，1980年，中部地区人均GDP分别是东、西部的1.30倍和2.50倍，2000年分别为1.12倍和2.50倍。从三大地带GDP总量来看，中部地带一直占65.0%以上，东部约占30.0%，西部约占5.0%。山西省经济发展与生产力布局在三大地带上表现出明显的不均衡性。

六、山西省低碳经济规划的基本方向

从2010年年底开始，国务院正式批准设立山西省为国家资源型经济转型综合配套改革试验区以来，山西省在经济转型和综合配套改革方面做了大胆的探索和有益的尝试，取得了令人鼓舞的成就。2012年9月13日，国务院正式批复《山西省国家资源型经济转型综合配套改革试验总体方案》，标志着山西省资源型经济转型综合配套改革试验区建设进入全面实施阶段。山西省转型的重点是低碳经济，突破口是新能源革命，与之配套的是机制与体制的创新。低碳经济转型的主要方向包括产业转型、生态修复、城乡统筹、民生改善四大领域。

低碳经济与新能源革命背景下的转型不只是通过技术创新对传统产业进行改造和提升，更不是简单的节能减排，而是涉及人类的文明观、价值观和财富观的彻底转变，需要从人们的生产方式和生活方式进行一系列的革命。因此，从人类文明发展的角度，从低碳经济的角度来审视山西的转型，必须有一个科学清晰的顶层设计，并使之具备指导性和分阶段、分步骤的操作性。在顶层设计上重点体现以下几个方面：

①在科技体系方面，完成从原子模式体系向太阳模式体系转换。传统工业经济是基于一种原子模式的科技体系，它主要依赖于石油、煤炭、矿石、天然气等不可再生资源。新能源经济和生态经济所需要的能源不是微观的，而是来自太阳能、风能、地能、海洋能源等整个大自然的能源，即太阳模式的体系。

②在产业类型方面，完成从物本经济体系到人本经济体系的转型。传统的工业经济首先是高碳的经济，同时还有一个最大的弊端就是一种高度物质化、高消费的经济。因此，在传统的工业经济中，大量的资源和能源更多地投入在以物质为本的产业形态上。生态经济要求传统的以物为本的工业经济转向以人为本的新经济。

③在生活方面，从单一城市化向城乡协调的多元生活方式转型。从过度追求物质的生活模式，向物质精神协调的生活模式转型；从高能耗的生活方式向低能耗、贴近大自然的生活方式转型。

④在文明观方面，从人与自然的对立观向天人合一的和谐观转变。资源

的过度开发和利用，无疑造成环境的严重破坏。在人类征服自然和改造自然的过程中已经形成了人与自然对立的文明观，生态经济要求这一观点必须彻底改变。

从低碳经济、生态经济的角度来考察，山西省的转型既要学习借鉴西方国家的先进经验，又不能照搬照抄，必须走出一条符合山西实际、具有山西特色的转型之路。同时，判断一个地区的经济是否真正转型，是否是低碳的生态经济，还须从以下几个方面进行考量。

（一）区域能源的本地化

不言而喻，能源的本地化是有效降低能源消耗的有效途径。欧洲一些国家小城镇的能源本地化率最多可达到60%以上。山西是资源大省，这一点虽然能与欧洲媲美，但山西同样也存在水资源严重缺乏的问题。省会城市太原的供水主要依靠引黄河水来解决。

（二）居民住宅的生态化

居民住宅的生态化是降低碳排放的重要手段。根据有关数字统计，西方发达国家工业化初步完成后，仅居民住宅的能耗占到所有碳排放总量的45%左右，目前我国这一数字是20%～25%。目前，我国正处在经济的高速发展期。这一数据有力说明，我国在完全实现工业化后，住宅的碳排量就不会在西方发达国家之下。西方的工业发展史再一次告诫我们，城乡居民住宅的能耗问题应引起重视。如果各级政府部门能在农村新批的宅基地、城市的保障住房等项目上积极推行低碳生态住宅，然后再逐步扩展到新建机关办公楼和改造旧楼上，降低碳排放的意义将极其深远。这一技术在我国目前已相当成熟，并且山西省已在部分城市居民住宅进行节能试点，效果显著。

（三）城市交通的绿色化

其最根本的解决方式是必须有新能源支持的新交通。目前，中国拥有电动自行车2亿多辆，西方一些学者认为中国的电动自行车将引发一次未来的交通革命。山西省会城市太原从2012年起开通了城市公共自行车服务，500多个服务点共投放了3600辆公共自行车。到2015年，将建成1500个公共自行车服务点，投放 6 万辆公共自行车，覆盖整个建成区。到那时，太原的公交系统将建成以大巴、地铁为主，出租车和自行车为辅的畅通、高效、安全、绿色的城市公交体系，使太原成为更有人情味、更具特色的城市。

（四）产业发展的生态化

我国“十二五”规划涵盖了产业转型的方方面面，其主要内容就是二、三产业比例搭配协调，提高第三产业在国民经济中的比重。山西省各级政府要在由太阳能、风能等新能源产业逐步取代传统的过分依赖碳基能源的产业的转型中，在技术、资金、政策等方面给予全方位的支持，特别是在目前太阳能产业国际环境恶化的情况下尤为重要。

（五）资源的循环化

它要求把经济活动组成一个“资源—产品—再生资源”的反馈式流程；其特征是低开采、高利用、低排放。实现废物减量化、资源化和无害化，使经济系统和自然生态系统的物质和谐循环，维护自然生态平衡。为此，在山西省实施转型战略中要始终把循环经济的培育和促进作为一项长期性任务常抓不懈。

（六）建立碳交易市场

2005 年京都议定书正式生效后，全球碳交易出现了爆炸式的增长。经过多年的发展，碳交易市场渐趋成熟，参与国地理范围不断扩展、市场结构向多层次深化和财务复杂度也不可同日而语。据联合国和世界银行预测，全球碳交易在 2008—2012 年间，市场规模每年可达 600 亿美元，2012 年全球碳交易市场容量为 1500 亿美元。国务院参事、科技部原副部长刘燕华在 2011 年中国国际气候变化论坛上表示，目前气候问题在全球已经演化为经济问题和政治问题，而全球碳排放交易量到 2020 年预计将达到 3.5 万亿美元，有望超过石油市场成为世界第一大市场。

2012 年 10 月 27 日，山西省首家能源管理交易平台——山西环境能源交易所在太原高新区揭牌，这是山西省首个集环境能源领域的物权、债券、股权、知识产权等权益交易服务于一体的专业化权益性资本市场服务平台。它的成立，标志着山西省节能减排和环境保护事业从单一的行政配置转向市场化配置。

如果说人类文明的发展，经历了古代农业文明和近现代工业文明两个时代，那么未来人类将迈入以自然能源为主的生态文明时代。古代农业文明生产的对象是土地，其特点是粮食的生产受到天时地利的制约。现代工业文明其生产的对象是石油、煤炭、天然气等不可再生资源。其生产不受气候条件的影响，但碳基能源的开发利用对环境造成无法弥补的损失和破坏。而生态文明时代的生产对象主要是太阳能、风能、地热等自然能源，它与古代社会农业文明一样形成了“天人合一”的文明。生态文明是一种新的文明形态，它将成为人类发展的新趋势。

第三章　山西省区域低碳规划

第一节　山西省区域低碳发展的总体目标

山西省区域低碳发展模式是保障经济发展与保护生态环境相互结合的战略性发展模式，在保障能源安全与应对全球气候变化方面保持高度统一。发展低碳经济实质是区域发展模式的根本转变，是在生态文明科学发展观的指导下，区域更高层次发展的实现模式。通过技术创新和制度安排，在区域经济发展中，低碳经济发展目标是促进经济产业活动以更快、更科学的发展方式进行，满足人们更高层次的生活需求，实现区域可持续发展，实现区域自然、经济、社会多目标协调的综合发展。

一、山西省区域经济现状特征

山西省作为一个内陆高原省份，受自然、经济、社会、历史等种种因素的制约，一方面，地理环境较为封闭，对外联系程度低，社会经济处在一种较为闭塞的状态；另一方面，区域经济内部发展不平衡，城市分布不合理，区域空间格局不完善。

（一）地貌特征差异明显，城镇分布呈“K”字形格局

山西省是一个被黄土广泛覆盖的山地型高原，素有“二分川、八分山”之称，地势东北高、西南低，高低起伏较大，地貌类型多样。山西省中部由北向南依次分布着大同盆地、忻定盆地、太原盆地、临汾盆地和运城盆地，这五大盆地是全省人口密集经济发达的地区。山西省东部呈多字形排列着恒山、五台山、太行山、太岳山和中条山等东北—西南走向的山地，西部由北向南分布着管涔山、芦芽山、云中山和吕梁山。山地两侧均分布着许多山间

盆地，如长治盆地、高平盆地、五寨盆地和静乐盆地等。东西两侧山地丘陵区人口稀疏、经济较为落后。山西境内沟壑纵横、地形崎岖，这对工农业布局与交通建设都带来深刻的影响。

全省75%的城市、50%的建制镇分布在中部（五大盆地及周边丘陵区），而东部（太行山系及山间盆地）占全省面积的35.8%，但只有3座地级城市，西部（吕梁山地及黄土丘陵区）面积占全省的24.6%，只有1座地级城市。受交通干线的影响，山西省大多数城镇沿同蒲线、石太线、太焦线集聚，区域经济结构呈“K”字形格局。

（二）东、中、西三大地带人口分布不均衡，人口变动地区差异大

山西在特定的自然环境、社会经济条件和开发历史等因素作用下，人口分布形成了明显的三个地带差异，总体趋势是中部盆地人口稠密，从中部向东部山地与西部黄土丘陵区由密趋疏。根据新中国成立以来五次人口普查数据分析，三大地带人口分布变动具有如下特征：

①三大地带人口分布比例的变动趋势为，中部地带所占比例持续上升，东部地带不断下降，西部地带基本稳定。从不同发展阶段分析，1953—1964年是人口向中部地带集中速度较快的时期，1982—1990年是人口集中化最快的时期，1990年以来，人口集中化速度下降，而西部地带人口比重回升。

②从人口密度来看，中、东、西人口密度梯度在不断扩大。1953年中部地带人口密度分别为东部、西部人口密度的1.5倍和2.8倍，2000年达到1.8倍和3.1倍。

③从其动态变化来看，1982年以来，中部地带人口增长率持续下降，下降幅度较大，东部地带人口增长率保持在较低的水平，且不断下降，西部地带人口增长率仍维持在较高的水平，且下降幅度不大，人口增长率的区域差异在逐步缩小。

（三）煤炭资源丰富，地区产业结构趋同

山西是我国的产煤、输煤大省，煤炭资源储量大、分布广、品种全、质量优、易开采。全省15.6万平方千米的土地面积中，含煤面积占到40.4%，达6.2万平方千米。煤炭资源集中分布在山西中部盆地和西部山区。全省119

个县（市、区）中97个县（市、区）有煤炭资源。其中：国家级重点产煤县37个，省级重点产煤县60个。建成了大同、平朔、阳泉、西山、晋城、潞安、汾西、霍州、华晋等大型矿区和一大批地方煤矿。

山西各地区产业结构趋同问题也是相当严重的。产业结构趋同实质上是指资源要素的增量投向或指向同一产业。这种结构打破了区域的合理分工，使各地区的资源难以合理流动和配置。从山西各地区的支柱产业情况来看，最主要就是煤炭等资源性产业在大部分地区都处于支柱产业或优势产业的地位，山西煤炭工业产值在全部工业总产值中的比重太原为11.2%，大同为36.7%，阳泉为29.68%，长治为38.17%，朔州为54.35%，忻州为21.7%，吕梁为14.42%，晋中为13.58%，临汾为17.17%，这些地区都是以煤炭产业为支柱产业或重点产业的，只有运城市不以煤炭工业为重点。这说明山西有90%的地区产业结构是趋同的，趋同度之高在全国也是极为罕见的；从资源要素的指向来看，多年来整个山西的投资重点是指向煤炭产业的，大同、阳泉、晋城、长治、临汾等重点产煤地区在“九五”期间，拿出当期本地区工业基本建设投资额的20%左右对煤炭产业投资，说明在资金这个主要资源要素上是指向煤炭产业的。

（四）环境质量地区差异显著

山西省作为煤炭大省，在以农业、旅游业为主导产业或者地理位置较偏、资源条件较差的地区环境质量较好，而煤炭资源型城市、人口经济较为密集的地区环境质量较差。与国家城市环境空气质量标准比较，2003年全省16个空气质量监测城市的SO_2（除永济外）年日均浓度超过国家二级标准0.27～3.73倍。其中，11个城镇SO_2年日均浓度超过国家三级标准0.43～1.84倍。2003年全省16个城镇的综合污染指数表征的环境空气污染程度由重到轻的排序为临汾、平定、阳泉、晋中、孝义、离石、忻州、大同、运城、古交、晋城、长治、太原、朔州、侯马、永济。其中，排前13位的城市被列入全国30个严重污染城市。其中太原市在全国47个重点城市环境综合整治考核评比中位居倒数第一。

（五）省内区域经济发展不平衡

从各市经济发展状况来看，人均GDP最高的是太原市，最低的是忻州市，两者相差4.6倍；农民人均纯收入最高的是太原市，最低的是吕梁市，两者相差2.2倍；城镇居民人均可支配收入最高的是太原市，最低的是忻州市，两者相差1.4倍；财政一般预算收入水平最高的是太原市，最低的是朔州市，两者相差6.4倍，区域经济发展不平衡。

（六）山西省区域竞争力和可持续发展能力总体较弱

山西省在1985—2004年共20年中，竞争力总指数排名中有两年进入前10位，最高排名为第9位，最低排名第29位，2004年排名第23位。山西省区域竞争力的相对优势要素依次为基础设施、政府管理和人力资源与生活质量要素，相对弱势要素依次为产业、环境和管理要素。进一步分析这些要素排名的变异系数可以发现，无论是相对优势的要素还是相对弱势的要素排名波动均较大。根据1999—2004年“中国可持续发展战略报告”，山西省在全国31个省（自治区、直辖市）可持续发展总体能力较差，分别为第25位、第26位、第26位、第28位、第27位和第26位，其中，生存支持系统、发展支持系统、环境支持系统在全国处于低下水平，生存和发展的压力很大。

二、山西省区域低碳发展规划的总体目标

（一）促进区域经济可持续发展

发展低碳经济，不是限制发展，而是保证低碳条件下的区域经济可持续的高增长。目的在于通过国际国内不同层次的技术制度创新等实现整个社会经济的低碳转型，寻求实现经济社会发展与保护生态环境的协调统一。发展低碳经济促进经济发展，一是促进区域经济发展方式转型。转变建立在化石能源基础上的区域现行经济发展模式，以区域政策制度创新、治理模式创新、技术创新、市场机制创新、文化创新等提高区域发展中技术、制度、管理、文化的经济贡献率，转变以资源能源要素投入为主要动力推动发展向以技术、管理、制度创新为主要动力推动发展方向转变，同时提高能源利用效率，减少碳排放量。二是培育新的经济增长点。低碳经济发展涉及核心的低碳产业技术研发，新能源研发，区域低碳规划，全新的企业商业发展模式等，形成一条完整的从高端的低碳发展思想、战略与标准规划，到核心的低碳产业技

术研发与市场化、商业模式推广、碳交易、碳金融、投融资金融产业链等覆盖众多领域的全新的产业经济增长点，这些新的低碳经济增长点的发展为区域抢占世界经济、产业发展新的制高点，促进区域经济发展提供了新的发展机遇。

（二）促进区域多目标协调发展

传统区域发展模式强调区域经济发展、特别是企业经济利益的增长。基于低碳经济的区域发展模式从追求经济增长的单一目标向寻求经济、社会、生态协调发展的多重目标转变。发展低碳经济不是限制居民的自由生活，而是要建立良好的区域自然生态环境与“社会生态”环境，改善居民生活自然环境与社会制度文化环境，在更高层次上改善民生环境，提高居民的生活质量。相对于工业文明以经济发展为主要目标的区域发展模式，区域低碳发展模式逐渐向经济、环境、生态、民生等多目标协调发展的模式转型，以满足区域在开放条件下资源、环境、生态、经济、民生等多要素耦合，多目标发展的实际需要。按照区域新型生态文明发展思想的指导，区域自然生态环境的可持续化成为区域可持续化发展多目标体系的重要组成部分，生态环境因素从传统的区域经济发展的附属支撑要素，或“负效应”，转向区域发展的核心主导要素。区域生态环境的保护构成区域发展的自然、经济、社会综合发展的多目标体系之一，成为主导区域发展的核心因子（倪外、曾刚，2010）。

（三）保障能源安全及应对气候变化

区域低碳发展在全球尺度上具有保障能源安全、应对全球气候变化的目标。前者分析，全球经济产业活动主要建立在以石油、天然气为代表的化石能源基础上，发达国家及发展中国家的经济产业活动对能源具有较强依赖性。全球油气资源地理分布相对集中，受国际、地区政治经济因素影响，能源市场不稳定因素增加，油气供给减少、中断及价格波动风险上升。此外，主要发达国家利用政治和经济手段对石油市场的投资、生产、储运和定价进行控制，构建符合他们利益的全球政治经济格局，这些因素导致全球能源保障程度及未来市场预期降低。低碳发展模式在全球层面上就是调整国家能源战略和政策措施的重要手段。当前应对全球气候变化的国际谈判及国际协议的发展，本质上是对经济社会发展所必需的温室气体排放容量进行重新配置制定相关的国际制度。区域低碳发展模式，低碳经济发展，将化石能源利用产生的环境外部性问题内部化，通过制定国际国家政策框架促进新的低碳能源体系建设。发达国家和发展中国家承担“共同但有区别的”温室气体减排责任，区域低碳发展模式能够实现经济发展目标与保护全球气候目标的统一（中国科学院可持续发展战略研究组，2009）。

（四）应对国际压力和国际挑战的重要战略抉择

由于低碳生产将成为未来世贸规则的新准绳，这样，我国传统的高能耗产品出口必将遭遇“碳关税”的红灯，出口商品向低能耗高附加值的转型，就成了中国经济结构调整中必须解决的重要问题。而除了外向型经济的需要，中国经济要实现可持续快速发展，不允许我们将新的增长点和国家经济安全寄托在两高行业之上。这样看来，走低碳经济的发展道路，摆脱将重化工业作为国家经济支柱的依赖，也必将成为中国经济结构调整的核心所在。山西省以煤炭为主要能源品种的生产和消费结构，必将面临空前的压力和挑战，走低碳道路，逐步减少对高碳能源的依赖。

第二节　区域低碳规划的核心影响因子①

一、生态环境因子

生态环境是区域经济发展的重要影响因素之一，是区域形象的重要组成部分（陆大道，2003），实现人与环境的全面协调是区域经济发展的核心目标（大矢韧治，2000）。成本学派和市场学派在讨论产业区位的形成时更多地关注自然、市场和运输等因素，行为学派较多地注意到社会和心理的因素，但这些学派没有逃脱土地、资本、劳动力、运输、市场、交易成本和规模经济等影响因素的分析框架（李小建等，2006；陆大道，2003；吴传钧，1985；曾刚，2008）。在低碳经济条件下，区域间要素流动由传统的区域资源、能

① 倪外．基于低碳经济的区域发展模式研究［D］．上海：华东师范大学博士学位论文，2011．

源、劳动力、资金等代表的经济要素的流动转向碳排放权、交易权等生态、环境要素的流动。

在“区位竞争”成为重要理论问题的全球化时代，在低碳经济发展国际、国内背景下，生态环境因子由传统的区域经济发展的附属支撑要素或“负效应”转变成为区域低碳发展模式中的核心要素。一则，区域低碳发展多目标体系中，良好的自然环境和人居环境构成的基础是良好的生态环境质量，区域低碳发展着力提高民生质量，生态质量是民生质量的重要组成部分。二则，在区域经济发展过程中，在知识经济、全球生产网络背景下，区域核心竞争力更多地表现为核心技术、治理、创新要素资源以及制度文化的竞争。在以创新为主导的经济发展方式转型，产业结构调整过程中，传统的能源资源要素、交通要素、低端劳动力因素、市场因素等作用下降，良好的生态环境成为吸引核心创新资源，高端智力人力资源的重要条件。

二、区域创新因子

区域发展由资源要素驱动转向创新驱动，实现关键领域核心技术创新，管理体制创新，产业组织运行机制创新，产业空间合作新模式与手段创新，进而形成新一轮的竞争优势，融入全球经济体系高端环节。低碳经济条件下，发达国家与发展中国家由基于产业链分工合作的垂直关系转向基于创新合作的水平关系，区域创新是未来区域发展的核心驱动力也是核心竞争力的重要组成部分。区域经济创新驱动核心是培育区域创新体系，构建区域创新知识系统，创新制度文化系统，创新中介服务系统，创新产业系统等。在区域发展涉及的技术、制度、治理、创新集群体系中，技术扩散与最新技术研发同样重要。技术扩散主要表现为两种途径：空间梯度技术扩散，即以技术发源地为核心呈放射状向周围地区渐次转移的技术扩散过程，空间距离是影响的主要因子；跳跃式技术扩散，技术从一地呈跳跃式传播到另一距离较远的地点，主要受技术势能差影响。技术溢出是随着外资的技术转移和技术扩散而产生的，属于经济学意义上的外部效应。在区域创新集群中，技术溢出的出现，促进了经济活动的空间集聚。

创新集群是建立在知识产权制度和互信基础上的开放系统，企业及其他组织的集聚行为与创新能力之间存在正相关关系，正式的制度安排、非正式的联系等都会对创新产生积极影响。正式或非正式的网络有利于专业知识、意会文化知识等方面系统创新，突出领先企业、中小企业创新集群、科研机构的技术创新、扩散与知识溢出作用。近年来，传统区位论的影响因子被加以重新取舍与具体化（Athieye，2004；Ilian，2005；Wu，2009；贺灿飞等，2005）。区域低碳发展，要提高能源利用效率，提高经济增长中技术、管理、制度因素的经济增长贡献率，强调区域创新的重要性。

创新集群最具竞争力的核心资源来自公共创新平台，创新集群的发展需要构建一个能够突破区域限制、多层次的公共创新平台，以有效整合和优化配置创新资源，并连接各公共和私人地方性机构，解决集群内诸如风险融资、中介服务、产学研合作、信息支持等问题。在区域创新集群，每一个创新项目的核心就是整合区域内的大学、科研机构、企业、政府职能部门、金融机构、中介机构等，创建包括成员组织及其运行机制在内的创新平台。首先，构建跨区域技术创新平台，即以行业协会或地方政府为主导者实施协同战略，将科研院所、企业的创新资源协同在一个无形的平台上，通过协作形成一个强大的跨区域创新平台；其次，构建包括跨区域专业性市场、网上交易平台以及要素市场在内的区域交易平台，由此实现创新及其交易的有形无形平台。

在区域创新集群发展到较高阶段，推动区域创新集群发展的主体由政府部门转向行业协会。每一个创新活动均有一个核心的协调机构，协调机构以有效的联系机制和合理的组织协调机制为基础，负责区际经济合作在研究策划、统筹规划、联系沟通、指导实施、信息服务、政策法规咨询等方面的工作，以实现区域间优势互补和共同发展。

制度是创新集群的主要要素，是用以调节个体、团体和组织之间关系和互动的一整套共同的习惯、规范、常规、规章或法律。重要的制度包括专利法，影响高校和企业间关系的规则和规范等“游戏规则”在不同的创新集群中，制度存在较大的差异。

三、区域经济结构因子

学者研究了美、日、德、法、英、俄、中七个全球具有代表性的国家产业发展和碳排放关系，结果表明不同国家产业结构的变化对碳排放量的影响程度不一，但产业的发展均会增加碳排放水平，第一、第二和第三产业的影响度逐次递减，单位产出碳排放增加量会逐次减少（刘再起、陈春，2010）。因此区域低碳发展，必须视国情合理选择主导产业，加快产业结构调整。1995—2007年，中国农业与工业每年消耗的化石能源占当年化石能源消费总量平均为2.6%和81.2%，以工业增长为特征的经济结构变动，对化石能源消费总量增加的90.0%以上起到巨大推动作用，因素分解结果显示，经济结构调整对碳排放增长平均贡献率为1.14%（王锋、吴丽华，2010）。可见快速发展中区域工业增长消耗了能源总量的绝大部分。工业产值在国内总产值中的比重增加势必导致能源消费总量的增加，碳排放随之持续增加。学者的研究表明区域产业结构特征对区域低碳发展的重要影响，按照共识性的知识，重工业发展，或者产业链的生产制造环节是碳排放总量和排放强度比较高的产业。在产业结构体系中，三次产业结构、部门能源结构与强度、中间投入结构、第二和第三产业内部结构、需求分配结构、需求直接能源消费率、进出口贸易结构以及制造业内部结构的变化均会影响区域低碳发展产业构成特征变化（张友国，2010）。区域产业结构特征直接决定了区域碳排放的特征，进而影响区域低碳发展。

四、区域人口因子

区域人口通过人口规模、增速、分布以及生活方式影响区域低碳发展。区域人口影响一是区域绝对人口数量的直接影响，具有极大的惯性及锁定作用，国际能源组织的数据表明，目前大概67%的能源是区域消耗的，区域碳排放约占总量70%；到2030年，区域能源使用将增加到73%（Meissen，2010）。学者（Ehrlich，2007）提出区域人口增长具有惯性特征，发达区域人口处于零增长或者低速增长的状态，快速发展中区域人口规模急剧增长，人口增长对碳排放的正向作用在长时期内存在。二是不同性质人口的分布与转化带来区域碳排放的增加，表现为城市与农村之间快速的区域化过程造成的区域人口规模急剧扩张，人口生活方式转变，由此造成区域碳排放量增加（樊纲、苏铭，2010）。以中国为例，截至2008年，中国400万人口以上的巨型区域13个，200万~400万人口的超大区域28个，100万~200万人口的特大区域81个，区域人口年均增长在1.4%左右（许抄军、罗能生，2008）。快速增长的城镇人口及生活方式的转变对区域物质、能源的消耗急剧扩大，直接影响区域碳排放。学者研究发现，1995—2007 年，中国碳排放年均增长 12.4%，正向驱动因素中人口规模平均贡献率为 1.28%（王锋、吴丽华，2010）。区域低碳发展不是反对区域化，而是促进健康可持续的区域化，在满足人们提高生活质量愿望的同时，保持科学的区域低碳发展道路。

第三节　区域低碳发展的类型及机制

一、以主导产业类型划分的低碳发展区域

发展中国家与发达国家，中国与西方发达国家在主要碳排放来源上存在差异，西方发达国家首要碳排放源是居民住宅建筑，其次是交通，然后才是产业经济活动。因为西方发达国家经济已经发展到后工业经济阶段，加之全球范围内的高碳排放生产转移外出，单位的碳排放量少。而在中国以及其他发展中国家，首要碳排放源是产业经济活动，其次是交通，然后才是居民住宅建筑，这是由于这些国家经济发展的特定阶段和企业主体在全球生产网络中的位置决定的。对于发展中国家，产业经济活动是区域发展的核心内容，按照环境库兹涅茨曲线理论解释，发展中国家经济发展与碳排放呈正比例关系，解决产业经济活动的碳排放问题，即抓住了发展中国家碳排放的主要矛盾。因此以区域发展主导产业类型为标准划分不同低碳发展区域类型。

（一）农业主导型欠发达区域低碳发展

在低碳经济发展背景下，以农业生产为主导的欠发达地区具有新的低碳发展意义。一方面，农业绿色植物，特别是森林碳汇资源具有重要的经济意义，“碳汇”交易产生直接的经济收益，筹集了生态补偿资金，减轻财政补偿公益林的压力。在减排降碳方面，森林每生长 1 立方米生物量，平均吸收 1.83 吨 CO_2（张秋根、曹建华，2010）。学者（周国逸，2007；赵敏，2004）研究成果表明，成熟森林在地上部分净生产力几乎为零的情况下，土壤持续积累有机碳，表现出强大“碳汇”功能。实施造林，增加森林的碳汇量是世界公认的最经济有效的解决 CO_2 上升的办法。2009 年国务院常务工作会议决定，通过植树造林和加强森林管理，森林面积比 2005 年增加 4000 万公顷，

森林蓄积量比2005年增加13亿立方米。直接的碳减排效果与区域经济发展密切关联，例如，在内蒙古自治区赤峰市敖汉旗，中国国家林业局与意大利环境和国土资源部签署的中国第一个林业“碳汇”项目，意大利一期投资153万美元在敖汉旗荒沙地造林4.5万亩，项目产生的可认证的二氧化碳减排指标将归意大利所有。另一方面，低碳经济改变了传统的城乡关系、区域分工格局，建立了新型的城乡关系。在可预期的未来，碳汇成为稀缺资源，市场价值凸显，农村除了传统的提供粮食、工业原材料等物质资料，还直接产生碳汇效益，区域地区应该通过财政转移购买碳减排量，赋予城乡关系新的内涵。

（二）工业主导型快速发展中区域低碳发展

快速发展中地区区域发展具有三个显著特征，一是区域空间急剧拓展，旧城改造与新城建设同步进行。二是产业经济活动发展迅速。三是区域人口规模扩大。区域空间快速扩张，一则带来区域交通流量的增加；二则区域建筑体量快速增加。在低碳区域空间规划，新型的低碳交通体系及低碳建筑设计思想，在建设技术的作用下，区域低碳发展模式的区域空间形态及要求可逐步实现。按照一般经济发展规律，工业主导的快速发展中地区产业发展集中在重化工、钢铁、煤炭等高耗能高碳排放的重工业领域。低碳经济发展不是限制或者禁止发展，而是在技术创新与控制、管理创新以及行业低碳标准的严格执行下，实现这类型重工业产业经济低碳快速发展，支撑区域经济高速发展，实现区域经济发展与碳排放水平的“脱钩”。人口规模的扩大一则消费物质资源直接增长，带来碳排放的直接增加；二则带来间接环节的碳排放增加。核心是低碳社会文化的培育与发展，特别的，低碳消费文化，生活习惯的形成与发展，在人们观念意识中植入低碳的思想与理念，在日常生活及行为习惯中自觉贯彻执行低碳的行为方式，在享受高质量的生活的同时实现低碳社会环境的创造与共享。这一类型区域中突出强调技术创新对产业经济发展及其碳排放水平降低的作用。

（三）现代服务业主导型发达区域低碳发展

现代服务业主导的发达区域，一般具有较高的社会发展形态及产业经济活动能级。在较为成熟的社会经济发展区域中，低碳经济发展表现为低碳创新的突破与扩散。在产业发展过程中，转移高碳产业到其他区域，发达区域产业结构以现代服务业为主体，在全球产业分工体系中处于产业链和价值链的高端，产业附加值大，同时处于产业碳排放“微笑曲线”的两端，产业发展过程中碳排放总量和强度均处于较低水平。在低碳发展过程中，一则具有低碳技术研发的技术积累优势，人才集聚优势和资金投入优势，在低碳技术创新领域具有领先地位；二则在低碳发展的国际机制、行业标准制定上具有优先话语权；三则在区域综合低碳发展实践中，在不同尺度的低碳社区，低碳区域实践建设过程中具有较强的综合能力，在涉及低碳建筑、低碳工业、低碳交通、低碳治理、低碳能源、低碳技术研发与应用等综合集成方面具有先行优势。

二、以经济社会综合发展水平划分的低碳发展区域

区域低碳发展是一项时空尺度高度耦合的动态开放复杂的过程，涉及区域经济、社会、人口、科技、资源和环境等子系统的综合作用，强调区域的产业经济、社会治理、空间规划等综合发展，低碳发展是区域综合发展的过程及结果。学者研究发现经济发展水平对区域碳排放增长平均年贡献率在15.8%以上（王锋、吴丽华，2010），经济发展差异是区域低碳发展的最大差异。

（一）欠发达地区区域低碳经济发展

欠发达地区区域经济发展水平较低，按照传统的区域发展规律，快速工业化阶段，产业发展以大量的要素资源投入为基础，大力发展资源能源消耗型工业，对区域生态环境造成严重损害，发展的负资产之一就是碳排放水平的急剧上升。欠发达地区要转变发展方式，基于发展的现实基础，在区域产业结构，低碳技术研发，区域低碳治理等方面需要借鉴引入外部先进的低碳发展技术与治理手段等。因此，欠发达地区低碳发展的基本战略即是学习与模仿，最终达到区域低碳创新发展的目的。基于引进—吸收—创新战略，欠发达地区基于低碳经济的跨越式发展过程，核心是区域学习，引进学习的对象，吸收转化为区域内在的发展动力并最终形成区域低碳创新发展，学习能

力是整个过程的关键所在。特别强调的是区域学习既包含一般意义上广义的区域学习，区域学习是区域创新的重要基础也是区域创新机制的一个方面，是实现区域转变以资源、能源等要素投入主导的发展模式，转向以创新主导的发展模式的重要基础，因为只有区域整体经济、社会发展方式的根本转变，才有可能实现区域发展过程中碳排放的降低，实现经济、社会、生态环境的综合协调发展，实现生态文明意义下的区域发展。同时，区域学习还包含满足区域低碳发展要求的具体的狭义的区域低碳发展学习组织与机制的建设。后者是前者的一个具体方面和重点内涵。所以区域学习的组织结构及运行机制等方面均包含一般意义和具体低碳发展要求的意义。

（二）发达地区区域低碳经济发展

区域经济发达地区经济发展已经达到较高层次，面临经济发展方式转型、产业结构调整的现实要求与挑战。在区域低碳发展过程中，已经积累了相当的经济、技术、治理、制度基础，在区域低碳发展中，探索经济发展方式转型，突破低碳发展限制，在低碳知识、低碳技术、低碳制度、低碳治理、低碳产业、低碳空间规划等方面实现创新发展，以实现区域经济转型发展，对外进行低碳技术、低碳治理等发展辐射，引领区域低碳发展的方向。发达地区低碳发展以实现低碳技术的突破，低碳社会文化的培育与国家、企业的政策制度创新，促进低碳创新中介服务体系建设及低碳产业体系发展为基础，探索低碳技术突破，低碳制度文化发展，低碳创新网络建设的发达地区区域低碳发展的新模式，形成新的以创新为核心驱动力的区域和企业竞争力、产业竞争力及国家竞争力。

综合来看，在低碳区域发展类型上，依据区域主要产业结构及经济发展水平，将区域分为农业主导型欠发达区域低碳发展，工业主导型快速发展中区域低碳发展，服务业主导型发达区域低碳发展。这种类型划分体现了以我国为代表的发展中国家以产业低碳发展为核心的低碳发展路径，体现了发展中国家经济发展的首要性与特别性要求，也符合低碳经济发展是为了实现区域经济更好更快的发展而不是限制发展的可持续发展精神。但这种划分存在几个问题，首先在产业发展上，尽管在产业类型上一、二、三次产业不同、区域比重不同，但发达区域低碳发展模式在三次产业发展上都应表现出低碳效益的发展要求及结果，且第一产业主导地区低碳效益的发展与第三产业主导地区低碳效益的发展在区域发展的碳减排效益方面效果是一致的。其次，区域低碳发展是一个综合、整体发展的过程，除了产业经济低碳发展要求，在社会低碳文化培育，如低碳消费文化，低碳娱乐文化等，在低碳社会治理，如政府低碳政策制度的制定与执行等，涉及区域发展的社会、经济、文化等各方面均需要同时推进低碳发展思想的融入和执行，强调低碳经济发展的综合性特征。

进一步分析，在国家尺度，当前全球范围内低碳经济发展的差异及矛盾主要表现为发达国家与发展中国家在低碳发展，碳减排主要责任与分担义务的差异化矛盾，发展权与排放权之间的矛盾。在大区域尺度，区域低碳经济发展的主要差异表现为发达地区与欠发达地区在低碳发展的基础，发展方向，一般路径等方面的不同。在小区域尺度，区域低碳发展差异表现为发达地区与欠发达地区具体要求和具体措施的不一致。由此，笔者认为区域低碳发展类型应以经济社会综合发展水平为评价标准区分为发达地区低碳经济发展与欠发达地区低碳经济发展。两种类型区域在低碳经济发展的主要方式和路径上不同。

三、根据能源生产和消费的差异划分低碳发展区域

根据能源生产和消费的差异，区域低碳经济发展模式可分为抑制能源需求型模式、优化能源供应结构型模式、提高能源利用效率型模式①。

（一）抑制能源需求模式

能源生产和消费都会带来大量的碳排放。降低碳排放，能源行业是关键。此种模式旨在通过各种方式从终端抑制能源消费，从而降低能源生产量，达到降低碳排放的目的。

该模式的特点是从能源消费终端入手，在达到发展经济的同时降低能源需求。但实施起来难度较大，“抑制度”是有限度的，在有一定“抑制”空

---

① 杨淑霞，汤明润．我国区域低碳经济发展模式选择［J］．国家行政学院学报，2010，（5）：43－47．

间的区域可以实行。

（二）优化能源供应结构模式

目前我国能源供应主要是电能、煤炭、石油，这些都是高碳能源。该模式通过积极发展风能、太阳能和生物质能项目，推动主要低碳能源的规模化、产业化和商业化发展；鼓励天然气、沼气等清洁能源利用，大力推广分布式供能系统；继续保持适度比例的外来电，不断提高可再生能源和清洁能源在一次能源结构中的比重。

该模式的特点是减少高碳能源在总能源中的比例，开发低碳能源，努力提高低碳能源的比例。这种模式既保障能源供应又降低碳排放，因此是一种积极的、易于见效的低碳经济发展模式。

（三）提高能源利用效率模式

提高能源利用效率，即以相同的能源消耗，创造出更多的物质财富，或以较少的能源消耗，创造出同样的物质财富。这不仅对保障能源供给、推进技术进步、提高经济效益有着直接影响，而且也是减少碳排放的重要手段之一。该模式在能源利用上做文章，在所有能源利用方面，摒弃粗放利用方式，努力提高能源利用效率。如大力促进传统化石能源的低碳化利用，集约、清洁、高效地利用煤炭，减少原煤直接燃烧，应用洁净煤技术，提高煤炭利用效率等。

由于提高能源利用效率涉及面很广，既要有先进实用的技术，也要有推广应用先进技术的市场环境，该模式实施过程不是非常容易，也需要有一定的投入。

四、根据低碳化的重点划分低碳发展区域

根据低碳化的重点划分的不同，可分为低碳城市模式、低碳产业模式、碳汇模式。

（一）低碳城市模式

该模式是指在城市空间地域范围内，通过推进低碳技术创新和制度创新，

建立低碳生活理念和生活方式，最大限度地提高资源、能源利用效率和减少温室气体的排放，逐步形成资源集约、环境友好、社会和谐的社会经济运行模式和健康、节约、低碳的生活方式和消费模式，最终实现城市的高效发展、低碳发展和可持续发展。

该模式的特点首先表现在低碳化的城市能源供给方式，从源头上改变城市能源供给，加速从高碳能源向低碳能源的转变，彻底实现城市的低碳和零碳发展。其次表现在低碳化的城市经济发展方式，在城市经济发展过程中实行低碳生产，调整城市产业结构，控制高碳产业的发展速度。最后表现在低碳化的城市生活消费方式，改变城市居民以往的高消费、高浪费的生活方式，建立低碳生活理念和生活消费方式。该模式是从城市的视角出发发展低碳经济，适用于城市占主体的区域。

（二）低碳产业模式

该模式在产业发展中，坚持第二和第三产业协调发展的同时，大力提高服务业在经济中的比重，着力发展旅游等低能耗产业。在第二产业内部，大力发展高新技术产业，促进传统劳动密集型产业和加工贸易企业转型升级，以高新技术尤其是低碳技术为依托，构建低碳的产业体系。

该模式在实施过程中，以新材料、新能源、新技术为重点进行投入，发展规模适中的旅游服务业等，促进产业结构调整和优化升级。以开发新品、加速产品的升级换代为主线，积极引进先进设备和先进技术，提高产品技术集成，提高资源利用率，减少二氧化碳等污染物的排放。

该模式重点以第二和第三产业为主构建低碳化产业体系，适用于第二和第三产业比重较大的区域。

（三）碳汇模式

发展低碳经济不仅要从碳源上进行有效遏制，减少排放，还要在碳汇上花力气。坚持不懈地推进生态建设，积极发展生态农业，大力开展植树造林活动，通过土地利用和林业措施将大气温室气体储存于生物碳库，也是一种积极有效的途径。

该模式通过植树造林、草原修复、湿地保护、农田保护等措施扩大自然碳库，利用植物和土壤吸纳大气中的碳，清除大气中的温室气体。在实施该模式的过程中，受自然条件的影响，改进森林管理、提高单位面积生物产量、扩大造林面积等措施的成本可能会很高。该模式适用于农林条件较好的区域。

五、山西省区域低碳规划定位

山西省属于典型的欠发达地区，并且以产业主导发展本省经济，因此，山西省区域低碳规划的定位可以考虑构建一个适应低碳要求的、稍加修正的区域规划，从大的方面讲是区域规划体系。

（一）山西省低碳发展规划的指导思想

全面贯彻落实科学发展观，推进资源节约型、环境友好型社会建设，以国家资源型经济转型综合配套改革试验区建设为契机，以改善环境质量为目标，以解决危害人民群众健康的突出问题为重点，以生态省建设和绿色生态工程为主要载体，以削减排污总量、改善环境质量、防范环境风险为着力点，坚持环境治理与生态建设齐头并进，突出低碳生产、低碳排放等环境保护措施对经济发展的优化作用，大力开展“节、减、治、创”，努力建设“绿化山西、气化山西、净化山西、健康山西”，为山西省实现转型跨越发展、全面建设小康社会奠定基础。

（二）山西省区域低碳规划定位

规划定位有三种可能形式：①现行城乡规划编制体系以外的低碳区域规划。②区域规划的组成部分——专项规划。③低碳理念融入区域规划编制体系，达到完善城乡规划的目的。从长远来看，低碳理念融入现有法定规划编制体系应是主要方向。

从规划的角度，直接跟低碳或者减少二氧化碳排放有关，在空间上有三个尺度可以梳理：建筑或者是场地的尺度；社区的尺度或者是区域的尺度；区域的尺度。建筑设计上采用生态建筑，包括一些节能技术、生态的材料等。场地尺度需要能够建立通风、合理的密度、合理的开发强度。解决社区和区域尺度的减排，最主要还是从区域形态入手，当然也包括一个绿色生态安全格局的问题。提倡“紧凑区域”，公共交通导向或者减少出行对汽车的依存程度，是非常重要的切入点，做区域规划或者说空间规划的人有直接的责任。区域尺度也有规划的问题，例如，在东部一些城镇化发展水平高或经济发达的地区，考虑怎样能够利用都市群或者区域圈加强相互之间的联系。在场地的尺度上，应该加强对密度和场地尺度上的布局形态跟低碳的关系研究。从区域和社区尺度来说，可以关注低碳区域、紧凑区域等。目前这方面定性研究多过定量研究，而不同形态的区域紧凑度不一样。

从减碳措施出发，一方面，修建地下的快速道路，通过地下可以解决一氧化碳的排放，在地下汽车的尾气可以收集、处理、改善环境的同时，可降低一氧化碳的排放。另一方面，构建地下物流系统。地下物流系统可以有效减少氮氧化物和二氧化碳的排放量。根据《21 世纪区域货运的挑战》报告内容陈志龙教授指出，发达国家主要区域的货运交通占区域交通总量的 10% ~15%，而货运车辆对区域环境污染则占污染总量的 40% ~ 60%，而根据对北京的调查，北京货运约占地面道路的 40%。他认为地下物流系统目前从世界范围看是比较前沿的领域，日本、美国、荷兰、德国都在通过不同的方式解决这一问题。他同时指出地下建筑对节能减排的效果也相当明显，美国波士顿、盐湖城等地区已有成功案例。地下物流及空间开发的研究目前比较少，但这一领域很值得关注。陈志龙教授认为尽管开发地下空间初期建设投资能耗及维护投入不低，但从长远综合效益看是非常有前途的。

第四节 山西省区域低碳规划实践

根据科学统计和测算，山西省 36 个主要市、县将按六大职能类型进行划分。分别为：具有全国意义的大型工业基地和省域综合性区域——太原；具有跨省区意义的工业区域和区域性综合区域——大同、阳泉、长治；区域交通枢纽、加工工业区域——晋中、介休、侯马、原平；地方性综合区域——朔州、晋城、临汾、运城、忻州、吕梁；一般性区域——汾阳、太谷、闻喜、灵石、洪洞；工矿区域——古交、河津、潞城、高平、阳城、霍州、孝义、翼城、襄垣、盂县、垣曲；旅游区域——祁县、平遥、永济、五台山、浑源、宁武。

一、交通枢纽区域的低碳规划（晋中、介休、侯马、原平）

（一）低碳交通与可持续发展的关系

低碳交通是实现交通可持续发展的一种手段，低碳交通只有符合可持续发展的要求才会具有活力，可持续发展通过低碳交通的实施得以实现。可持续发展已逐渐成为世界各国追求的目标，低碳交通可以减轻交通对区域大气的污染，实现环境的可持续发展。低碳交通更深层次上的含义是和谐发展的交通，它包含交通与生态环境和谐、交通与资源需求的和谐、交通与社会幸福的和谐、交通与满足未来区域发展交通模式的和谐。

一方面，区域空间容纳区域交通所排放的各类污染物，同时提供区域交通发展所需要的各种自然资源，因此区域交通的发展受到客观环境的制约，它不能突破环境最大的二氧化碳容量和所能提供资源的上限；另一方面，区域低碳交通的发展，有助于区域社会经济的发展，可以间接提供改善环境质量所必需的资金与技术。因此优化有限的区域道路空间资源利用，减少交通对区域土地资源的消耗，提高区域交通的运行效率是土地资源友好模式、能源友好模式、环境友好模式、居民出行友好模式的综合，最终达到区域、社会、环境与交通的均衡发展。

（二）交通碳排放影响因素

交通如同区域的脉络与骨架，区域的日常生活顺畅与否与交通的通达性息息相关。研究探讨影响低碳交通的主要因素和影响机理，明确各影响因素与低碳交通之间的关系，是实现交通节能、减排，发展低碳交通的基本前提。影响低碳交通的因素很多，其核心要素主要包括土地利用、交通方式结构、交通拥堵、新技术的运用以及交通政策五个方面。

1. 土地利用与低碳交通

土地利用是产生交通需求的根源，决定了居民出行的发生、吸引、交通方式选择以及时空分布特征，从宏观上决定了区域交通的基础。土地利用对低碳交通的影响主要通过居民出行特征来体现。合理的土地利用可有效减少居民出行总量以及改变居民出行的相关特性，以达到交通碳排放总量减少的目的。

①区域布局与低碳交通的关系。在区域化进程中，区域空间布局与交通系统相互联系、相互制约，形成了一个相互作用环。区域空间布局的变化将引起居民出行和交通吸引量的显著变化，大大地改变居民出行需求总量水平和时空分布特征，从而影响道路设施的供给和交通网络的布局。

②土地复合开发与低碳交通的关系。各种用地性质对交通的发生和吸引特点不同。单一功能性质的用地开发往往会导致跨区域出行总量和出行距离的增加，从而导致每次出行的资源消耗增加。复合功能的用地开发将居住、商务、办公等各种功能纵向综合，有利于交通设施的综合配置，改善交通服务的连续机能，从而减少能源消耗量。立体的复合式开发可将部分地面交通转化为内部垂直交通，缩短出行距离，刺激步行、自行车等交通方式的使用，最大程度降低机动化出行，减少区域交通压力，减少碳排放。

③土地开发密度与低碳交通的关系。区域高密度开发降低对机动化的依赖性，减少车辆能源消耗和有害气体排放。以高密度开发的土地利用模式，区域资源布局和居住工作人口集中，易引发大量集中的交通需求，必然需要高运载能力的运输模式与之相匹配；高密度、紧凑型区域，各种区域功能在一定的地域范围内集中，居民出行距离相对较短，宜采用非机动车交通方式出行，减少了居民出行对机动化交通的依赖，从而减少了区域交通的碳排放。

有研究学者调查了21个区域，从中发现，区域人口密度越高，居民平均交通能耗越低，其中欧洲与北美人口密度差不多，但欧洲居民平均交通能耗明显较低，原因在于欧洲区域实行严格紧缩的土地使用政策，区域空间布局紧凑，而且欧洲区域有十分发达公共交通系统，且由于较高的使用成本，小汽车使用受到限制。

2. 区域交通方式与低碳交通

区域交通方式除步行外主要包括公交车、小汽车、出租车、摩托车、电动车、自行车等，各种交通方式之间的能耗水平与碳排放存在较大的差异。因此，优化出行结构，鼓励人们采用低能耗低排放的出行方式，是实现低碳交通的重要途径之一。据测算，区域客运体系中不同交通方式的二氧化碳排放强度由高到低为：私人小汽车、出租汽车、摩托车、常规公共汽车、常规快速公交、轨道交通和自行车，区域公共交通系统是能耗最少、碳排放最低的机动化出行方式，私人小汽车二氧化碳排放强度最大。区域公共交通方式中，大容量的快速公交和轨道交通等的二氧化碳排放强度比常规公交的排放更低。而且，据美国能源基金会研究表明，在区域结构、居民出行方式等处于快速发展的情况下，通过调整出行方式，每减少 1 吨碳排放，最高费用不超过 70 美元，而通过技术更新，每减少 1 吨碳排放，需要 148 美元。因此，加大区域公交系统的投入，提高公交的服务水平，以提高区域公交出行比例，将极大地促进区域交通的二氧化碳减排。优先发展区域公共交通是减少二氧化碳排放的重要途径。

3. 区域交通拥堵与低碳交通

交通通达度是区域现代化建设水平的重要标志。它受交通道路状况、出行距离、交通时耗的制约。交通通达度对市区繁华度、居民生活和工作方便程度有直接影响，也影响土地价格。交通时耗取决于道路车辆的堵塞的程度及单位时间内通过道路某一断面上的标准车流量。车辆过多超出区域道路空间的承受能力，造成区域交通道路拥堵，车辆能耗增加。据研究，在拥挤状态下，由于汽车频繁启动和长时间低速行驶，发动机的燃油消耗将比正常行驶状况下高出 10% 左右。

4. 新技术应用与低碳交通

新技术主要用于减少对化石能源的依赖，提供新型的清洁能源和交通运输方式。

①清洁能源与低碳交通。相关研究表明，大气中二氧化碳浓度不断增加，大都来自于化石能源的燃烧。交通运输业则是推动石油需求增长的主要力量。根据国际能源署（IEA）的测算，全球交通运输在一次石油总消费量中所占的比例将从 2005 年的 47% 提高到 2030 年的 52% 。如果能够在交通运输业中广泛使用可替代化石能源的清洁能源，将大大降低交通业的能耗水平和碳排放水平，为低碳交通的实现做出革命性的贡献。

目前正在研究开发的其他清洁替代能源还有甲醇、氢气、二甲醚和燃料电池等。电能和生物质燃料在使用阶段二氧化碳排放为零，相应地将大大减少二氧化碳排放量。因此大力开发化石燃料的替代能源，大力优化交通能源消费结构，可有效缓解交通业对化石燃料的依赖。

②车辆技术与低碳交通。车辆减排技术是直接影响区域交通领域碳排放

量的关键因素。目前，由于我国汽车技术状况较大落后于发达国家，汽车能耗与排放水平与国外相比差距明显。2006 年，中国乘小汽车平均油耗为 8.06 升/百公里，比欧洲标准高 1.01 升，比日本高 2.66 升。车辆减排技术水平主要体现在车身重量、发动机、制动能耗回收和附属设备耗能等方面。中国环境与发展国际合作委员会认为，新型燃料要在 2030 年以后才能具有市场竞争力，未来 20 年我国交通运输业对石油的需求是绝对的。因此，在我国能源供给结构难以在短期内实现“低碳化”的情况下，加大对车辆技术的投入，提高各交通工具能源利用效率，开发和利用可再生能源将是我国实现低碳交通的有效路径。发展清洁车辆技术是近中期降低油品依赖，降低环境污染的重要举措之一。

③智能技术与低碳交通。公交服务水平和服务效率对进一步降低公共交通的二氧化碳排放量有很大关系。目前，我国大部分区域仍然使用粗放式人工调度，运营效率低下，直接影响了公共交通的服务经营水平。利用智能交通（ITS）等信息化管理手段，建设智能公交，提高公交通行效率和公交服务水平，可以显著提升节能及减碳水平。智能公交系统主要包括公交调度系统、地理信息系统、乘客自动计数系统、车辆制动定位系统、公交运营管理软件系统、自动收费系统等。目前，深圳交通卡发行量超过 1000 万张，较 2005 年增加 500 万张；“e 行网”接入 10000 多台浮动车实时数据，评估测试“实时路况信息”准确率达 82%。初步建成了包括交通行业 GPS 监管平台（一期已接入 13000 辆出租车、5000 多辆“两客一危”车辆的 GPS 数据）、智能公交监测系统（接入公交场站 23 个）、公交图文管理系统在内的智能公交管理系统。

先进的智能交通系统可以大幅度提高交通网络的运行效率和服务水平，是解决交通拥挤问题最经济有效的办法。据统计，ITS 技术的应用可以减少 10% 的废气排量，20% 的交通延时，30% 的停车次数。通过优先发展智能交通信息系统，可以为出行者在全程出行链中提供交通方式选择、路径指引、车辆换乘、实时动态路况等交通出行信息服务，使区域交通设施、运输能力供给均衡利用，从而提高交通服务的水平和效率，减少碳排放。据美国机构相关研究，依靠交通信息化以及 ITS 可使整个路网的通行能力提高 20% ~ 30%，车辆燃油消耗降低 25% ~50%。同时，由于提高了公交车辆的实载率，因此可以降低二氧化碳排放强度。因此，提高交通行业信息化技术水平，加快智能公交系统的建设，促进区域交通行业向低能耗、低排放、低污染、高能效的低碳交通发展。

5. 交通政策与低碳交通

交通政策对促进低碳交通的发展主要体现在对交通系统的宏观调节和引导上，即可通过政策的引导来改变人们的出行方式和出行习惯，使用更加低碳、环保的交通工具，促进交通的低碳发展。

目前，主要是以经济手段引导更多的人选择公共交通作为出行方式，有意识削减区域道路上的交通负荷，缓解区域道路的交通拥挤。这些经济手段主要包括征收燃油税、道路拥挤费以及投资发展公共交通等。采用合理的经济手段进行交通管理，能够重新调整分配道路空间资源，减少小汽车的道路空间供应，引导更多的出行者选择公共交通作为出行方式。

一是鼓励发展区域公共交通系统和快速轨道交通系统，提高公共交通客运总量占出行总量的比重；二是大力发展以步行和自行车为主的慢速交通系统，在区域社区、街道、商业中心等小地域空间内建成发达的短距离道路体系，方便居民出行；三是倡导发展混合燃料汽车、电动汽车、氢气动力车、生物乙醇燃料汽车、太阳能汽车等低碳排放的交通工具，以实现区域交通运行的低碳化目标。

另有学者主张低碳交通体系包括综合交通结构、智能交通系统和低碳排放交通工具。具体思路为：一是大力发展以步行和自行车为主的慢速交通系统，鼓励发展公共交通系统和快速轨道交通系统，实现以轨道交通为骨干、常规公交为主体，多种交通方式无缝对接、协调发展的区域综合交通结构；二是重点建设区域智能交通系统，包括公交行业无线视频监控平台、智能公交站台、电子票务、车管专家和公交手机一卡通等多种业务；三是大力推广新能源汽车和交通节能减排技术，倡导混合燃料汽车、电动汽车、氢气动力车、生物乙醇燃料汽车、太阳能汽车等低碳排放的交通工具。

还有学者认为，建设区域低碳交通体系是实现区域交通领域碳排放最大限度降低并且可持续发展的根本方法。并提出区域低碳交通体系是低能耗、低污染、低排放的交通体系。主要包括多中心空间布局、以公共交通为主的交通工具系统、自觉低碳出行的交通主体、发达的低碳交通技术和先进的交通管理五个有机组成部分。这五个部分及其构成的整体可以实现交通拥堵最少、交通需求最低、机动交通工具使用最少、机动交通工具碳排放最低、交通低效最少等指标，从而达到交通排放最低的目标。

因此，低碳交通运输是复杂的系统，不仅涉及交通设施的规划、建设、维护、运营，而且涉及交通工具的生产、使用、维护，乃至相关制度和技术保障措施，各方面都需要用“低碳化”的理念予以指导。实现交通低碳化的措施主要包含技术性减碳（如新能源、车辆新技术应用），结构性减碳（优化居民出行结构），制度性减碳（如市场准入与退出机制）。此外，低碳化的途径是双向的既包括“供给”或“生产”方面的减碳，也包括“需求”或“消费”层面的减碳。

（三）山西省低碳交通区域规划

传统交通系统能耗大、污染高。2004 年，全世界交通运输业排放了 63 亿吨温室气体，占世界温室气体排放总量的 23%，其中 3/4 来自道路运输的排放。并且传统交通系统占用了大量的土地资源，耗费大量的传统能源，是一种不可持续的交通方式。另外，区域交通系统面临的压力也日益增大。一方面，由于大区域的规模不断扩大、人口密集且流动性的不断增大、各区域之间的交往日益密切；另一方面，区域中心土地开发强度的不断加大，推动了建筑朝向复合化、巨型化发展，人群密度日益加大，同时，交通方式的多样性发展使得各种交通工具之间的换乘复杂化。此外，社会的发展推动人们对于出行舒适度、便利性要求不断提高。在这种背景下，构建基于资源、环境以及可持续发展的“绿色交通系统”是发展低碳区域的必然选择。

绿色交通体系最早是由加拿大人 Chris Bradshaw 于 1994 年提出的，他从对环境影响大小出发，将日常交通方式划分为六大类，由小到大分别为步行—自行车—地铁—公共汽车—摩托车—小汽车。其“发展目标是通达、有序；安全、舒适；低能耗、低污染三个方面的完整统一结合，以及交通系统的高效性和效率的持久性”。也就是说，绿色交通体系强调公共交通系统的完善和发展，鼓励广泛使用新型能源的交通工具，以达到资源有效利用、减少碳排放量、改善区域空气质量的目的。总体而言，绿色交通应该涵盖以下几个方面：达到环境保护、资源利用以及满足区域需求的三方平衡；提升交通系统，尤其是关键区域和节点的交通通行效率，改善拥堵，提升区域活力；提倡立体化道路系统的构建，减少道路对土地的占用；鼓励新型能源的利用，改善道路周边景观系统，降低交通对区域空气的污染，减少对环境的冲击；保证慢性交通的连续性和便利性；提高各交通方式之间的换乘效率，使交通系统的整体效率高于各部分效率之和；充分考虑区域发展的需求，交通系统具有适当的弹性。在完善支路、巷道建设的基础上，建造适应步行 3 ~ 5 千米的林荫道系统，并与众多休憩小广场、小公园绿地串联，以创造适宜的生态型步行环境；还要完善城区自行车道网络包括停车系统；市政府应出台措施保证公交优先发展，提高私家车在市中心的使用成本，对机动车停放服务实行级差收费管理，鼓励个体交通在区域周边和公交场站周边换乘公共交通系统，调节社会个人车辆在区域中心区的过度使用，并增开夜间公交线路。

虽然步行和自行车属于零能耗、零排放的交通方式，但只能在邻里环境中使用，不能适应区域及城际间人口的流动需求，因此，绿色交通体系中最关键的是公共交通网络的建立，尤其要注重对轨道交通的利用。轨道交通能以相对少的资源占用和最低的废气排放实现大规模的人口流动，这种方式还能提高交通运输的效率，减少区域交通的拥堵，因此，成为了构建区域绿色交通体系的重要组成部分，借鉴欧美如丹麦、荷兰、美国等国家的经验，从硬件上为发展绿色交通创造条件要先规划步行系统，然后是自行车交通系统、公交线路网络系统、城市过境交通系统，最后才是私人机动车交通系统，而不是本末倒置，先修机动车路，再修其他车道。

在完善节能型交通基础设施网络体系建设，节能环保型交通运输装备体系建设，节能高效运输组织体系建设的同时，重点做好营运车船燃料消耗准入与退出工程、节能与新能源车辆示范推广工程、甩挂运输节能减排推广工程、绿色驾驶与维修工程、智能交通节能减排工程、公路建设和运营节能减排技术推广工程、合同能源管理推广工程、数据库建设工程、节能减排监管能力建设工程等。

加强交通基础设施网络化建设，优化综合运输网络布局，加强区域性重要运输通道的统筹规划，强化资源的优化配置；加快形成主干线高速化、次干线快速化、支线加密化的路网结构，稳步提升路网技术等级和路面等级，优化公路客货运站场布局，建设衔接顺畅、高效便捷的公路站场服务体系；

加强综合客运枢纽和物流集聚地区的货运站场建设，大力促进城乡客运一体化进程，促进客货运“零换乘”和“无缝衔接”；优化城市路网功能结构，推进自行车专用道和行人步道网络建设，建立以公共交通为主体，出租汽车、私人汽车、自行车和步行等多种交通出行方式相互补充、协调运转的城市客运体系。

完善交通运输节能减排专项资金激励机制，建立健全激励政策。组织开展交通运输节能减排专项资金激励机制研究，探索建立专项资金绩效评价制度，组织实施专项资金绩效调查。创新专项资金项目管理模式，探索建立“立项评审、资金使用、过程跟踪、项目验收”的项目管理模式。积极争取中央和地方财政对交通运输节能减排的支持，逐步形成以财政资金为引导，企业资金为主体的交通运输节能减排投入机制。拓宽交通运输节能减排融资渠道，充分利用金融机构信贷资金及社会资金，扩大利用外资渠道。

加强并完善交通运输节能减排统计监测考核体系，推进能源利用在线监测工作。组织开展交通运输能源利用统计监测研究，突出顶层设计，健全指标体系，依靠科技创新，扩充监测手段。在进一步完善交通运输能耗统计监测报表制度的基础上，继续组织做好营运客车等能源利用状况监测工作。组织开展普通营运货车能源利用状况远程监测试点工作，进一步研究完善交通运输节能减排考核体系方案。

组织开展交通运输节能减排专项行动和示范活动，加强宣传交流和对外合作。切实发挥“车、路”千家企业低碳交通运输专项行动参与企业对交通运输节能减排工作的示范作用，不断深化专项行动内容，加强对专项行动参与企业的支持与引导，配合国家发展和改革委员会开展万家企业节能低碳行动。继续做好交通运输节能减排示范项目和全国重点推广公路水路交通运输节能产品（技术）的组织推选和总结推广。大力宣传交通运输节能减排政策措施、先进经验和社会贡献。继续深入开展国际海运温室气体减排特别是市场机制措施方案专题研究，积极参与《联合国气候变化框架公约》（UNFCCC）和国际海事组织（IMO）框架下的谈判，维护国家气候变化整体利益。

积极推进交通运输信息化和智能化进程。加快物联网技术在道路运输领域的推广应用，推广无线射频识别（RFID）、智能标签、智能化分拣、条码技术等，提高运输生产的智能化程度；推广高速公路不停车收费（ETC）系统、智能城市公交调度系统、出租车智能调度信息服务平台、内河智能导航系统等。

二、区域低碳旅游规划（祁县、平遥、永济、五台山、浑源、宁武）

低碳旅游就是借用低碳经济的理念，以低能耗、低污染为基础的绿色旅游，它要求通过食、住、行、游、购、娱的每一个环节来体现节约能源、降低污染，以行动来诠释和谐社会、节约社会和文明社会的建设。低碳旅游是在保证旅游者旅游经历不降低的前提下，以实现旅游经济增长与旅游业碳排放脱钩为目标的新型旅游方式和管理理念。低碳旅游是旅游发展过程中，通过运用低碳技术、推行碳汇机制和倡导低碳旅游消费方式，以获得更高的旅游体验质量和更大的旅游经济、社会、环境效益的一种可持续旅游发展新方式。

低碳旅游是旅游的主体、客体和载体在旅游过程中低能耗、低排放、低污染。从旅游者的角度来看，低碳旅游指选择绿色环保的旅游路线和出行方式，在旅游过程中保持低碳生活模式和消费模式，保护生态环境，减少碳排放；从旅游企业的角度来看，低碳旅游是指选择合理的开发和经营模式，通过技术改造，启用新能源和发展循环经济等方法节能减排，减少 CO_2 排放。从政府的角度来看，低碳旅游是实现产业结构优化改造，推动绿色经济发展和实现旅游业可持续发展的有效途径。

狭义的理解低碳旅游就是旅游者、旅游企业在不降低旅游质量的前提下，实现低能耗、低污染、低排放、绿色的、可持续发展的旅游发展模式。更广义理解低碳旅游包括旅游业上下游相关产业的绿色化、低碳化和可持续化。

（一）低碳旅游在发展低碳经济转型过程中的先天优势

首先，旅游业作为服务产业的重要组成部分，占用资源少，而且很多资源可以永续利用，由此自然形成碳排放少的突出优势；其次，多年的实践证明，旅游发展与环境密切相关，而且会促进环境的改善，这就有助于承担我们的碳责任，减少碳债务。因为旅游体现的就是环境和文化，保护环境、挖掘文化是旅游发展的内在动力，并由此形成了深层次的利益机制。通过发展旅游，促进环境的保护，进一步促进环境的提升和改善；再次，能形成新型碳机制，即通过旅游发展，对其他产业产生良性替代，形成产业补偿，从而达到既节能减排又促进发展的双重目标。总而言之，旅游业作为全球经济中发展势头最强劲和规模最大的产业之一，发展低碳经济具有天然的优势，而且完全可以成为中国低碳经济发展中的先锋和亮点（魏小安，2009）。

（二）低碳旅游对低碳经济的响应方式

低碳经济发展方式应该包括两个方面的内容，一方面是直接降低、吸收大气中的 CO_2；另一方面是减少 CO_2的排放。减少 CO_2的排放，可以通过生产方式的低碳化和消费方式的低碳化来实施。首先，低碳旅游可以通过对 CO_2有吸收和储存作用的旅游环境减少大气中的 CO_2；其次，通过旅游设施开发和使用过程的低碳化来减少 CO_2的排放；最后，通过旅游者健康旅游方式的选择，来减少消费过程中的碳排放。

发展低碳旅游就是要培育低碳观念，生产低碳产品，开展低碳经营，推动低碳消费，实现低碳发展，在全行业中切实推行低碳行动，在全民心目中真正树立低碳意识。培养低碳观念就是要培养旅游者的环保意识和追求低碳旅游愿望，培养旅游管理者以可持续发展作为管理思想的基础，培养旅游经营者树立经济效益、社会效益与环境效益和谐统一的经营理念，引导以低碳环保为宗旨的健康旅游消费。生产低碳产品就是努力形成低碳旅游产品体系、低碳企业体系、低碳交通体系等，使旅游产品和服务实现全行业低碳化。

（三）山西省旅游资源

山西省历史悠久，文化源远流长，各类旅游资源极其丰富。山西省经过多年的开发建设，形成了一系列种类齐全、规模较大、有一定影响力和知名度的旅游景区景点，现有正式对外开放的旅游景区 660 处，其中国家级地质公园 4 处，国家级自然保护区 5 处，国家级风景名胜区 5 处，世界遗产 3 处，历史文化名城 6 座。还有 56 个地方剧种，234 种民间舞蹈。数量众多的各类旅游资源也为发展低碳旅游提供了前提条件；比较典型的旅游区域有：祁县、平遥、永济、五台山、浑源、宁武、晋城。由于山西旅游资源的地域差异明显，通过对山西的旅游资源特色分析，将山西分为晋北、晋中、晋西南、晋东南四大特色旅游区域。结合前面的分析，对这四大区域进行形象定位：一是晋北佛教文化区域，即以大同为中心的区域。这一区域的主要旅游资源特色是佛教文化旅游资源，这一旅游资源同其他类型的旅游资源相比知名度较高，因此可以将晋北的旅游形象定位为“山西—佛教朝圣地”；二是晋中晋商文化区域，即今晋中、太原、榆次、平遥一带。这一区域的主要旅游资源特色是晋商文化旅游资源，随着近几年对晋商文化研究的兴起，以及电视剧《乔家大院》的播出，引起了游客对晋商文化的兴趣，晋商文化的知名度逐渐提高，因此，将这一区域的旅游形象定位为“晋商文化”；三是晋西南根祖文化区域，即今临汾、运城一带，这里是华夏文明的发源地，拥有大量的古文明遗址，而且这一区域拥有的华夏文明遗址在全国范围内也是具有独特地位的，因此，将这一区域的旅游形象定位为“河东——华夏文明发祥地”；四是晋东南太行风光区域，即包括长治、黎城、陵川、晋城等在内的区域。这一区域的自然风光旅游资源比较集中，而且国家级自然旅游资源较多，同时旅游资源多分布在太行山脉，因此这一区域的旅游形象可以定位为“太行风光游”。

1. 山西省区域旅游的地方性分析

（1）自然地理

山西省地处华北西部的黄土高原东翼，介于太行山与黄河中游峡谷，东有巍巍太行山作天然屏障，与河北省为邻；西、南以滔滔黄河为堑，与陕西省、河南省相望；北跨绵绵内长城，与内蒙古自治区毗连。

山西省地形较为复杂，境内有山地、丘陵、高原、盆地、台地等多种地貌类型。山区、丘陵占总面积的2/3以上，大部分在海拔1000～2000米。最高点为五台山的北台叶斗峰，海拔3058米，最低点在垣曲县境内西阳河入黄河处，海拔仅180米。

山西省境内多山且多名山，东界太行山，西有吕梁山，北亘北岳恒山、五台山，南耸中条山，中立太岳山。山西省是同时拥有五岳之一（北岳恒山）、四大佛教名山之一（五台山）和五大真山之一（霍山）的唯一省份。

主要河流有汾河、海河两大水系。境内有大小河流1000多条，其中流域面积大于100平方千米、河长在150千米以上的有240条，大于4000平方千米、河长在150千米以上的有汾河、沁河、涑水河、三川河、昕水河、桑干河、滹沱河、漳河等。汾河最长，全长659千米。被称为中华民族文化摇篮的黄河，北自偏关县老牛湾入境，飞流直下，一泻千里，抵芮城县风陵渡而东折，南至垣曲县碾盘沟出境，途经19县560个村庄，流程965千米。

山西省地形多样，高差悬殊，因而既有纬度地带性气候，又有明显的垂直变化。山西地处中纬度，距海不远，但因山脉阻隔，夏季风影响不大，属温带大陆性季风气候①。

（2）历史文化

山西省是中华民族重要的发祥地之一，历史悠久，人文荟萃，拥有丰厚的历史文化遗产。迄今为止有文字记载的历史达三千年之久，素有“中国古代文化博物馆”之美称。山西的历史文化脉络清晰，框架完整。山西历史从旧石器时代发端，历经尧、舜、禹和夏、商、周数千年的演进，到晋国和三晋时期已经形成有别于其他地域文化的显著特征。秦汉以来，山西历史文化更加多姿多彩，灿烂辉煌。山西历史文化的完整性、先进性和艺术性，对华夏五千年文明产生了巨大影响，也使山西成为地方文化特色最浓厚的地区之一。黄河流经山西，孕育了无数英雄豪杰、仁人志士。在中国的各个历史时期，山西曾涌现出许多政治家、军事家、科学家、文学家、历史学家。最著名的有春秋时期的霸主之一晋文公重耳，有中国唯一的女皇帝、唐代杰出的政治家武则天，有中国的“武圣”、三国时期名将关羽，有唐朝名相狄仁杰、裴度，有抗击匈奴而名垂青史的汉朝名将卫青、霍去病，有中国第一部编年体通史《资治通鉴》的作者、宋代著名史学家司马光等。可以说，山西是人杰地灵，代不乏人。在漫长的历史长河中，山西有两条主要的历史文化脉络，即“华夏根祖文化”和“晋商文化”。

①华夏根祖文化脉络。山西省的晋西南地区拥有着众多的华夏根祖文化旅游资源，是中华民族和华夏文明的重要发祥地之一。山西省已经查明的旧石器时期文化遗址近400处，而旧石器早期遗址就有150多处，位居全国之首。新石器时期文化遗址1000多处，是黄河流域新石器时期文化的中心区域。西河度文化遗址和丁村文化遗址表明早在180万年前就已有人类在山西这块土地上繁衍生息；传说中的中华民族的始祖黄帝、炎帝都曾把山西作为

---

① 张慧霞．山西旅游资源与开发研究［M］．北京：中国财政经济出版社，2002.

活动的主要地区；中国史前三大伟人尧、舜、禹，都曾在山西境内建都立业，临汾市有尧庙和尧陵，永济市有舜庙和舜宅，夏县有禹古城等文化遗址；中国历史上第一个奴隶制国家政权夏朝建立在山西南部。三晋大地共出过 18 位帝王，历史上唐太宗李世民起兵太原，建立了大唐王朝。此外，山西还有代表忠义文化的关帝庙建筑群，代表着中国姓氏之“根”的明代全国移民遗址洪洞大槐树。众多的人类文明在这里留下了历史的遗迹，都说明山西华夏文明悠远深厚。

②晋商文化脉络。晋商文化主要集中于山西省的晋中地区。晋商是中国最早的商人，其历史可追溯到春秋战国时期。明清两代是晋商的鼎盛时期。明代，山西的商业迅猛发展，曾领全国之先。晋商威震海内外，其足迹东出日本、北抵沙俄，最著名的是山西票号，可谓中国金融之鼻祖。

晋商的辉煌，不仅成就了富商巨贾和商界精英，推动山西成为当时的“海内最富”，而且有力促进了中国商品经济的发展、城镇的兴起和对外贸易的发展，极大丰富了中国的传统文化尤其是商业文化。山西晋中一带在明清时期曾被誉为“中国的华尔街”，晋商创造了中国金融发展史上的光辉篇章。在这里有至今仍保存完好的、被联合国确定为世界文化遗产的平遥古城，有巨商豪宅乔家大院、渠家大院、曹家大院、王家大院。游客在这里感受到的不仅是晋商昔日的辉煌，更是一种民居艺术的享受。如今，不少电视剧也以晋商为题材，如《乔家大院》、《大红灯笼高高挂》等，从电影、电视剧中游客们不仅能够了解当时人们的生活习惯，也能从中了解到山西晋商对中国经济的巨大影响。同时这些电影、电视作品也作为一种宣传山西旅游形象的手段，吸引了大量的游客到山西旅游。

（3）民俗风情

民俗文化旅游资源包括风俗习惯、民间工艺、文娱体育、服饰饮食、音乐舞蹈、戏曲艺术等多种形式，是地方性分析中最能反映区域特色的特征。山西地处黄河中游，黄河流淌灌溉了山西的土地，也孕育了山西多元的民俗风情。早在 100 多万年前，中华民族就在这里繁衍生息，在黄河水、黄土地的滋养下，形成了丰富多元的民俗旅游特征。比较具有代表性的山西民俗有民间刺绣、山西的饮食、民间锣鼓、社火等。

①造型别致的民间刺绣。山西民间刺绣，图案淳朴、色彩艳丽、构图简

洁、造型夸张、针法多样、绣工精致，而且大都出自农村劳动妇女之手。山西刺绣，以忻州、晋南地区的刺绣工艺品最有影响，忻州民间刺绣颇为普遍。代县一带，刺绣品严谨、华丽、雅致；五台县境内，刺绣风格呈现出美厚端庄；忻州、定襄、原平等地，刺绣风格淳朴秀丽。刺绣图案，多以民间喜闻乐见的内容为题材，像孔雀开屏、喜鹊登梅、松鹤延年、二龙戏珠、凤凰牡丹、五蝶捧花、双虎对头、双狮对头、五福捧寿等，而瓜果蔬菜、飞禽走兽、山川风景、亭台楼阁等，更是生活中百见不厌的刺绣体裁①，典型地反映山西风土人情的特色。

②独具特色的饮食文化。山西的饮食文化有几个代表，分别是风味小吃、面食、陈醋和汾酒。山西的风味小吃和山西黄土地一样古朴、醇厚，由于较少受到外来饮食文化的影响，这里的风味小吃几乎是真正的原汤原汁，名吃首推头脑，这是由明末清初著名文人、医学家傅山发明，为医用食品，对人体有滋补作用，效果甚佳。

③奔腾激越的民间锣鼓。山西省民间锣鼓被誉为“中国第一鼓”。山西鼓的品种不下几十种，上溯到远古文化的“土鼓”、“鼍鼓”，下及现在大到帅鼓，小到手鼓，应有尽有，种类繁多。鼓在山西发展和演变的种类很多，既有自成一家的清锣鼓，又有吹打锣鼓、鼓舞、锣鼓经及庙堂锣鼓。丰厚的积淀，多彩的艺术，使其成为三晋文化的代表，成为黄河文化的一面旗帜，不但为三晋大地添彩，更为中华民族增光。但是，如何结合旅游使之成为游客参与其中的旅游产品，尚待深入开发，这就需要对其旅游形象进行定位与设计，从而指导这一旅游产品的更好的开发和保护。

④魅力诱人的山西社火。节庆活动是民族特征的综合反映，社火是山西民俗文化中最具代表性的节庆内容之一。社火，或称社会，是广义上的一种庙会，是一种以歌舞杂耍娱神娱人的活动。所谓社，就是中国古代的一种基层聚落，也是上古以来的聚落或土地之神，以后又延伸发展成为乡村的基层社区组织，同时又演化成按职业、爱好、年龄、阶层、性别以及特殊目的等结成的群体。

所谓“火”，通“伙”，表示群体和众多之意，与社会的“会”同义。以

---

① 丁士良，赵放．中国地方志民俗资料汇编（华北卷）［M］．北京：图书馆出版社，1989．

后渐失本义，以“火”为红火、火暴、热闹之意，而社火也就成为一种在城乡各地年节演出的一种群众娱乐形式。社火，作为一种社区文化，它始终发挥着“文化社区”和“民俗社区”的作用。山西流传着这样一句俗语：“祁县的棚，太古的灯，徐沟的铁杆爱煞人。”棚、灯、铁杆都是民间社火的表演内容，集中在8月15日前后进行。其中，祁县的棚是由一种与宗教祭祀有关的活动演变而来的，棚大多设置在大街交通口上，棚子罩满街道上空，在街两侧竖立的杆或墙支撑。方圆百里的人都来观看，各地区、县的居民来往络绎不绝，非常热闹。

⑤多姿多彩的山西民歌。山西民歌有悠久的历史，既有尧舜时的《击壤歌》、《康衢童谣》和《南风歌》，又有《诗经》中的《唐风》和《魏风》（大都是产生在山西地区的古老民歌）；既有宋人郭茂倩编的《乐府诗集》中不少流传在山西地区的民歌、童谣，又有明清两代传承的《进兰房》、《叠断桥》、《粉红莲》、《抱琵琶》、《叠落金钱》、《绣荷包》、《茉莉花》、《银纽丝》、《剪靛花》、《玉娥郎》等。由于受地理环境、经济状况、文化传统（尤其是音乐传统）以及人民的语言、风俗习惯和所要邻近省区的影响，呈现出晋中、晋北、晋东南和晋西南四种不同的地域色彩。山西民歌，像是一面镜子，反映着山西人民的生活和历史，展示着山西独特的民俗文化。

2. 山西省区域旅游资源的特色分析

（1）山西省旅游资源丰富多样

截至2010年10月底，据统计山西省境内有景点628处，正式对外开放的旅游景区（点）有220处，在国内堪称独一无二具有垄断性特征的景区（点）有60余处，年接待量达到5万人次的景区（点）100余个，共有A级景区33个，其中五台山、云冈石窟、晋祠、恒山、壶口瀑布、王家大院、乔家大院、洪洞大槐树寻根祭祖园、普救寺、皇城相府10个4A级景区，16个2A级景区、7个1A级景区[①]。

山西省作为全国文物旅游资源大省，境内有史前遗址、古战场遗址、古墓古塔、古庙、古城、石窟、佛寺以及民宅大院等现存的不可移动地面文物

① 籍振芳，安瑞生．山西旅游景区大全［M］．太原：山西人民出版社，2005.

31401 处，为中国地面文物最多省份。山西省拥有国家级和省级保护文物 472 处，其中国家级文物保护单位达 119 处之多。仅辽金以前地面木结构古建筑占全国的 74%。山西省共有县级以上博物馆近百处，遍布山西省旧石器文化遗址、古代建筑、彩塑壁画、古代戏曲舞台的数量均居全国第一，旅游开发数量均居全国第一，而且种类全、价值高、旅游开发潜力大。山西省现有世界文化遗址 1 处，国家级历史文化名城 5 座，堪称“中国之最”的文物旅游景点多达 60 余处，其中 20 处已被纳入国家级旅游线路中。其文化积淀之深厚，蕴量之丰富，堪称“超级博物馆”。

（2）山西省旅游资源地域差异明显

山西省旅游资源分布具有鲜明的地域风格。山西省的旅游资源种类繁多，根据区域旅游资源分区的地域性原则、资源相似性原则和行政区域相对完整性原则，可以将山西省的区域旅游资源分为四大区域，分别是晋北旅游区、晋中旅游区、晋西南旅游区和晋东南旅游区。

四大旅游区域均有特色突出的旅游资源，同时也有具有代表性的旅游产品作支撑。晋北旅游区以大同为中心，旅游资源特色突出，集中了丰富的宗教旅游资源。这里有闻名海内外的云冈石窟，有闻名全国的五台山佛教文化旅游区，都是每年山西接待游客量较多的重要景点；晋中晋商文化区域，即今太原、榆次、平遥一带，这里有平遥古城、乔家大院、王家大院等众多晋商文化的汇集地；晋西南临汾、运城一带是根祖文化区域，这里是华夏文明的发源地，传说中的人类始祖尧、舜、禹都在山西境内有其踪迹，有临汾尧庙、侯马晋国遗址、洪洞大槐树等代表华夏文明的景点；晋东南太行风光区域，即包括长治、黎城、陵川、晋城等在内的区域，此区域汇集了名山峡谷、生物景观、河流、水库、泉水等众多自然旅游资源，自然风光独特，如蟒山旅游区、芦芽山旅游景点、历山自然生态旅游区等国家级知名旅游景点（区）。四大旅游分区旅游资源特色突出，资源相似性高，同时也保证了区域的相对完整。

（3）山西省旅游资源文化底蕴深厚

山西省旅游资源体现了具有厚重感和层次感的历史文化积淀，不同时期都有代表性的文化旅游资源。从史实来看，山西省是华夏文明的故乡，是民族融合的舞台、历史文化的湖泊、五千年文明的博物馆，素有“地上文物宝库”之称。六大文化区域共同勾勒出中国历史发展的曲线。神话文化、耕读文化勾勒了上古三代及先秦的历史脉络，以及以儒家文化为主流的文化传统与生活方式。边塞文化、佛教文化、道教文化三大区域，主要呈现了从汉唐到宋元的中古历史，从不同血统的民族、不同质的文化，由冲突走向融合，宗教盛行，佛寺道观林立是这一时期的文化主调。商贾文化区域所展示的则是明清近世的历史，联系着中国资本主义的萌芽与发展。

（4）山西省旅游资源组合良好

山西省旅游资源不仅丰富而且具有多样性，每个区域内都有自然和人文旅游资源可以很好的组合。山西省区域内不仅有独特的自然山水，如被列入世界40个景观之一的壶口瀑布、五岳中北岳恒山等，还有丰富的人文旅游资源，包括山西省境内的历史文物古迹、工艺、民俗文化传统、革命纪念地和现代社会建设成就等。除了不同区域拥有各自的不同文化特征外，还有交织在这些区域文化之间的诗文戏曲文化、建筑文化、名人名家文化以及饮食文化等。将文化旅游资源与自然旅游资源融合在一起开发利用，结合当地的地方性和自然地理特征可以将区域旅游资源形象塑造得更好，但在开发中如果不能合理组合，便会造成旅游与文化简单相加，主题零散，流于陈俗。

资源整合开发利用程度低，一流旅游资源尚未很好地转化为一流产品。旅游资源利用率和开发程度不高。旅游资源的品牌影响力还没有成型，品牌优势不足。旅游资源分布较为分散，各个景区距离较远，交通不是很便捷，还待进一步完善。

产业化水平低，产业链较短，旅游服务要素不配套。旅游产业化还形不成规模，特别是与之相关的服务行业更是该区域旅游发展的弱点，83%的景区餐饮、住宿接待等配套服务要素的建设普遍滞后，亟待完善。旅游服务基地以及作为其后盾的各城镇，现有的旅游服务水平低，服务设施不配套，不能形成持久的吸引力。

旅游企业散小弱，低碳科技应用水平较低。旅游企业规模较小，企业之间联动不大，比较分散，也缺乏技术创新，低碳科技应用水平低。除此之外，景区的建设仍以传统建筑方式和建筑材料为主，缺少先进的环保材料。景区的资金投入也有限，缺乏引进旅游业高级人才和管理经验的能力。

（四）山西省低碳旅游区域规划

1. 低碳化的旅游环境

旅游体验环境是旅游资源的重要组成部分，优良的旅游体验环境对于提升旅游产品的质量具有重要的作用。由于一些植被、湿地本身就是可以成为重要的自然旅游资源，因此以保护和培育这些高碳汇自然生物体为主要方式的碳汇旅游体验环境构建方式，既是发展低碳旅游的重要途径，同时也是提升旅游产品自身质量的重要方式（蔡萌，2009）。

有资料表明，森林面积虽然只占陆地总面积的1/3，但碳存储量几乎占到了陆地碳库总量的一半。树木通过光合作用吸收了大气中大量的 CO_2，减缓了温室效应。湿地中的微生物活动相对较弱，植物残体分解释放 CO_2 的过程十分缓慢，形成了富含有机质的湿地土壤和泥炭层，起到固定碳作用。因此，在碳汇旅游体验环境的构建方式上，植树造林仍是最主要的方式。同时由于许多湿地、海塘也是重要的碳汇体，对一些生态旅游目的湿地、海塘进行保护，也是构建碳汇旅游体验环境的重要方式。在培育碳汇环境的具体机制上，碳补偿或碳抵消作为当前一种较为时尚的低碳生活方式，实质上也可以作为一种培育碳汇旅游体验环境的重要机制（蔡萌，2009）。

2. 低碳化的旅游设施

旅游设施和工具是旅游发展的载体，各种旅游活动的实现都要依托于具体的旅游设施和工具，包括旅游发展中的各种旅游交通工具、旅游生活设施、旅游服务设施、旅游活动设施。发展低碳旅游设施和工具是实现低碳旅游发展方式的重要途径（蔡萌，2009）。

我国建筑及居民生活用能量很大，预计到2020年全国区域人口比例将达到56%，可能需增加 215×10^8 吨标煤，$51800\times10^8\sim61300\times10^8$ kWh 用电（刘啸，2009）。旅游设施节能的主要目标是减少化石能源消耗，通过使用太阳能、风能、氢能、生物能源等低碳或零碳能源来代替旅游景区、宾馆中的能源类型和能量供应方式；可以使用节能灯、太阳能热水器、太阳能灶、太阳能干燥器等低碳技术产品来配置旅游过程中的各种日常生活用品。

交通是旅游的重要支撑，已在总能量需求中占30%的比例，节能空间很大。当前在汽车交通中其能量的利用效率并不高。汽油所含化学能在汽车气缸中燃烧，经机械传动损失，达到车轮部分约为原含能量的13%，汽车交通运输过程中汽油的总能量利用效率仅为0.13%~0.15%（刘啸，2009）。可以通过太阳能、氢能源、生物能源等低碳或零碳的新型能源交通工具来配置相应的旅游交通工具。

3. 低碳化的旅游消费方式

旅游产品和服务的实现最终要通过旅游者对旅游产品的消费来实现。在旅游发展中，不同的旅游消费方式，所产生的CO_2排放量差别很大。长距离旅游虽然只占2.17%的旅游总量，但却占有17%的CO_2排放量；自行车旅游或背包旅游的CO_2排放量几乎为零。不同环境水平的基础设施和景区，不同类型的食物，不同环境标准的酒店等各种旅游消费方式碳的排放量也有很大的差异（蔡萌，2009）。山西物产丰富，餐饮行业应通过各种宣传途径引导旅游者尽量使用当地特色美食，同时倡导低碳饮食对减少碳排放的作用，帮助游客树立低碳饮食观念，建立合理的低碳饮食结构。低碳食品开发也应立足省内各区域的蔬菜水果基地和养殖基地的绿色食品和有机食品，并以推广本区域特产为主导，在提高食品生产科技含量的基础上减少碳排放。按照低碳的规划要求，打造功能完备和服务齐全的旅游景点。

结合民俗、休闲度假可较多建设度假农庄、保留农家特色；提炼地方特色菜肴、点心、酒水饮料，要特别注意民间美食和私家菜的挖掘，结合乡村游推出农家菜精品；在乡村游中结合民俗节庆开展具有乡土风情的娱乐活动，如民歌会、二人台艺术节、龙舞、高跷、跑旱船等；旅游商品应以民俗手工艺品、土特产为主，如泥娃娃、刺绣、地毯、河灯、剪纸、黑陶工艺品以及各种农产品；景区内的购物场所要少而精，也可在购物场所提供民间艺人表演的娱乐节目，将购物与参观及娱乐相结合。

①旅游者尽量以短距离目的地来代替长距离的旅游目的地；尽可能选择以火车等地面交通方式代替航空交通工具；在旅游目的地，可多采取公共交通、步行和骑自行车的游玩方式。

②住宿的时候，选择不提供一次性用品的酒店，多考虑小规模酒店或青年旅馆等。

③节制欲望，学会节约，尽可能地不浪费能源，不制造太多的垃圾，为旅游生活做减法，这种最朴素的道理也就是低碳的本质意义。

山西的低碳游览观光产品应立足本省特色鲜明的民俗文化和众多的非物质文化、以名山大川为主的生态文化、布满山西省的红色旅游文化、享誉全国的宗教文化和古建文化、彰显山西晋商魅力的大院文化和寻根祭祖文化等，产品开发力求体现低碳理念，把山西省的各类旅游资源开发出特色、开发出魅力、开发出新意。同时游客在游览途中要尽量避免损坏景区中的各种设施和旅游资源。

作为无边界产业，产业集成为旅游产业的发展提供了新的选择路径，旅游地应以旅客不断变化的需求为中心，通过创意、融合、链条、协同、集群等集成创新，进行旅游的资源配置、产品开发、行业管理、企业组织和相关配套设施，实现旅游产业的可持续发展和旅游经济功能的充分发挥，促进山西旅游产业和社会经济的发展。

三、矿区低碳规划（古交、河津、潞城、高平、阳城、霍州、孝义、翼城、襄垣、盂县、垣曲）

山西省是中国最为典型的自然资源富集区，其丰富的矿产资源，尤其是煤炭资源是其他省（区）难以望其项背的。徐康宁等以原煤、原油和生铁为代表，以能源产量平均比重为指标，经过综合计算，认为山西省在自然资源方面的优势突出①。武芳梅结合徐康宁等的研究方法，构造了以矿产资源为代表的资源丰裕度指数并对全国27个省份的指数进行了详细测算，得出山西省资源丰裕为全国第一，是全国平均水平的6倍②。而根据对全国各省区主要能源矿产和金属矿产储量价值计算，山西一次能源，无论是绝对量还是人均量均居全国各省区首位。

（一）山西省矿区概况

山西省主要的矿井包含：寿阳矿区、阳泉矿区、离柳矿区、晋城矿区、

① 徐康宁，王剑．自然资源丰裕程度与经济发展水平关系的研究［J］．经济研究，2006，1：78－89.

② 武芳梅．“资源的诅咒”与经济发展——基于山西省的典型分析［J］．经济问题，2007，10：24－27.

西山矿区、蒲县太林克城矿区、霍州矿区、灵石矿区、汾西矿区、清交矿区、古交矿区、化北屯矿区、轩岗矿区、平朔矿区、大同矿区等矿区。具体矿区情况如下。

1. 平朔矿区

（1）概况

平朔矿区位于山西省朔州市境内宁武煤田北部，东、西、北以煤层露头线为界，南至担水沟断层。矿区面积 396 平方千米。矿区为黄土丘陵地貌，地势北高南低，一般标高为 1200 ~ 1350 米。北同蒲铁路从矿区南部通过，矿区有铁路专用线在大新站与北同蒲线接轨，经北同蒲和大秦线直达秦皇岛，距离 773 千米。纵贯山西省的大运公路从矿区南部通过，平朔公路穿越矿区，交通便利。矿区现有刘家口水源地，距离安太堡矿 6.2 千米，允许采水量 3.8 万立方米/日；另有建设中的耿庄水源地。矿区电源来自神头一电厂和神头二电厂，距离矿区约 23 千米，装机总容量 230 万千瓦。

（2）地质特征

矿区地处宁武向斜北端，整体构造形态为一近南北走向的复向斜构造，东翼地层倾角平缓，一般 4° ~ 10°，西翼倾角较大，局部达 40° ~ 50°，伴有次一级褶曲和小型断裂。区内陷落柱发育（安太堡矿首采区发现了 3 个，直径在 100 ~ 200 米。矿区主要含煤地层为石炭系上统太原组及二叠系下统山西组，总厚 130 米，共含可采及局部可采煤层 8 ~ 9 层，煤层总厚 30 米左右。其中山西组平均厚度 55 米，含煤 3 ~ 4 层，煤层总厚度 7.5 米；太原组平均厚度 80 米，含可采及局部可采煤层 8 层，煤层总厚度 20 米。煤类单一，为气煤，以高灰、特低 - 中硫、高发热量煤为主。

区内黄土层分布广泛，厚度一般为 30 ~ 50 米，埋藏深度在 100 ~ 200 米，适于大型露天开采。煤层顶板以砂岩、石灰岩及砂质泥岩为主，属Ⅱ类不易冒落型顶板，底板一般无底鼓现象。生产矿井多属高沼气矿井，煤尘具有爆炸危险性。煤层易自燃，自燃发火期 3 ~ 6 个月。矿区水文地质条件简单。

2. 大同矿区

（1）概况

大同矿区位于山西省大同市西南，地跨大同、朔州两市，东北起于青瓷窑断层，东南及南至口泉—鹅毛口—洪涛山北坡一线石炭二叠系含煤地层露头线，西和北至左云—小破堡—西村一线侏罗系、石炭二叠系含煤地层边界。矿区含煤面积约1827平方千米，其中侏罗系772平方千米，石炭二叠系1739平方千米，侏罗系和石炭二叠系在矿区东北部面积重叠约684平方千米。区内为平缓的丘陵地貌，西南高，东北低。尖口山最高，标高1835.9米，口泉沟最低，标高1093.6米。北同蒲线、京包线、大秦线在大同市相会。大同市距北京382千米，距太原348千米，距包头450千米，距秦皇岛653千米。通往矿区的铁路有大同—王村、大同—燕子山两条矿区专用线，各煤矿集运站都分散在两条专用线周围。以横穿矿区东西向的109国道、沿矿区东侧穿行的南北向大运公路为骨干线，配以矿区内专用公路，交通十分方便。

矿区供水水源以第四系潜水为主，现有大同市的白马城水源地以及时庄水源地，供水量严重不足，需另找新的水源。矿区电源主要来自大同市第一热电厂和神头电厂。

（2）地质特征

矿区总体上为不对称向斜，西北翼宽缓，地层倾角一般5°~15°，东南翼较陡，地层倾角最大30°~60°，边缘局部地段直立至倒转。但总的来看，区内地层倾角平缓，一般为5°~8°，伴有与向斜轴轴向一致的短轴褶曲或波状起伏，构造简单。

含煤地层为侏罗系中统大同组、石炭系上统太原组及二叠系下统山西组，共含煤35层，煤层总厚45米。其中侏罗系含煤15组，可采和局部可采煤层23层；二叠系山西组含煤4层，从上向下编号1~4号，均局部可采，单层厚度1.5米左右，其中4号煤层局部可达8.5米；石炭系太原组含煤10层，编号1~10号，可采煤层总厚度15米。

区内第四系表土层厚度0~20米。煤层自燃发火期3~12个月，上层采空后，残留煤易自燃，形成火区，对生产有一定影响。矿区水文地质条件简单，矿井富水系数为0.3~0.6立方米/吨，但老窑积水及小窑开采后的积水，是生产矿井的主要突水隐患。

（3）储量

截至1996年年末，大同矿区保有探明储量386.43亿吨（侏罗系76.63亿吨，石炭二叠系309.8亿吨），其中生产矿井保有储量77.41亿吨（侏罗系51.19亿吨，石炭二叠系26.22亿吨），国有重点煤矿47.81亿吨，国有地方煤矿29.6亿吨，在建井保有15.44亿吨（侏罗系0.9亿吨，石炭二叠系14.54亿吨）；国有重点矿12.04亿吨，国有地方矿3.4亿吨；尚未利用的精查储量，19.52亿吨（侏罗系2.29亿吨，石炭二叠系17.23亿吨）；供进一步勘探储量252.46亿吨，其中详查68亿吨，普查184.46亿吨（侏罗系16.07亿吨，石炭二叠系168.39亿吨）；地方乡镇开采区保有储量19.6亿吨（侏罗系6.19亿吨，石炭二叠系13.41亿吨）。

（4）生产与建设

矿区现有生产煤矿55处，其中国有重点煤矿18处，设计能力3645万吨/年（大同矿务局16处：3345万吨/年，采侏罗系煤层，小峪矿及王坪矿共2处：300万吨/年，采石炭二叠系煤层），核定能力4140万吨/年，1996年生产原煤3946.1万吨；国有地方煤矿37处，设计能力949万吨/年（19处：484万吨/年开采石炭二叠系煤层），1996年生产原煤1093.5万吨。国有地方煤矿生产井中，有7处正在扩建，将新增生产能力219万吨/年。矿区现有在建新井4处，其中国有重点矿1处（大同矿务局所属塔山矿），设计能力400万吨/年；国有地方煤矿3处，设计能力计81万吨/年。根据能源部能源计（90）1052号文，大同矿务局设计总规模4500万吨/年，并在石炭二叠系煤层分布区划分同忻、四雁、挖金湾、王村、魏家沟、四台沟、燕子山、马道头、潘家窑9个井田，其中1994年6月已在魏家沟井田开工建设塔山矿，规划再建同忻、四雁、挖金湾及王村四处矿井，总能力2100万吨/年；四台沟及燕子山井田为后备区；马道头及潘家窑二处为远景区。

矿区现有大同矿务局动力煤选煤厂2处，设计能力980万吨/年，1996年入选量415.2万吨，选出量113.3万吨；在建选煤厂2处，设计能力915万吨/年。

（5）重点企业：大同矿务局

3. 轩岗矿区

（1）概况

轩岗矿区位于山西省原平市西北，宁武煤田的中部。矿区东南以煤层露头为界，西北以后口断层及勘探边界为界，南北长26千米，东西宽3.5千米，面积91平方千米，总体呈北东—南西向带状分布。北同蒲电气化铁路横穿矿区中部，北至大同191千米，南至太原161千米；轩（岗）石（豹沟）

铁路通往南部各矿；大运公路穿过矿区，区内多条专用公路与其相接，交通便利。矿区地处管涔山、云中山相接处，为一狭长地带，南高北低，标高一般为 1240～1370 米。供水水源以第四系洪积、冲积层孔隙水为主，奥陶系石灰岩岩溶裂隙水为辅。矿区自备电厂装机容量为 2×6000 千瓦，并与忻州地区 11 万线路并网使用。

（2）地质特征

矿区构造形态为一单斜，地层走向 N30°～50°E，倾向 NW，倾角 8°～30°。区内断裂发育，主要以高角度正断层为主。含煤地层有石炭系中统本溪组、上统太原组和二叠系下统山西组，其中本溪组和山西组各含煤 2～3 层，无开采价值；太原组为主要含煤地层，厚度平均为 85 米，含煤 5 层，煤层总厚度 22.6 米，其中可采 3 层。区内第四系表土一般厚 0～20 米。矿区水文地质条件中等，奥灰岩溶裂隙发育，水量丰富，补给径流条件好。

（3）生产与建设矿区现有自备电厂 1 座，装机总容量 2×6000 千瓦；选煤厂 1 座，设计能力 30 万吨/年。矿区多为高沼气矿井，但煤层气现尚无利用，其蕴藏情况及开发可能性需进一步勘察。

4. 化北屯矿区

化北屯矿区位于忻州地区宁武与静乐境内，即将运营的朔黄铁路横穿矿区。本矿区是 20 世纪 80 年代末由山西乡镇地质勘探公司发现并勘探的优质软焦煤矿区。查勘探面积 58 平方千米，可采煤层 2 层，总厚 4.4 米，地质储量 2 亿吨，开采条件良好，预测煤田面积 55 平方千米，开采煤层地质储量 12 亿吨。矿区已批准生产与在建矿井约 40 座，除陈家半沟矿为县营矿外其余均为乡镇煤矿，现已生产的矿井主要为化北屯煤矿、陈家半沟煤矿、黑豆沟煤矿、张家沟煤矿等。其中，化北屯煤矿年生产能力 30 万吨，黑豆沟煤矿、张家沟煤矿与陈家半沟矿各 15 万吨左右。矿区原煤总产量为 120 万吨/年，主要开采方法，均为放炮落煤，人工装矿车，绞车运输，串车提升。

5. 古交矿区

（1）概况

古交矿区位于太原西山煤田的西北端，其东、南分别与西山矿区和清交矿区相接，西北和东北均为煤田边缘的煤层露头，矿区东西宽约 20 千米，西北长约 35 千米，面积约 660 平方千米。矿区内有太（原）古（交）铁路，从太原市汾河站到古交西曲编组站41千米，往西已至镇城底。从太原市区通往矿区的盘山公路长56千米。

（2）煤层与煤质

主要含煤地层为太原组和山西组，含煤地层总厚150米，含煤13层，总厚11米，含煤系数为7%。太原组共含煤7层，其中7、8、9号为主要可采煤层；山西组共含煤6层，其中1、2、3号为主要可采煤层。矿区煤种齐全，贫煤、瘦煤、焦煤、肥煤都有。山西组以焦煤、肥煤为主，灰分含量高，含硫低，可选性差。太原组以焦煤、瘦煤为主，灰分含量低，中富硫，中等可选。各煤层、煤质纵横变化明显，垂直分带由上而下变质程度逐渐加深。

（3）开采技术条件

各主要可采煤层顶底板物理性质试验，石灰岩强度最大，抗压强度为608～1942千克/厘米^2，抗拉强度101～238千米/厘米^2，抗剪强度394千克/厘米^2。细粉砂岩抗压强度470～1164千克/厘米^2，抗拉强度64～167千克/厘米^2，抗剪强度163～181千克/厘米^2，砂质泥岩抗压强度51～896千克/厘米^2，抗拉强度44～146千克/厘米^2，抗剪强度125千克/厘米^2。9号煤底板多为松软泥岩，常有底鼓现象。瓦斯含量将随矿井开采深度而增加，浅部开采矿井属低沼气矿井。煤尘爆炸指数一般为10%～20%，应属于爆炸性煤层。

（4）储量

山西省人民政府授权省煤炭资源划分领导组于1983年12月对矿区煤炭资源进行了划定，省人民政府以晋政发（1984）第14号文批准矿区的资源划定。其中，矿务局：规划矿井5对，占用325平方千米，地质储量42.84亿吨，规划能力1650万吨/年；地方矿：生产矿井2对，规划矿井2对，总规划能力135万吨/年，占用15.1平方千米，地质储量1.85万吨；乡镇煤矿：划定8个区，面积27.6平方千米，地质储量2.78亿吨。现有生产矿井91座，生产能力384万吨。煤气化公司煤矿：规划2对矿井，占用20.7平方千米，地质储量2.5亿吨，生产能力90万吨/年。

6. 清交矿区

（1）概况

清交矿区位于太原西山煤田南部，跨太原市南郊区、清徐县及交城县。北以庙前山—孤爷山与古交矿区相邻，南界为清徐—交城边山断层，西以交城瓦窑河与东社矿区相连，东界为风峪沟煤层露头线。矿区面积400平方千米。太（原）军（渡）公路经本区南缘，清（徐）古（交）公路纵贯矿区中部。矿区位于吕梁山中段东麓，以构造剥蚀中低山地形为主，北部主峰庙前山、孤爷山海拔标高分别为1865米和2202米，南峪沟、白石沟、火山沟、磁窑沟等南东向汇入白石南河，再流入汾河，均为间歇河谷。南部边缘为山前倾斜平原，地面标高760～850米。本区年平均气温9.3℃～10.2℃，月平均最低气温－6℃～7℃（一月），最高23.7℃～24.2℃（七月）。从四月至十月无霜期170～187天。年平均降水量465～482毫米。土壤冻结深度最大77厘米。清徐一带汾河断陷盆地内曾发生过6级地震。矿区地震基本烈度为6～7度。该区主要为地方煤矿开采，全区现有地方煤矿200余座，年生产原煤400余万吨。

（2）煤层

主要含煤地层为山西组和太原组，总厚135.80米，含煤17层，其中可采及局部可采煤层10层，厚16米，含煤系数11.8%。全区从北西向南东煤变质程度加深，从瘦煤（少量焦煤）向贫煤以至无烟煤过渡。但从清徐南部开始，向南变质程度降低，至交城聚鑫煤矿一带变为主焦煤。山西组煤层以瘦煤为主，贫煤和焦煤次之。太原组以贫煤为主，无烟煤次之。

7. 汾西矿区

（1）概况

汾西矿区位于山西省中部，地跨晋中、吕梁两地区的介休、灵石、孝义、汾阳、交口五县市。矿区东以霍山断层为界，西至双池—南阳一线，北达汾阳市城南，南至什林断层，南北长达70千米，东西宽35千米，总面积约2500平方千米。矿区交通便利，南同蒲铁路和108国道沿汾河纵贯矿区，介休至阳泉曲的介西支线通往矿区西部，孝柳铁路已建成通车；介（休）汾（阳）公路、孝（义）午（城）公路及太原—柳林的307国道连接矿区各单位，构成矿区运输网络。矿区为低山丘陵区，地势由东南向西北逐渐增高，地面标高600～1000米。矿区供水水源有现代河床冲积层潜水、第三系河湖相沉积的承压孔隙水以及深层奥灰岩溶裂隙水，其中奥灰岩溶水是矿区供水主要水源。境内最大的季节性河流为汾河，属于黄河支流。

（2）地质特征

矿区处于祁吕贺“山字形”弧形褶皱东翼，不同形态的褶曲构成区内含煤地层为石炭系上统太原组和二叠系下统山西组，厚150～160米，共含煤层12层（山系组为1～3号三层；太原组为4～12号九层），总厚18～20米，含煤系数12%～12.5%。其中主要可采煤层4层，总厚6.68米，其余为局部可采。矿区煤种齐全，有肥煤、焦煤、瘦煤、贫煤，煤质变化规律为带状分布。太原组煤层灰分较低，硫分在1.5%以上，为低灰中富硫组；山西组煤层灰分较高，硫分在1%以下，属中灰低硫焦肥煤。区内地层平缓，倾角6°～12°，呈波状起伏。煤层较为稳定，构造简单—中等。主要可采煤层顶板岩性多为砂岩、粉砂岩、灰岩；底板多为粉砂岩、砂质泥岩。各煤层沼气含量较低，煤尘具有爆炸性，煤层有自燃发火倾向。矿区水文地质条件简单。

（3）生产与建设

汾西矿务局所属的非煤企业有自备发电厂1座（装机容量3.6万千瓦）、洗煤厂2座（能力445万吨/年）、水泥厂（能力4万吨/年）、修造厂、化工厂等。

8. 灵石矿区

（1）矿区概况

灵石县位于太原以南140千米，汾河贯穿全县。南同蒲铁路和大运公路分布于两侧，汾河地堑将灵石煤田分为东、西两部分，其变质程度发生较大差异。灵石县煤炭资源丰富，含煤面积近1000平方千米，地质储量100余亿吨。灵石县现有国家正式批准的地方煤矿（非国家统配煤矿）240余座。实际1997年年底生产矿井百余座，1997年产原煤423万吨。主要品种为：1/3焦煤130万吨；主焦煤150万吨；肥煤120万吨；瘦煤近25万吨。

（2）煤层与煤质

灵石县共有可采煤层6层，其中主要可采煤层：汾河西岸为山西组的2号（明四尺）与太原组的9号；河东区为山西组的4号（灰四尺）与山西组的9号。河西9号煤，煤质较稳定，普遍为中硫的1/3焦煤。2号煤由南向北，挥发分降低，流动度与镜质组含量提高，由低硫低灰的1/3焦煤变为低硫低灰的肥煤；河东区4号煤层属于低挥发分、低硫、强黏结性的高镜质组含量的主焦煤（南部局部1/3焦煤），但灰分偏高，可选性差。9号煤中硫，低挥发分、低灰、惰性组分含量高，价格低。根据以上情况可将灵石县的主要煤种及主要资源划分为以下三个矿区：①英武—厦门矿区：位于灵石县北部的河西矿区，现有生产矿井20余座，可采煤层为2号、7号、9号，现采煤层主要为2号、9号。井田面积约80平方米，地质储量2号煤1.2亿吨，9号煤1.4亿吨。现有矿井20余座，2号煤产量近100万吨，9号煤产量近50万吨。②梁家堰—段纯沟矿区：位于灵石县中部和南部的河西矿区，可采煤层为2号、9号，井田面积约300平方米，地质储量6.5亿吨，其中2号煤70万吨，9号煤60万吨。③河东矿区：位于灵石县的河东矿区。与汾西矿务局所属矿交叉分布。部分开采矿务局的边角及残留资源，现有矿井约60余座，年生产能力150余万吨，其中4号主焦煤100万吨，9号瘦焦煤不足5万吨。

9. 霍州矿区

（1）概况

霍州矿区位于山西省中南部，霍西煤田中部。矿区东起霍山断裂，西至紫荆山断裂，南至洪洞县南，北接汾西矿区，跨越霍州、汾西、洪洞、蒲县四县市，东西宽50千米，南北长40千米，面积1565平方千米。矿区交通便利，南同蒲铁路和108国道纵贯南北，生产矿井均有铁路专用线与国道相接，南连侯月、陇海线，北接石太、太焦线，距太原196千米、北京723千米、西安442千米。108国道与各矿井之间的矿区公路构成网络。矿区地处霍山、吕梁山两个隆起带间，以低山和黄土丘陵地貌为主，地形南低北高，东西两侧向汾河河谷倾斜，海拔标高500～1300米。区内河流均属黄河支流汾河水系。矿区供水水源为奥灰水，采取分区集中供水方式，南区辛置、团柏水源井日供水量2.4万吨，北区李雅庄、白龙水源井日供水量1.15万吨。矿区供电为山西电网及自备电厂（装机容量3.6万千瓦）。

（2）地质特征

矿区处于祁吕贺“山字形”构造东翼外带及新华夏系构造复合部位，以断裂构造为主，伴有较开阔的褶皱。主要有霍山、赤峪、十里铺、罗云山、上团柏、下团柏、张瑞及万安断层等。褶皱主要有霍山背斜、汾河背斜、赵城向斜等。区内含煤地层有石炭系中统本溪组及上统太原组、二叠系下统山西组，共含煤层15层，总厚度14.56米，含煤系数10.86%。其中主要可采煤层7层。区内煤层赋存较浅，煤层倾角5°～15°，局部可达25°左右。除李雅庄矿井为高沼气井外，其余矿井均为低沼气；煤尘具有爆炸性；煤层不易自燃。煤层顶底板多为砂岩、砂质泥岩及泥岩，只有9号煤层顶板为石灰岩，属于难冒顶顶板。区内9号、10号、11号煤层位于奥陶系灰岩及太原组K2灰岩含水层之间，受水威胁严重，水文地质条件复杂。5号、6号煤层底板易底鼓。霍州矿务局现有选煤厂5座，在建选煤厂1座，自备电厂1座（装机容量3.6万千瓦），热电车间1座（装机容量1.2万千瓦）。

10. 蒲县太林克城矿区概况

（1）矿区概况

蒲县矿区位于山西临汾地区西南部，大部分处于蒲县境内，仅北、东部边缘地带跨汾西、洪洞县境内。本区南部与南湾矿区相邻，东、西、北三面以煤层露头线为界。矿区南北长约38千米，东西宽15千米，面积540平方千米。本区交通不便。克城至乔家湾公路为区内仅有的主要公路干线，自北向南从矿区中部通过。全区属于吕梁山西麓南段，中山地貌，地势北西高，东南低，西侧桃卜山海拔标高1780米，矿区南部曹村最低，海拔标高1070米。昕水河及其支流南北纵贯区中部，常年流水。矿区北部克城河由南向北折向西汇入东川河于午城汇入昕水河。本区冬季干寒，年平均气温8.6℃，一月平均气温-6.8℃，七月平均气温22℃左右，年降水量600毫米，十月上旬至第二年四月中旬为霜冻期。本区东缘的罗云山大断裂是洪洞—临汾地震区的西部边界。

（2）煤层与煤质

主要含煤地层为太原组和山西组，煤层总厚8.25米左右，含煤系数6%。山西组含主要可采煤层2层，1号煤平均厚度0.5~2米，2号煤平均厚度1.6~3.2米，主要可采煤层2层。预测山西组1号、2号煤以低硫1/3焦煤为主，太原组10号、11号煤为肥煤大类。该矿水文地质矿区水文地质条件简单，地面无较大水系。中奥陶统马家沟组灰岩地下水静止水位标高预计在670米左右，本区煤层底板标高均在900米以上，对矿井充水无影响。太原组及山西组在矿区内向斜轴部有乘压，对矿井充水有一定影响，但其水量不会太大。

（3）开采技术条件

本区地质构造简单，地层倾角平缓，易于开采。据洪洞县三交河煤矿实际测定，相对瓦斯涌出量为 1.28 立方米/吨 · 日。属低沼矿井，但如不注意通风，瓦斯聚集，也可发生爆炸事故。

（4）勘探及开发

1957 年华北煤田地质调查队曾进行过地质调查。1960 年地质厅 213 队曾在本区东河、三交、曹家沟地区进行油页岩普查勘探工作。近年来该队继续在本区进行煤矿勘探。总的说来本区勘探程度低，尚未有较大面积的地质勘探工作。区内现有县营煤矿 3 处，原煤生产量 26 万吨。乡镇煤矿 60 余个，年产 500 多万吨。

11. 西山矿区

（1）概况

西山矿区位于太原市汾河西岸，西与古交相邻，南与清交矿区接壤，面积约 200 平方千米。矿区交通方便，太（原）石（家庄）铁路支线由太原北站过汾河至本区分别通往西铭、杜儿坪、白家庄、官地等生产矿井。太原至古交公路经过本区。矿区处于山西黄土高原吕梁山东麓和汾河断陷盆地之西。从太原汾河平原向西地势逐渐升高，石千峰山与庙前山为本区最高点，标高分别达 1771 米和 1865 米。山岭沟谷以石千峰山为中心，呈放射状向四方低处分出，沟壑纵横，切割很深，区内标高一般在 1000 ~ 1300 米。

（2）煤层和煤质

上石炭统和下二叠统山西组为本区主要含煤地层。共含煤 11 层，总厚 11 米，含煤系数为 12%。太原组共含煤 7 层，其中 7 号、8 号、9 号煤为主要可采煤层，山西组共含煤 4 层，其中 2 号、3 号煤为主要可采煤层。矿区各煤层煤种以瘦煤和贫煤为主。山西组多为瘦煤和贫煤，有少部分焦煤。太原组多为贫煤，其次为瘦煤。各煤层由南向北，由西向东灰分逐渐增大。太原组各煤层硫分和灰分含量都较高，但洗煤后灰分含量逐渐降低。均以动力煤为主。

（3）重点企业

西山煤电集团公司、西山煤电集团公司东曲矿。

12. 晋城矿区

（1）概况

晋城矿区位于沁水煤田南部，行政区划除北端少部分地区属于长治市管辖外，绝大部分范围属于晋城市管辖，矿区东界以高平普查区东界为界，西至寺头断层，南起晋城—阳城一线，北与长治矿区南界相接。矿区总面积3300平方千米。矿区内东有太焦铁路，西有侯月线，两线向北可与同蒲、石太线沟通，向南可接京广、焦枝干线。区内公路纵横交错，交通十分便利。

全区地形西北高、东南低，为低山丘陵区。西部有沁河，东部有丹河。全区最高点位于尹候山，海拔1154米，最低点位于沁河河床，海拔490米，最大相对高差667米。矿区水源有新生界潜水、煤系地层层间裂隙水、奥灰岩溶裂隙水。电源主要取自晋东南电网。

（2）地质特征

除较大断层作为井田自然边界外，井田内断裂构造较少。区内地层走向总体为NNE向，倾向NW，各井田构造多以宽缓的连续褶曲为主，并伴有短轴背、向斜，地层较为平缓，倾角一般小于10°。

含煤地层为二叠系山西组和石炭系太原组，厚141米，共含煤7～11层（山西组1～3层，太原组6～8层），煤层总厚13.5米，其中全区或局部可采煤层有6层，主要可采煤层为3号、9号、15号。除北部赵庄详查区有部分贫煤外，其余皆为无烟煤，其中3号煤为低灰、低硫、高发热量优质无烟煤，9号、15号为中灰、中富硫、高发热量无烟煤。

区内煤层开采技术条件简单。煤层倾角一般小于10°；井田内断层较少，岩层裂隙不发育；矿井水文地质条件简单；矿井瓦斯含量有东部低、西部高、上部煤层低、下部煤层高的规律，其中沁河两岸为高瓦斯区；矿区内煤尘无爆炸性；煤层不易自燃。

（3）生产与建设

区内现有大型煤炭洗选厂3个，洗煤能力910万吨/年。自备电厂2座，总装机容量4.8万千瓦，并网容量3.6万千瓦。潘庄矿（潘1、潘2）煤层气资源丰富，蕴藏量240亿立方米以上，能利用95%以上。1996年已完成3口气井，所产气发电240千瓦。

13. 离柳矿区

（1）矿区概况

离柳矿区位于山西省西部河东煤田中段，在吕梁地区的离石、柳林、中阳等县境内。矿区分为离石、柳林两个区，总面积 1640 平方千米。离石区南、北、东均以煤层露头为界，西至炭窑沟断层—朱家店断层，南北长 45 千米，东西宽 4 ~ 12 千米，面积为 300 平方千米；柳林区东以煤层露头为界，西至黄河及煤层埋深 1500 米等深线，南起暖泉河，北至湫水河，面积 1340 平方千米。矿区交通较为便利，太（原）—军（渡）—绥（德）国家级公路从东向西横穿矿区；孝（西）至柳（林）铁路已建成通车，与南同蒲铁路在介休站接轨，为煤炭外运提供了便利条件。矿区地处吕梁山西麓，属于中低丘陵和黄土高原，地势东北高，西南低，沟深坡陡，地形较为复杂，地面标高 650 ~ 1280 米。区内三川河年平均流量 5. 34 ~ 9. 54 立方米/秒，是矿区主要供水水源。

（2）地质特征

矿区地处吕梁山隆起西翼，总体上为南北、向西倾斜的单斜构造，但次一级王家会隆起又把它分割为离石、柳林两个区。东部离石区为一狭长的离石中阳向斜，地层倾角西陡（ >30°）东缓（ <10°）；西部柳林区为一宽缓的单斜构造，地层倾角一般 5° ~ 10°。区内主要含煤地层为石炭系上统太原组和二叠系下统山西组，共含煤 10 ~ 13 层，编号自上而下为 1 ~ 13 号，总厚度为 17. 75 米，主要可采煤层 5 层。煤类以焦煤为主，肥煤、瘦煤次之，煤的变质程度自上而下逐步加深。4 号、5 号煤层属特低硫、低硫、中灰煤，8 号、9 号、10 号为低硫、中灰煤。区内煤层赋存较浅，倾角较小，开采条件有利，但由于矿区地处山区，地形复杂，工业场地选择受到一定限制。煤层瓦斯含量相对较高，深部井田多为高沼气矿井，煤尘具有爆炸危险，煤层不易自燃，水文地质条件简单。

14. 阳泉矿区

（1）概况

阳泉矿区位于山西省沁水煤田东北边缘，地跨阳泉、寿阳、昔阳、和顺等市县，面积 2592. 4 平方千米。石太电气化铁路横贯矿区中部，矿区距离太原 119 千米，距石家庄 112 千米；正在修建的阳泉—涉县铁路由矿区南部通过；矿区铁路专用线均与石太铁路相接。太旧高速公路横贯矿区，并与省外高速公路相接，交通条件极为便利。本区山势陡峻，沟谷纵横，为低山丘陵区，地势为西北高，东南低，最低点位于阳泉市区，标高为 660 米，最高点位于西北担山，标高1373米，最大相对高差713米。矿区电源主要来自娘子关电厂，其次为生产矿井自办热电车间。矿区水源主要是娘子关泉水和区内开发的奥灰水，其次为地表水和矿井水。

（2）地质特征

矿区总体上为一个向西南倾斜的平缓单斜构造，地层倾角一般为6°～10°。次一级构造以短轴平缓波状褶曲为主，北部褶曲轴多为东西向，南部以北北东向为主，区内断层稀少，陷落柱发育。矿区含煤地层为二叠系山西组和石炭系太原组，总厚平均为176米，共含煤层14层（山西组4～6层，太原组9～12层），煤层总厚为16.8米，其中可采及局部可采煤层7层，主要可采煤层为3号、12号、15号煤层。区内煤种以无烟煤为主，北部盂县地区局部有焦煤和瘦煤，西部有少量贫煤。煤层开采技术条件中等。煤层倾角一般在10°左右，区内断裂构造不发育，陷落柱较多，水文地质条件简单。主要可采煤层顶板为细、中砂岩和砂质泥岩，底板为泥岩。矿井瓦斯除四矿为低沼气井外，其余皆为高沼气井；3号煤并有瓦斯突出现象。3号煤、12号煤具煤尘爆炸危险性，15号煤有自燃发火倾向。

总之，山西省煤炭资源不仅储量大、分布广泛，而且还有煤类齐全、煤质良好、开发条件较好，大多宜于地下开采。煤田总体地质构造复杂程度属简单偏中等，主采煤层厚度稳定，浅部大部分煤层多为低瓦斯矿井，具有大规模开发煤炭基地的优越资源与地质条件。此外，与煤共生、伴生矿产多，部分可供综合利用。山西省含煤地层中，共生或伴生矿产有硬质黏土、高铝黏土、铝土矿、硫铁矿、高岭岩等矿产，这些伴生矿产在部分地区富集，具有开采利用价值。此外，与煤共生并以吸附态为主赋存于煤体中的煤层气极为丰富，资源量约为10.39万亿立方米，约占全国总量的1/3，其中超过七成埋深小于1500米，资源优势突出，开发潜力好。这一系列特点及优势，使得山西的资源优势更加突出。

（二）煤炭矿区碳排放源构成分析

由于受到矿业生产特殊规律的影响，矿区属于典型的生态脆弱型＋资源型社区，其发展既有别于农区、林区、牧区、湿地等自然或半自然生态系统，也不同于现代化的大区域。矿区低碳经济就是以降低CO_2和CH_4气体排放为目标，建立低碳生产系统、低碳技术体系和低碳产业链，实现高碳能源的高效利用和低碳化排放，包括分析找出碳排放源、进行碳排放量化计算，构建与分析低碳经济（产业）模式量化综合评价体系，提出碳减排途径、制定出低碳政策、开发利用低碳技术和产品，最终形成矿区低碳经济（产业）结构和模式。

1. 化石燃料消耗引起的碳排放

地下开采煤矿的能源消耗种类除电能消耗外，还包括一定量的化石燃料，以原煤、汽油、柴油及煤油等为主。煤炭是一种混合物，有机质元素主要是碳，其次是氢，还有氧、氮和硫等。由于含碳量非常丰富，煤炭的燃烧会排放大量的 CO_2。石油里的主要元素碳含量为 83% ~87%，从而造成了的 CO_2 的大规模排放。所以化石燃料消耗引起的温室气体的排放也是主要的排放源之一。虽然地下开采煤矿的原煤、汽油、柴油用量较少，但为了保证碳排放计算体系的完整性，应将其计入其中。

2. 温室气体的逸散排放

煤炭矿区温室气体的逸散排放指在煤矿采掘、加工、存储和运输过程中，温室气体有意或无意的释放。在煤炭矿区逸散排放中，煤层气（主要是 CH_4 和 CO_2）为主要的温室气体来源。地下煤矿逸散排放主要包括：

采中排放：煤炭开采期间破碎煤层与周围层存储气体的排放；

采后排放：在煤炭的后续处理、加工和输送期间产生。已采出的煤，一般还会继续排放气体，不过比煤层破碎阶段的排放慢；

废弃矿井排放：采掘停止后，废弃煤矿可能还会继续排放气体；

CH_4的回收及燃烧：CH_4的回收利用和燃烧会减少温室气体的排放。

3. 非受控燃烧造成的碳排放

地下开采煤矿的非受控燃烧包括煤和煤矸石的自燃。煤的主要成分是炭，和空气接触时氧化，氧化时散发热量，若此时空气流通，热量就会很快散失。一旦空气不流通，热量聚集到一定程度，煤层就会产生自燃，而且煤炭在堆存期间有可能会出现自燃。煤矸石是在开采和洗煤过程中排出的固体废物，是炭质、泥质和砂质页岩的混合物，具有低发热值，含碳 20% ~30%。目前地下开采煤矿中煤矸石的利用率还难以达到 100%，煤矸石长期堆放会有温室气体逸散，而且煤矸石也会产生自燃。这种非受控燃烧向大气排放了大量的温室气体。此类排放在国内各煤炭矿区有明显的差异性，排放量计算须建立在大量调查研究的基础上。而且由于不同矿井煤和煤矸石自燃量不同，应以各个矿井的煤及煤矸石自燃量为基础进行统计计算。

4. 煤层气、煤矸石与煤泥发电产生的碳排放

煤层气的主要成分为 CH_4、O_2、N_2 和少量的 CO_2，影响温室效应的气体主要是 CO_2 和 CH_4，虽然 CH_4 的总排放量远小于 CO_2，但其对温室效应造成的影响却不容忽视。CH_4 的温室效应为 CO_2 的 24.5 倍，对臭氧层的破坏程度是 CO_2 的 7 倍多。因此，如果煤层气未进行利用直接排向大气中，其温室效应是巨大的。所以目前利用煤层气发电可以避免煤层气溢散造成的温室气体的排放，但是煤层气燃烧发电本身也会排放一定的 CO_2。同样煤矿用煤矸石和煤泥混合发电，煤矸石和煤泥的燃烧也会产生一定量的温室气体，也是排放源之一。

5. 电能消耗引起的间接碳排放

煤炭生产过程复杂，生产环节多，电能消耗环节多、耗电量大，既生产能源，又是耗能大户，其电耗成本占其生产成本相当大的比例，是国家确定的九大重点耗能行业之一。煤矿在消耗电能时会引起大量的温室气体排放。由于火力发电厂生产单位电能都会产生一定量的温室气体，因此在计算煤炭矿区温室气体排放量时必须将其所消耗电能的温室气体排放量包含在内。

（三）矿区低碳规划方向

作为资源依赖型经济结构，山西的经济增长主要以煤炭的生产和使用来进行推动，虽然近年来，CO_2、SO_2 和固体污染物的排放量有所下降，例如，按照节能减排的规划，2007 年 GDP 综合能耗下降 5.6%，2008 年再下降 6.6%；2007 年山西省二氧化硫排放量控制在 137.2 万吨，较 2005 年削减 9.5%，减排量 14.4 万吨，2008 年再降低 4.5%；化学需氧量排放总量控制在 36.34 万吨，较 2005 年减排 6%，减排量 2.33 吨，2008 年再降低 3.62%。但山西的碳强度仍然明显高于其他省区，2009 年山西 GDP 占全国的 2.2%，能源消耗却占 4.3%，万元 GDP 的 SO_2、CO_2、烟尘、粉尘排放分别是全国平均值的 2.61 倍、1.23 倍、3.47 倍和 3.72 倍。与此同时，资源开采也造成了环境污染和生态恶化。据《2006 年中国可持续发展战略报告》，山西区域环境水平在全国排第30位（倒数第二），区域生态水平在全国排第27位（倒数第五），区域环境支持系统在全国排30位。空气污染使山西各类呼吸道疾病、肺癌、哮喘等发病率明显高于其他地区，城乡肺癌发病率和死亡率较20世纪70年代上升了30%～50%。据保守测算，山西煤矿企业尘肺病职工约有6.5万人，其中国有重点煤矿企业约为2.14万人。目前山西省采空区面积5000平方千米，引起严重地质灾害的区域在2940平方千米以上，每年新增塌陷区面积约94平方千米，山西省平均每开采1吨煤造成水土流失影响面积约为245平方千米，损耗2.48吨水资源。同时水污染形势严峻，在环保部门监测的102个断面中79.4%受到不同程度的污染，其中重度污染的断面占58.8%①。因此，这种高能耗、高污染的粗放增长已经不符合国际形势和国家政策，而且代价高昂，而节能减排、发展低碳经济、生态经济的首要前提和根本出路就是转变资源依赖型的经济模式。

矿区低碳发展规划的指导思想：提高瓦斯利用率，包括扩大瓦斯发电，扩大瓦斯民用。瓦斯利用率的提高可以大幅度降低碳排放；煤矸石数据仅统计了用于发电部分的碳排放，堆放部分未计算，但实际上堆放部分的碳排放量也很大。提高煤矸石利用率对于降低碳排放也具有很重要的意义；开展节能减排活动，减少用电量等。将其归纳为五种途径：①煤炭清洁利用；②煤层气回收利用；③废弃物综合利用；④节能技术，主要包括无功补偿、变频调速和绿色照明等；⑤煤炭高效发电技术。煤炭矿区碳减排规划方向见图3－1。

（四）山西省矿区低碳发展关键

1. 创建煤炭产业低碳技术的支撑体系

加大煤炭产业低碳技术的研发力度支持煤炭产业低碳技术的研发，首先，应该构成政府和社会共同投入研发资金的体系，降低企业自主研发的风险，鼓励企业抛开资金包袱全力开展低碳技术研发；其次，应引导企业和大学、研究所合作，成立山西低碳经济研究院，建立煤炭产业低碳发展研究实验室，共同研发低碳技术。

---

① 高建民. 走出能源基地和老工业基地创新发展的路子［M］. 太原：山西人民出版社，2008.

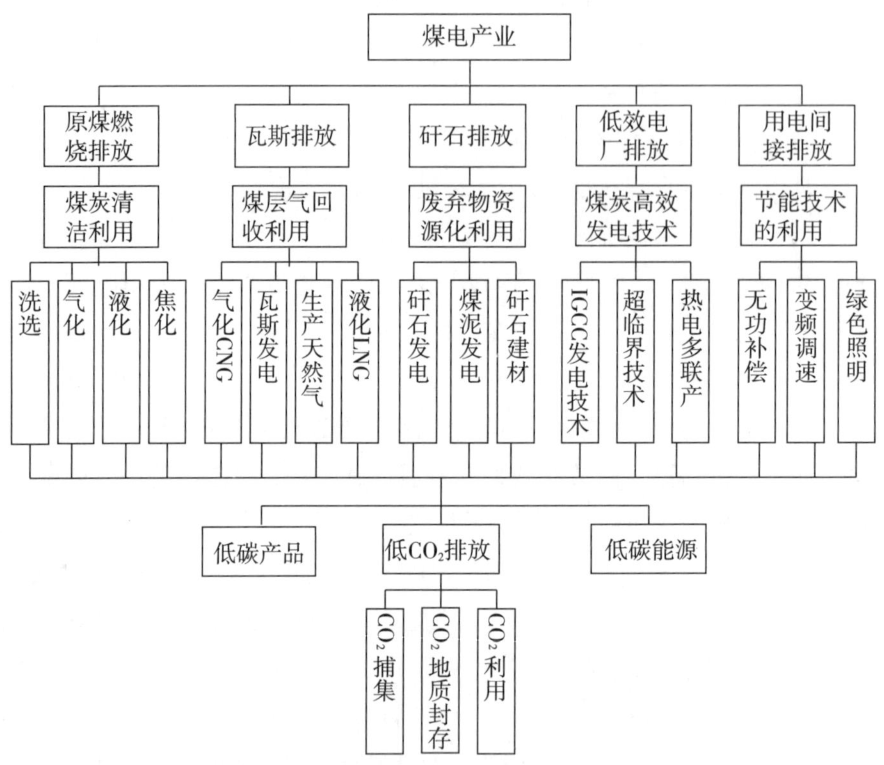

图 3－1　煤炭矿区碳减排规划方向

山西煤炭产业的低碳技术研发应主要从煤炭开采、加工、燃烧、转化、污染控制这五个领域进行。2008 年的 16 万吨煤基合成油示范项目在山西潞安集团启动，这是山西低碳技术领域的重要一步，该示范项目包括了煤炭气化、煤气净化、铁基浆态床、钴基固定床和合成油品精炼等项目，是山西煤炭产业低碳发展的一次重要尝试。同时，山西近年来在煤炭焦化方面有研究积淀，短期内可将煤炭高温干馏焦化作为研究低碳技术的重点。另外，煤炭气化近期内也应是洁净煤技术发展的重点，鉴于目前山西在煤炭气化多联产领域取得的成就，凭借雄厚的科研实力，未来研发出成果的概率很大。

2. 推动煤炭企业洁净煤技术产业化

2010 年 2 月山西出台了《煤炭基地清洁生产的路径选择——洁净煤技术应用与低碳发展》，将洁净煤技术列为重点。大力推广洁净煤技术，有望引导山西煤炭产业的低碳发展，使山西成长为洁净煤技术第一大省。

山西煤炭产业推广应用洁净煤技术，有利于降低煤在能源消费中的比重，提高煤炭利用率的同时减少污染物排放。按照山西“十二五”能源规划，2011 年煤炭企业将减至 150 户，到 2015 年产能在 1000 万吨和 500 万吨的大型煤炭企业减少至 60 户，这项规划的按期实施将有力支撑洁净煤技术的推广。

3. 构建煤炭产业低碳发展的综合评价指标体系

构建综合评价指标体系是煤炭产业低碳发展从理论探讨进入实际操作的前提，该体系应量化煤炭产业的煤炭消耗量、排放量、利用效率等方面，“十二五”规划中我国将要增加十项指标，其中涉及节能减排方面的就有六个，这些指标的确立已为我省煤炭产业的低碳发展提供了指标体系的大框架。2011 年 1 月广东率先出台了《广东省应对气候变化方案》，指出具体行业应实行具体指标，山西省有必要在国家关于节能减排的指标体系框架下，在深入分析山西煤炭产业的产业结构调整、能效措施以及政策措施的基础上设立煤炭产业的综合评价指标体系，这样才方便煤炭产业低碳发展政策的实际操作。

4. 加强政府引导，探索形成碳交易机制

《联合国气候变化框架公约》和《京都议定书》建立的清洁发展机制（CDM），为碳交易开辟了绿色通道。碳交易包括前期开发、碳资产开发、碳资产项目管理三个阶段。

2010 年 10 月 21 日《国务院关于加快培育和发展战略性新兴产业的决定》中首次提到，我国要建立和完善主要污染物和碳排放交易制度，碳市场交易使得山西煤炭产业的节能减排获得发展契机，对碳排放量较大的煤炭企业来讲，如果能成功注册一个 CDM 项目，不仅可以达到减排目的，还可以通过出售减排数来获得额外收入。山西需要节能减排的企业众多，碳交易市场的发展前景是非常广阔的。因此，山西可以探索建立碳交易市场，从事碳减排量的估算、核定和碳排放源识别等研究，探索适合我省的碳交易市场模式。但目前我国的碳交易大环境是 CDM 缺乏资金支持、开发风险大、中介市场不成熟，因此，山西探索碳交易市场之前应开展政策和制度论证，做好全面的可行性研究。

首先，山西省应建立强制减排、总量控制和统一的交易机制。该机制是碳市场发挥作用的关键。强制减排与总量控制是碳排放权稀缺性的保证，是碳交易的基本条件。而防止碳泄漏的最好措施是建立统一的规则。由于目前经济体系对碳基能源的依赖，减排影响到所有经济主体的成本结构，因此碳交易机制实际上是市场经济制度的一个重要组成，是配置资源的基础制度，在一个经济体系内部搞区域碳市场不符合经济逻辑。根据欧盟的经验，我国必须建立全国统一的碳市场。

其次，要合理利用碳补偿机制。碳补偿机制可以降低减排成本，推动非机制部门的减排，是减排目标和减排成本之间合理平衡的一个关节点。山西省应该建立相应的碳补偿机制，尽快推出碳补偿的标准，确定项目范围。项目合格性标准，以及减排主体使用补偿数量的限制，在发挥碳补偿降低减排成本的同时，避免碳补偿对减排主体内部减排的过度替代。

5. 开发无碳和可再生能源

山西省拥有丰富的太阳能、水能、风能、地热能、生物能等可再生能源①。太阳能辐射总量仅次于青藏高原和西北地区，是中国光能资源高值区；水资源可开发量为 1782.7×10^4kW；风能资源较为丰富，可开发量为 795.9×10^4kW。据 2005 年调查测算：山西省农业生物质资源、森林生物质资源及人畜粪便资源三类主要生物可提供的能源资源折合标准煤分别为 400×10^4吨、137×10^4吨和 120×10^4吨，总计达 657×10^4吨。山西可再生能源的开发利用具备了一定的基础和实力。在以沼气为主的可再生能源方面取得了一定的成就，在风能开发利用方面也迈出了新的步伐，规划到 2010 年，建立 10～15 个 5×10^4kW 的试点风电场；到 2015 年，拟建立 3～5 个 10×10^4kW 及以上的风电场作为大型示范风电场，同时，新建若干个 5×10^4kW 规模的风电场。到 2020 年，风电装机容量达到 230×10^4kW，使风力发电规模化、商业化运行。加大投资，开发山西无碳和可再生能源对改善能源结构和碳排放强度，降低对煤炭一次能源的依赖、转变经济增长方式、改善环境、实现可持续发展具有巨大的贡献。

四、农业区域低碳规划

农业生产的本质，是利用光合作用，将 CO_2 转化为有机碳的过程。这一

---

① 曹海霞，连璞，韩灵翠．加快发展山西可再生能源产业［J］．中国能源，2007，29（12）：40－45.

过程包含了温室气体减排中的两大关键技术，即可再生能源和碳捕获、利用与封存（Carbon Capture Use and Storage，CCUS）技术。在温室气体减排的情境下，CO_2是一种重要的污染气体；但对农业生产来说，CO_2则是重要的营养物质，CO_2浓度的提高能显著提高农作物的产量。农业生产的这一特征使农业在全球的温室气体减排中具有极其重要的战略地位。在碳排放空间高度约束的情况下，农业的发展必须突破传统农业的发展思维，将农业发展成为重要的可再生能源产业、重要的 CCUS 产业，并成为国民经济低碳发展中的战略性产业，进而推动国民经济的长远发展。在气候变化背景下，农业有望成为推动国民经济持续发展的关键性产业。为了减缓气候变化，将未来的增温幅度控制在一定范围内已经成为国际共识。无论增温幅度控制在何种程度，碳排放空间无疑将成为一种重要的稀缺资源，并成为与劳动力、土地、资本同等重要甚至更为关键的生产要素。在此背景下，与其他部门相比，低化石能消耗和高碳生产率的特征使农业具有重要的竞争优势。

（一）低碳农业的概念及特征

低碳农业主要是通过增强农业的碳汇能力，同时减弱其碳源能力，以使农业温室气体净排放不断下降，最终实现大气温室气体浓度下降的目标。农业温室气体的产生主要来源于投入品使用、耕作、养殖业及废弃物处理等。农业碳汇主要来源于耕地、林业、草地、湿地等资源，它们具有吸收存储CO_2、CH_4等温室气体的能力。

低碳农业的概念。吴一平等认为，低碳农业就是以低消耗（能源、资源）、低污染（环境、产品）、低排放（废弃物等温室气体）为基础的现代农业，实质是能源、资源利用高效率和清洁能源结构以及清洁生产问题，核心是能源、资源利用技术创新、制度创新和人类发展观念的根本性转变。张全国强调，低碳农业是一种现代农业发展模式，通过技术创新、制度创新、产业转型、新能源开发利用等多种手段，尽可能地减少能源消耗，减少碳排放，实现农业生产发展与生态环境保护双赢。而且进一步解释，低碳农业是生态农业、绿色农业的进一步发展，不仅像生态农业那样提倡少用化肥农药，进行高效的农业生产，而在农业的能源消耗越来越多，种植、运输、加工等过程中，电力、石油和煤气等能源的使用都在增加的情况下，低碳农业更注重整体农业能耗和碳排放的降低。许广月则从农业与温室气体排放的关系、农业的功能、农产品的生命周期等方面对低碳农业的内涵进行了全面分析，指出低碳农业是在低碳经济背景下出现的以低能耗、低物耗、低排放和低污染为特征，以提高碳汇能力和减弱碳源能力为突破口，统筹经济功能、生态功能和社会功能，在整个生命周期内进行低碳化设计的资源节约型和环境友好型农业形态。

梁龙等认为，完整的低碳农业应该具有以下几个特征：它是一个自然生态系统光热资源利用最大化、外源性投入最优化、资源循环高效利用的开放性系统；是一个高固碳、高中和、低能耗、低污染、低排放的“两高三低”的高技术集成系统；它是一个从原料开采、农资生产，到农业生产，再到产品使用和废物处理的全生命周期过程；它是安全型系统，必须采取多种措施，将农业产前、产中、产后全过程中可能对社会带来的不良影响降到最低限度。吴一平等则认为，以农业多功能为核心的低碳农业具有三个特征：①实现经济规律和自然规律的统一。低碳农业必须在符合经济规律的基础上，遵循生态平衡自然规律的要求，实现经济、社会和环境的和谐统一。②完善以农业为核心的产业链。农业多功能性，随着现代科技和经济的发展，农业与其他部门的结合空前紧密，迅速形成互进互动的一体化生产体系，进而使得农业和其他产业联系更加紧密形成良性循环。③低碳农业的多目标性。农业生产方式的绿色化，农业投入的高效化，使得现代低碳农业的整体收益较之传统农业迅速提高，可以满足社会、经济和环境等多重目标的需求。

（二）农业的温室气体排放

与其他生产部门不同，农业部门除了能源消耗带来的 CO_2 排放外，其他种类的温室气体排放数量显著，途径多样。政府间气候变化委员会（IPCC）发布的针对农业温室气体排放清单主要包括：土壤的 N_2O 排放；土壤施用石灰和尿素（氮肥）的 CO_2 排放；水稻种植的 CH_4 排放；有机耕作土壤中的 CO_2 和 N_2O 排放；反刍牲畜肠胃发酵的 CH_4 排放；粪便管理系统中的 CH_4 和 N_2O 排放；生物质燃烧的 CO_2 排放和非 CO_2 排放。

2009 年，中国农业总计排放温室气体 158557.3 万吨 CO_2 当量，比 1980 年增长 52.03%，年均增长 1.46%。其中。CH_4 排放 1864.97 万吨，相当于

39164.32 万吨 CO_2，占总排放的 25%。NO_2 排放 266.68 万吨。相当于 82670.24 万吨 CO_2，占总排放的 52%；CO_2排放 36722.74 万吨，占总排放的 23%。与 1980 年相比，CH_4排放的比重下降了 4 个百分点，NO_2排放比重保持不变，CO_2排放比重上升了 4 个百分点。在 2009 年排放的 CH_4中，水稻生产排放占 36.42%，畜牧生产排放占 63.58%；在排放的 NO_2中，畜牧生产排放占 21.54%，因化肥施用排放占 21.05%，土壤管理排放占 57.41%；在排放的 CO_2中，因能源使用排放占 36.28%，因化肥施用和生产排放占 58.87%，因农药使用排放占 4.1%，因农膜使用排放占 0.8%①。

（三）农业的低碳发展潜力②

农业在中国的低碳发展中具有较大的减排潜力。根据麦肯锡公司的研究结果，2030 年，农林部门技术上可行的减排潜力达 6.4×10^8吨 CO_2-eq，占中国总减排潜力的近 1/10。在农林部门 6.4×10^8吨减排潜力中，农业部门的减排潜力达 2.9×10^8吨。其中，保护性耕作、肥料管理、沼气利用、水稻田肥料管理的减排成本为负，可以产生较大的额外收益，是中国未来温室气体减排的优先领域。

农业在低碳发展中的作用表现在三个方面，即通过农业生产过程中的减排，降低农业生产过程的温室气体排放；通过农业生产活动的调整，增加农业生态系统的碳汇储量；通过生物质能的开发，用低碳能源替代化石能源。

1. 农业具有较大的减排空间

农业在 CH_4、N_2O 等温室气体减排方面具有较大的减排空间。沼渣肥替代有机肥可减少 CH_4排放 $119g \cdot hm^{-2}$，减排率达 30%。农药型和肥料型甲烷抑制剂也能显著抑制水稻田 CH_4排放，可减排 9%～31%。施用化肥是农田 N_2O 排放的主要途径。中国化肥的利用率很低，氮肥的利用率仅为 30%～40%。通过合理的养分配比，改表施为深施、有机肥与化肥混施等可减少肥料损失，提高氮肥利用率，可有效减少 N_2O 排放。通过减少氮肥用量、优化施肥等措施，2030 年中国可减少 N_2O 排放约 546×10^4吨。

---

① 谭秋成．中国农业温室气体排放：现状及挑战［J］．中国人口资源与环境，2011，（10）：69－75.

② 齐晔，李惠民，王晓．农业与中国的低碳发展战略［J］．中国农业科学，2012，45，（1）：1－6.

饲料在肠道发酵过程中会产生 CH_4 排放。提高反刍动物饲料利用率不仅减少了畜牧养殖粮食消耗、减少秸秆焚烧，而且通过推广秸秆青贮、氨化和微贮等实用技术提高秸秆消化率，可减少单个牛羊反刍动物的 CH_4 排放 5% ~10%。

2. 农田生态系统具有巨大的固碳潜力

通过施用化肥、秸秆还田、使用有机肥以及免耕等措施，可增强土壤的固碳能力。据经验模型推算，中国施用化肥、秸秆还田、施用有机肥以及免耕措施对农田固碳的贡献分别为 $4051\times10^4 tC\cdot a^{-1}$、$2389\times10^4 tC\cdot a^{-1}$、$3583\times10^4 tC\cdot a^{-1}$、$117\times10^4 tC\cdot a^{-1}$；如果这些措施得到进一步推广和应用，其固碳能力可达到 $9491\times10^4 tC\cdot a^{-1}$、$4223\times10^4 tC\cdot a^{-1}$、$4138\times10^4 tC\cdot a^{-1}$、$258\times10^4 tC\cdot a^{-1}$。总的固碳能力达 $1.821\times10^8 tC$，占 2008 年中国能源活动碳排放的 9.7% 左右。根据对长期肥料试验结果的统计，施有机肥每年可增加土壤有机碳 $0.53t\cdot hm^{-2}$；有机肥与化肥配合施用后，每年可增加有机碳 $0.58t\cdot hm^{-2}$；秸秆还田每年可增加土壤有机碳 $0.24t\cdot hm^{-2}$。

3. 农业可提供大量的生物质能源

目前中国农作物秸秆年产量 7×10^8 吨以上，可用作能源的约占 50%，薪柴合理年开采量为 2.2×10^8 吨，农业养殖粪便通过技术转换成沼气的资源潜力有 200×10^8 立方米，相当于 1700×10^4 吨标准煤。通过低质土地种植能源作物，以及对自然生长的多种能源植物通过改造育种，也有较大的生物质能源潜力。据测算，中国开发不同能源作物可生产燃料乙醇 1800×10^4 吨，生物柴油 250×10^4 吨，可替代标准煤 2922×10^4 吨，每年可减排 CO_2 6650×10^4 吨。

4. 农业生产经营单位仍有较大节能潜力

为了反映山西农业生产经营单位能耗的基本情况，从 2007 年以来，我们连续对 100 家主营农林牧渔及其服务业法人单位的能源消耗情况进行了调查，并对山西省所有农林牧渔及其服务业生产经营单位的能耗情况进行了抽样推算。这 100 家农林牧渔及其服务业法人单位按主营的种类分：农业 20 家、林业 20 家、畜牧业 25 家、渔业 5 家、农林牧渔服务业 30 家，分别占到 2006 年山西省农业生产经营单位个数（第二次农业普查数据）的 3.0%、2.6%、2.2%、9.3% 和 3.1%。

推算资料显示：2008 年，山西省农林牧渔及其服务业生产经营单位的总能耗为15.0万吨标准煤，占到当年第一产业总能耗227.4万吨标准煤的6.6%，万元营业收入能耗为3.0吨标准煤，大大高于当年万元第一产业增加值能耗0.45吨标准煤的水平。分能源品种看：山西省农林牧渔及其服务业生产经营单位共消耗煤炭16.8万吨、汽油2087.0吨、柴油694.3吨、煤气604.6立方米、电21075.5万千瓦时、沼气23.4万立方米。山西省农林牧渔及其服务业生产经营单位消耗的煤炭、汽油、柴油和电分别占到当年第一产业消耗煤炭、汽油、柴油和电的17.0%、1.7%、0.2%和7.7%。

2009年，山西省农林牧渔及其服务业生产经营单位的总能耗为15.1万吨标准煤，与2008年基本持平，万元营业收入能耗为2.0吨标准煤，较2008年大幅下降。分能源品种看，山西省农林牧渔及其服务业生产经营单位共消耗煤炭16.7万吨、汽油1938.0吨、柴油3322.3吨、天然气3177.0立方米、电19409.9万千瓦时、沼气56.6万立方米，与2008年相比，汽油和电消耗量减少，煤炭消耗量基本持平，柴油和沼气消耗量增加。

随着现代农业的发展，第一产业对能源的需求还会进一步加大。首先，农业机械化水平的不断提高、农机总动力的不断增大以及大棚农作物的快速发展，要求有与之相对应的能源增量做支撑。2009年，山西省农机总动力达到了2655.0万千瓦，是2000年的1.6倍，年均增长4.8%。其次，畜禽养殖越来越走向专业化、规模化，对能源的需求也是有增无减。截至2009年年底，山西省共有畜禽规模养殖户1300余家，其中，猪、牛、羊、禽规模养殖户分别占山西省畜禽规模养殖户的45.5%、6.3%、10.4%和37.7%，山西省共有畜禽养殖单位近1200余个，其中，猪、牛、羊、禽养殖单位分别占山西省畜禽养殖单位的43.2%、22.8%、9.5%和24.5%。2009年，畜禽生产单位和规模户出栏畜禽头（只）数分别占山西省猪、牛、羊、禽出栏总量的22.0%、13.1%、2.8%和30.2%。再次，农林牧渔服务业的发展，也会进一步加大对能源的需要。由于农林牧渔服务业属能耗相对高的行业，它在发展和壮大第一产业的同时，对能源的需要也会随之增加。总之，第一产业的发展，必然会要求有更多的能源作保障。从这方面看，在今后相等长的时期内，维持第一产业低能耗的形势仍然非常严峻，还有许多工作需要我们去做。2009年，山西省农林牧渔及其服务业生产经营单位能源消耗情况具有以下特征：

能源消耗中煤炭和电力“两肩挑”。山西省农林牧渔及其服务业生产经营单位的能耗量按标准煤计算，煤炭、汽油、柴油、电和沼气分别占能源消耗总量的78.8%、1.9%、3.2%、15.8%和0.3%。由此可以看出，山西省农林牧渔及其服务业生产经营单位，除使用少量的沼气外，基本上不使用天然气、煤气等优质清洁能源，消耗的能源以煤炭和电为主，能源消耗结构存在明显不合理性。

农业生产经营单位所处的行业不同，能耗水平也不同。从万元营业收入的能耗看，山西省农林牧渔及其服务业生产经营单位万元营业收入能耗为2.0吨标准煤。其中，农业、林业、畜牧业、渔业和农林牧渔服务业万元营业收入的能耗分别为4.0吨标准煤、1.9吨标准煤、0.7吨标准煤、1.6吨标准煤和8.3吨标准煤。农林牧渔服务业生产经营单位能耗最高，畜牧业生产经营单位能耗最低。农林牧渔服务业、农业、林业和渔业生产经营单位万元营业收入的能耗分别为畜牧业生产经营单位万元营业收入能耗的12.1倍、5.8倍、2.8倍和2.3倍。

农业生产经营单位所处的行业不同，能耗的主要品种也不同。农业生产经营单位消耗的主要能源是煤炭（89.2%）、柴油（4.9%）和电（3.8%）；林业生产经营单位消耗的主要能源是煤炭（82.6%）、汽油（8.8%）和电（4.8%）；畜牧业生产经营单位消耗的主要能源是煤炭（86.8%）、电（8.4%）和沼气（1.8%）；渔业生产经营单位消耗的主要能源是电（43.8%）、煤炭（39.2%）和汽油（9.6%）；农林牧渔服务业生产经营单位消耗的主要能源是煤炭（51.2%）和电（47.3%）。

5%的能耗大户消耗了全部抽中单位50%以上的能源，能源消费比较集中。通过计算，在抽中的农林牧渔及其服务业生产经营单位中，5%的生产经营单位消耗掉2.6万吨标准煤，占到了全部抽中单位能耗总量的50%以上。在这5%的能耗大户中煤、汽油、柴油和电的消耗量占全部抽中单位能源消耗总量的比重分别高达64.3%、36.0%、62.2%和27.2%；10%的生产经营单位消耗掉3.4万吨标准煤，占到全部抽中单位能耗总量的70%以上。在这10%的生产经营单位中煤、汽油、柴油和电的消耗量占全部抽中单位能源消耗总量的比重分别高达79.0%、45.8%、68.2%和58.6%。

农业生产经营单位万元营业收入的能耗差异非常大，具有巨大的节能潜力。在不考虑企业规模和经营状况的前提下，每万元营业收入的能耗，农业生产经营单位，最高为46.0吨标准煤，最低为0.1吨标准煤；林业生产经营单位，最高为26.6吨标准煤，最低为0.1吨标准煤；畜牧业生产经营单位，最高为19.8吨标准煤，最低不到0.1吨标准煤；渔业生产经营单位，最高为3.3吨标准煤，最低为0.6吨标准煤；农林牧渔服务业生产经营单位，最高为32.8吨标准煤，最低不到0.1吨标准煤。

地区不同，农林牧渔及其服务业生产经营单位能耗水平也不同。山西省农林牧渔及其服务业生产经营单位每万元营业收入的能耗为2.0吨标准煤。分区域看，运城最高，达到了7.6吨标准煤，其次为太原市，达到了4.3吨标准煤，最低是吕梁市，为0.1吨标准煤。

（四）山西省低碳农业区域发展规划的意义

低碳农业区域发展规划是以碳消耗、碳排放的现状分析为基础，以社会经济发展和市场需求的趋势作背景，以资源潜力分析为依据，找准低碳农业发展的思路，选准农业结构调整的重点，包括主导产业与辅导产业的配置，制定发展的目标与措施，对一个地区农业发展与农业资源开发项目的设置起纲领性的指导作用，并在发展中滚动补充和进一步完善规划，它可以起到以下几个方面的作用：

1. 进一步开发利用农业资源

农业发展实质上是对农业资源潜力的进一步开发和深层次提高科技含量的再开发。山西省农业资源丰富，但许多资源没有开发，有的资源没有合理开发，有的资源只有很粗放的低级开发，资源潜力有待进一步的挖掘，农业区域发展规划就是要在低碳经济发展的思想指导下，找准新的农业资源开发的切入点，制定新的开发项目，使农业资源重新科学配置，促进农业地域分工和规模化、专业化、商品化农业的发展。

2. 进一步改善农业生产条件，促进农业长期、稳定发展

农业区域发展规划的目的是要提高土地生产率、劳动生产率和经济效益；改善生产条件是提高土地生产率和劳动生产率的基础，在规划中要制定出与发展目标要求相配套的改善生产条件的规划，包括基本农田建设、土地平整与整形、水利建设、土壤配肥、水土保持等方面的建设，促进农业长期稳定发展。

3. 为农民脱贫致富和全面建设小康农村找出可行的途径

低碳农业区域发展规划是农村、农民、农业建设全面小康社会的蓝图，指明建设的目标、途径、重点，使农村经济社会发展建立在预见性、科学性、可操作性强的规划指导下，可以少走弯路，提高农业发展的速度与发展质量。一个地区或一个单位、一个农户的金融资源是有限的，提高资金的使用效率，使投入产出比提高，是农业项目建设和农业发展必须解决的一个问题。通过低碳农业区域发展规划，可以优选出一些符合低碳发展要求的领域和项目，并进一步进行可行性研究，按项目申报、审批程序立项，按实施方案组织实施，在提高农业投入效益的同时，提高经济效益和社会效益。

（五）山西省农业区域低碳布局

山西省虽是农业小省，农业资源却禀赋优良，是全国优质小麦产区，地处玉米黄金生产带，是知名的“小杂粮王国”，黄土高原沟壑区是优质苹果生产基地，雁门关区域自古就有种草养畜的传统，加上丰富的饲草资源、优质玉米，奠定了山西发展畜牧业的良好基础；但同时也存在着诸多问题，如农业生态环境脆弱，农业基础设施不足，农产品产量不定，特色优势发挥不足，科技含量较低，产业化发展缓慢，这些最终影响了山西省农民收入的增长和农村经济的发展。

1. 中部盆地区

包括运城、临汾、太原、忻定、大同 5 个盆地。土地面积为 39915 平方千米，占山西省总面积的 25.5%，总人口 1250.99 万。本区经济、文化和交通运输比较发达，农业“四化”和生产水平较高。山西省 80% 的水浇地、90% 的商品棉、60% 的商品粮和 50% 的商品猪、牛肉生产都集中在这里，历来是山西省的主要农业区。应进一步加强农业基本建设，实行农牧结合，使之成为有平原林网保护的高产稳产农业基地，为城市提供更多的农畜产品。本区分为 3 个二级区，即：

①晋南盆地棉麦牛猪区。本区南到黄河滩，北至灵石，西达陕晋省界，东临太岳、中条山麓，包括永和等 3 个县的全部和平陆等 9 个县的平川部分。土地面积为 15222 平方千米，占山西省总面积的 9.7%。总人口 532.16 万，

是山西省棉花、小麦、烟叶和牛、猪的主产区，是典型的农牧结合地区。区内农田林网纵横，又是泡桐、杨树等速生树木的适生地，盛产柿子、红枣和苹果，可以发展为优质小麦、棉花、黄牛和生猪的生产基地。

②晋中盆地冬麦杂粮城郊农业。本区南到灵石口，北至内长城，西达吕梁山麓，东临东山丘陵，包括太原等22个市（县、区）的盆地部分。土地面积为13316平方千米，占山西省总面积的8.5%。总人口511.79万。区内矿藏资源丰富，乡镇工业比较发达。水浇地比重大，机电设施和化肥投入的基础好，是冬小麦和杂粮的高产区。农区牧业比重大，水果品种多、质量好。本区除继续抓好粮食生产外，还应围绕太原、榆次、忻州等中心城市和汾西、轩岗、太原东、西山煤矿，建立一批城郊型肉奶蛋菜果生产基地。水源不足，水质污染，应是本区兴利驱弊的主攻方向。

③晋北盆地杂粮甜菜城郊农业。本区南到雁门关，北至外长城，西达晋西北风沙丘陵边沿，东临恒山脚下，包括大同等10个市（县、区）的平川部分。土地面积为11376平方千米，占山西省总面积的7.3%。总人口207.04万。区内地势平坦，水源条件较好，农牧生产水平低，潜力大。以煤炭为主的工副业和奶牛发展较快，甜菜生产基地业已形成。围绕大同、平朔工矿区建设城郊农业。

2. 西山地区

北起右玉南至乡宁，包括吕梁山及其两侧的黄土丘陵地区。土地面积为56392平方千米，占山西省总面积的36.1%。总人口390.51万。区内植被缺乏，水土流失严重，土壤贫瘠，生态环境条件差，交通不便，农业“四化”和农业生产水平低下，是山西省贫困县集中的地区。应大力帮贫致富，开展农业基本建设，推行小流域综合治理，加快水土保持林和防风固沙林的营造，为逐步建立若干个牧业、干果和蚕桑生产基地创造条件。本区分为3个二级区。即：

①晋西黄土丘陵水保林草羊牛果树。本区北起偏关县的天峰坪，南与河津、稷山接镶，东至吕梁山麓，西以黄河与陕北为界，包括乡宁等8个县的全部和临县等14个县的丘陵区。土地面积24470平方千米，占山西省总面积的15.7%。总人口213.47万。区内开垦过度，水土流失严重。近年开展了小流域治理，农业生产有发展，但广种薄收，粗放经营状况仍无根本改变。应

继续推广“小流域”治理的经验，营造水土保持林草，建设基本农田，发展以羊牛为主的畜牧业。

②吕梁山水源林牛羊马铃薯区。本区北起内长城，南至交口县的石口乡，东界晋中盆地，西临黄土丘陵，包括宁武等 5 个县（市）的全部和神池等 17 个县（区）的山区部分。土地面积为 17236 平方千米，占山西省总面积的 11%。总人口 29.38 万。本区是汾河、文峪河等黄河水系各支流的源头，为重点水源涵养林区。有关帝、管涔和吕梁等省直林区分布其间。大面积荒坡已植树造林，大片天然草场可放牧牛羊。汾阳核桃、交城骏枣为本区特产，还是山西省优质马铃薯的主产区。应扩大建立以上特产和马铃薯生产基地。有矿藏和干鲜果品的地方，进一步兴办采矿业和果品加工业，增加农民收入。

③晋西北防风固沙林草羊牛胡麻区。本区南起吕梁山麓，北与内蒙古接壤，西至晋西黄土丘陵区界。东到晋北盆地，包括左云等 3 个县的全部和大同市南郊区等 13 个县（区）的风沙丘陵区。土地面积为 14687 平方千米，占山西省总面积的 9.4%。总人口 84.66 万，本区气候寒冷，植被稀少，土壤结构松散，风蚀水蚀严重，气候阴凉，适于胡麻生长。牧业以羊牛猪为主。治理重点应以防风固沙为主，推广林革上山，粮田下川，草田轮作，发展畜牧。巩固发展川坪地区的农田水利，建设有林网保护的基本农田。

3. 东山地区

北起广灵南至垣曲，包括恒山、五台山、太行山、太岳山、中条山及山前丘陵和上党、泽州山间盆地。土地面积为 59959 平方千米，占山西省总面积的 38.4%。总人口 780.17 万。本区为土石山区，农耕地面积比较狭窄、破碎，是山西省降水高值区，水土流失次于西山地区。农业生产水平略低于平川盆地，高于西部山区，有精耕细作的传统，盛产杂粮和特种经济作物。中南部的矿藏资源也较丰富，乡镇工副业也有一定规模。应继续加强耕地整治，封山与造林相结合，加快荒山绿化，改良天然草场。本区分为 4 个二级区。即：

①太岳、中条山水源林牛羊桑蚕区。本区南至晋豫省界，北到晋中盆地南缘，西达晋南盆地，东临晋东南盆地，包括古县等 6 个县的全部和祁县等 16 个县的山区。土地面积为 20441 平方千米，占山西省总面积的 13.1%。总

人口19505万。本区北部气候温和湿润，素称油松之乡。南部为针阔叶混交林区。种植业以小麦、玉米和谷子为主。沿河谷丘陵地带是本省的桑蚕基地。牧场广阔，水草丰盛，宜于发展畜牧业。除主抓林牧业生产外，还应振兴传统手工业，增加工副业比重，加强现有耕地治理，发展小型水利，增加绿肥，培肥地力，提高种植业水平。

②晋东南盆地冬麦线麻城郊农业区。本区南到晋城盆地，北至襄垣县黄土丘陵，西达太岳山麓，东临壶关、平顺县界，包括长治市全部和襄垣等7个县的平川部分。土地面积为3447平方千米，占山西省总面积的2.2%。总人口160.83万。本区“潞麻”已有五百多年的栽培历史，是本省线麻生产基地，也是冬小麦和谷子、玉米重要产区。应围绕长治、晋城两个城市和工矿区，建成城郊型农业区。

③太行山水源林杂粮羊牛区。本区北起滹沱河畔，南至晋豫省界，东与河北为邻，西到晋中盆地和太岳山区接壤，包括阳泉市等12个市（县）的全部和定襄等13个县（区）的山区、丘陵部分。土地面积为24603平方千米，占山西省总面积的15.7%。总人口333.99万。本区以阳泉为中心，是山西省优质煤炭基地之一。区内牧坡广阔，养羊数量居山西省第一，大牲畜饲养量居山西省第二。宜林荒山面积大，现有林木稀疏，林地分散，植树造林潜力大。应围绕阳泉发挥矿产资源优势，增加工副业比重，积累农业资金，建设水源涵养林区、杂粮羊牛生产基地和城郊农业。

④五台山、恒山水源林、牛羊、马铃薯、黄芪区。本区南至滹沱河畔，北接晋北盆地，东至晋冀省界，西接忻定盆地，包括广灵、灵丘全部和应县等5个县的山区。土地面积为11469平方千米，占山西省总面积的7.4%。总人口90.3万。本区是山西省东北部最高山区，素有“华北屋脊”之称。山上有成片天然落叶松、云杉和大片天然草地。主产杂粮、马铃薯和恒山黄芪，五台台蘑为本区特产。五台山佛教圣地是省内重要的旅游资源，应开发为旅游业的基地。

在此基础上，以《山西省农业和农村经济发展“十二五”规划》的区域布局为基础，根据加快形成优势明显、特色鲜明、布局合理、协调发展的优势农产品区域布局，逐步建设现代农业产业体系的要求，对优势产区和优势产品按照粮食、园艺、畜牧三大产业进一步科学布局。山西省现代农业发展的总体布局分为大同盆地、忻定盆地、晋中盆地、上党盆地、晋南盆地和太行山、吕梁山七大特色板块。大同盆地重点建设雁门关生态畜牧经济区，忻定盆地重点发展玉米、杂粮，晋中盆地重点发展蔬菜、水果、花卉等设施农业，上党盆地重点发展玉米、畜牧业，晋南盆地重点发展粮食、水果和蔬菜，太行山、吕梁山重点发展杂粮、林果业。

粮食产业：太行山一带河谷地带及晋北、忻定、晋中盆地重点发展优质玉米生产，晋南盆地重点发展优质强筋专用小麦和复播玉米生产；东西两山及北部高寒区的丘陵区重点发展优质马铃薯和杂粮生产。

园艺产业：在临汾、运城、上党、晋中、忻定、大同盆地城郊区及交通、水利、生态环境好的重点县大力发展无公害蔬菜生产；在太原以南各盆地丘陵区重点发展优质苹果生产，在雁门关以南各盆地边山丘陵区发展优质梨生产。

畜牧产业：依据自然地理的分布特征、农民养殖的习惯和畜禽养殖具有规模效应的县为基础，重点规划发展肉、奶、蛋三大产业带，即大同、忻定、晋中、晋南、上党五大盆地为肉猪、奶牛、蛋鸡产业带，东山为肉牛产业带。晋北、晋西为肉羊、绒山羊产业带。

（六）山西省农业区域低碳规划政策措施

2008 年，山西省第一产业能源消耗总量为 227.4 万吨标准煤，每万元第一产业增加值能耗为 0.5 吨标准煤。第一产业能耗总量比 1999 年减少了 102.3 万吨标准煤，每万元第一产业增加值能耗比 1999 年减少了 1.6 吨标准煤。数据表明，十年间山西第一产业能耗水平有了较大幅度的下降，节能减排工作取得了巨大成绩。但我们不得不承认，山西省第一产业能源利用效率仍然不高，距离“低能耗、低污染、低排放”的要求还有较大的差距。为此，发展山西省低碳农业需在以下几方面做出规划：

1. 积极发展清洁能源，拓宽第一产业能源供给渠道

随着农村经济的发展和农民生活水平的提高，农村和农业对能源的要求将越来越高。受能源供给紧张，能源价格上涨的影响，会有更多的农民消费不起煤等“高级能源”，解决农村能源供应紧张的根本出路在于开发新型农村能源。

一是积极开发洁净的、可再生的沼气能源。开展以沼气为纽带的生态农业建设，将养殖业与种植业科学、合理地结合在一起，通过优化整体农业资源，使农业生态系统内物质多层次利用，能量多级循环，达到高产、优质、高效、低耗的目的。据不完全统计，2009 年年底，山西省拥有畜禽规模养殖户 1300 余户，畜禽生产经营单位 1200 余个，这些养殖户和养殖企业每年都会产生数百万吨的畜禽粪便，如果不及时将这些畜禽粪便合理处理掉，不仅会产生很多无法利用的沼气，排放到大气中，增加大气中沼气的含量，而且也会严重污染农民的生活环境。畜牧业正在成为农业的支柱产业和农民重要的增收渠道，随着建设社会主义新农村和统筹城乡改革的推进，种养业逐步走向集中、集约化，大规模的畜禽养殖场在农村发展势头迅猛。未雨绸缪，防止重蹈一些发达国家和地区曾经出现过的畜禽粪便泛滥成为公害的覆辙，畜禽粪便低碳化处理已经非常紧迫地提上日程。通过发展沼气、制造工业有机肥、能肥综合利用等办法，促进畜禽粪便的资源化、商品化再利用，率先在农业产业园区大型养殖场发展沼气，实现能源自给自足，建设零碳排放农业产业示范园区，都是一些很好的解决途径。那么如何及时处理这么多的畜禽粪便呢？最佳的途径就是充分利用畜禽粪便和秸秆资源，加快农村沼气工程建设，进行综合开发利用，变废为宝。加快农村沼气工程建设，不仅可以改善农民生活环境，而且也为农村新能源发展开辟了广阔天地。正是基于这样的理念，多年来，山西省始终致力于发展农村沼气工程。2007 年，省政府还将建设农村沼气工程列入为民办的十二件实事之一，给予大力支持。经过多年的努力，截至 2009 年 11 月底，山西省已累计发展沼气用户 59 万户；已经建成和正在建设的大中型沼气工程达到了 90 多个。但受农民认识、资金、技术等因素的制约，山西省农村沼气建设的速度还不快，沼气工程利用率还不高，需要我们进一步加强宣传力度，加大财政支持资金，加强技术队伍建设，鼓励和引导农村沼气工程建设再上一个台阶。

二是大力发展农作物秸秆气化及发电、燃料乙醇、生物柴油等生物质能。山西从 2007 年开始在省内 11 个市开展高效低排放户用生物质炉试点建设，2008 年拨款 1.5 亿元，用于新农村建设中以沼气为主的可再生能源建设专项经费，重点支持大中型沼气集中供气工程、秸秆气化集中供气工程和太阳能路灯、太阳能房、太阳能浴室、省柴节煤炉、高效低排放生物质炉等项目。

这一举措极大地提高了山西省农村建设生物质能工程的积极性，仅 2009 年就有 9 个秸秆气化集中供气工程可行性研究报告通过了专家评审，并着手或实施了项目工程建设。截至目前，山西省共建设 50 余处树枝型和秸秆压块型生物质炉设备，已解决近万农户做饭、洗浴、取暖问题，每年可节省煤炭 2 万余吨。

三是充分利用太阳能、风能。通过家电下乡补贴政策等措施，鼓励农民购买并使用太阳能设备。充分利用太阳能、风能资源，通过规划引导、资金支持等措施，新建一批太阳能和风能工程。2010 年 1 月，规划总规模为 40MW 的两个并网太阳能发电项目，在山西正式开工，建成后不仅每年可提供 2407 万千瓦时的绿色环保能源，而且还可以减排二氧化碳约 6403 吨。项目的建设不仅对改善山西能源结构、保护生态环境、促进节能减排发挥重大作用，同时也能有效推动国内太阳能发电工作的全面开展。

四是积极开展科技创新，提高高能耗农业生产经营单位的节能水平。在能源资源约束强化和低成本竞争优势弱化的情况下，只有将增长建立在科技进步的基础上，以尽可能少的投入实现尽可能多的产出，农业生产经营单位才有发展后劲，才能可持续发展。降低农业生产经营单位能耗，根本在于提高农业生产经营单位的能耗管理水平，关键在于实现农业生产经营单位的科技创新。各经济管理部门要根据农林牧渔及其服务业生产经营单位的特点，加强分类管理与指导，建立节能工作责任制，通过做好能源消费统计和效率分析，帮助企业节能减排，要制定和实施农林牧渔及其服务业生产经营单位节能的奖惩制度，通过典型示范，以点带面，促进和带动山西省农林牧渔及其服务业生产经营单位提高管理水平；各农林牧渔及其服务业生产经营单位要从重大节能技术改造入手，积极开展技术创新工作，加快淘汰高能耗、低效益的农业生产设备，最大限度地提高能源利用效率，提升高能耗农业生产经营单位的节能能力，逐步形成“资源—产品—废弃物—再生资源”的循环农业方式。

2. 实施循环生产机制

农业是国民经济的基础产业和战略产业，对自然资源和环境依赖性很强。低碳农业就是落实科学发展观，建设资源节约型和环境友好型农业生产体系，推进现代农业建设，实现人与自然和谐。农业可持续发展，实施循环生产机制，发展循环经济。循环经济倡导的是一种与环境和谐发展的经济模式；是一种建立在物质和能量不断循环利用基础上的经济模式，要求把经济活动组织成一个“资源—生产—产品—再生资源—再生产”的再生产产业链。

3. 发展林业碳汇

据中国环境科学院考察，目前太原市每年的碳源量是1亿吨，而碳汇只有100多万吨，差距巨大。而且，随着城市小汽车每天以1000辆的速度增加，汽车尾气排放成为第一大碳源。国家“十二五”期间即将实施的单位GDP二氧化碳减排方案，将对各地的碳平衡带来严峻的挑战。结合深化林权制度改革，巩固退耕还林、天然林保护等生态建设的成果，通过增加森林、恢复农村湿地等途径和措施来增加碳汇，实现区域的碳平衡，也是发展低碳农业题中应有之义。严格实行“谁破坏谁修复”的原则，创造性地实行“以煤补林”、“以黑补绿”，要求所有煤矿必须做到挖1吨煤种1棵树，切实保证矿区生态的绿化和修复，森林碳汇能力显著增强。按北方每公顷森林每天可吸收1吨二氧化碳、释放0.73吨氧气计算，朔州市每年可多吸收二氧化碳1130万吨，多释放氧气820万吨。进一步降低农业能耗需要多措并举。

第四章　山西省低碳经济转型绩效评价

第一节　山西省低碳经济发展绩效评价实证分析

一、突变理论

突变理论是法国数学家托姆（R. Thom）于1972年创立的。该理论研究的是从一种稳定组态跃迁到另一种稳定组态的现象和规律。它指出自然界或人类社会中任何一种运动状态都有稳定态和非稳定态之分。在微小的偶然扰动因素作用下，仍然能够保持原来状态的是稳定态；而一旦受到微扰就迅速离开原来状态的则是非稳定态，稳定态与非稳定态相互交错。非线性系统从某一个稳定态（平衡态）到另一个稳定态的转化，是以突变形式发生的。突变理论作为研究系统序演化的有力数学工具，能较好地解说和预测自然界和社会上的突然现象，在数学、物理学、化学、生物学、工程技术、社会科学等方面有着广阔的应用前景。突变理论是用形象的数学模型来描述连续性行动突然中断导致质变的过程，这一理论与混沌理论（Chaos Theory）相关，尽管它们是两个完全独立的理论，但现在突变理论被普遍视作混沌理论的一部分。

尽管突变理论是一门数学理论，它的核心思想却有助于人们理解系统变化和系统中断。如果系统处于休止状态（也就是说，没有发生变化），它就会趋于获得一种理想的稳定状态，或者说至少处在某种定义的状态范围内。如果系统受到外界变化力量作用，系统起初将试图通过反作用来吸收外界压力。如果可能的话，系统随之将恢复原先的理想状态。如果变化力量过于强大，而不可能被完全吸收的话突变（Catastrophic Change）就会发生，系统随之进入另一种新的稳定状态或另一种状态范围。在这一过程中，系统不可能通过连续性的方式回到原来的稳定状态。Thom 的突变理论意味着，系统变化是通过连续性的和非连续性的两种变化模式来实现的。

突变理论以奇点理论、稳定性理论等数学理论为基础的，研究不连续变化现象。由突变理论中突变模型衍生出来的突变级数法广泛应用于多准则决策问题，它对目标的综合评价首先是对评价目标进行多层次矛盾分解，再用突变理论与模糊数学相结合产生的突变模糊隶属函数，由归一公式进行综合量化计算，求出总的隶属函数，从而得出综合评价结果。

二、样本选择及指标设置

尽管山西省实际提出低碳经济转型是在 2010 年，但在 2009 年年底由国新能源完成的《山西低碳经济战略发展规划》已发布了。目标是改变能源结构，实现节能降耗。2010 年，山西把发展低碳经济和绿色经济作为战略取向，从全局高度及早加以谋划、加以推进。实际上山西省早在 2007 年已经开始逐步进行低碳经济转型，因此本书选取山西省 2007—2010 年相关统计资料，根据绩效综合评价系统的目的以及评价系统的内在作用机理，将评价系统分解为由相关主评价指标，包括经济评价指标、技术评价指标、环境评价指标和社会评价指标，然后将主评价指标分解成若干级子指标，并按照倒树状结构进行排列，这样做的目的是为了得到更具体的指标，以便进行量化，分解到可以计量的分指标时，分解就可停止。由于一般突变系统某状态变量的控制变量不超过 4 个，所以相应地各层指标（单指标的子指标）分解也不超过 4 个。对低碳经济转型成熟度分析的指标设置见表 4 - 1：

表 4 - 1　　低碳经济发展绩效评价分析的指标设置

一级指标	二级指标	三级指标	指标属性
低碳转型绩效	经济评价	经济增长率	正向指标
		人均 GDP	正向指标
		第三产业占 GDP 比例	正向指标
		高新产业占 GDP 比例	正向指标
	技术评价	研发投入强度	正向指标
		每万人拥有专利数	正向指标
		环保投资占 GDP 比例	正向指标

续 表

一级指标	二级指标	三级指标	指标属性
低碳转型绩效	环境评价	万元产值能耗	逆向指标
		能源消费弹性系数	逆向指标
		单位 GDP CO_2 排放量	逆向指标
		空气质量优良率	正向指标
	社会评价	平均预期寿命	正向指标

三、指标的无量纲化处理及确定指标体系各层次的突变系统模型

首先对数据进行无量纲化处理，将控制变量的原始数据转化到［0，1］之间，采用下面无量纲化关系式：

正向指标的标准化公式为：$X=\dfrac{X_i-X_{\min}}{X_{\max}-X_{\min}}$

逆向指标的标准化公式为：$X=\dfrac{X_{\max}-X_i}{X_{\max}-X_{\min}}$

结果见表 4－2：

表 4－2　山西省低碳经济发展绩效评价无量纲化处理结果

一级指标	二级指标	三级指标	2007 年	2008 年	2009 年	2010 年	全国平均
低碳发展水平	经济评价	经济增长率	0.8372	0.9194	0	1	0.6994
		人均 GDP	0	0.3017	0.3034	0.6527	1
		第三产业占 GDP 比例	0.0667	0.1	0.35	0	1
		高新产业占 GDP 比例	0.8353	0.8353	0.9529	1	0
	技术评价	研发投入强度	0	0.0426	0.2979	0.1702	1
		每万人拥有专利数	0	0.0452	0.080	0.1727	1
		环保投资占 GDP 比例	0	0.5079	0.8413	1	0.0794
	环境评价	万元产值能耗	0.8701	0.9467	0.9501	1	0
		能源消费弹性系数	0.0526	1	0	0.0702	0.0526
		单位 GDP 废气排放量	0.9588	1	1	0.9381	0
		空气质量优良率	0.2016	0.6258	0.5538	1	0
	社会评价	平均预期寿命	0.8444	0.9556	0	1	0

资料来源：根据中国高新技术产业统计年鉴 2011、山西统计年鉴 2011、中国科技统计年鉴 2011、中国能源统计年鉴 2011、中国统计年鉴 2011 等整理所得

之后，确定指标体系各层次的突变系统模型类型。常见的突变系统模型有四种，即折叠突变系统、尖点突变系统、燕尾突变系统、蝴蝶突变系统。

折叠突变系统模型可表达为：$U(x)=x^3+Ax$

尖点突变系统模型可表达为：$U(x)=x^4+Ax^2+Bx$

燕尾突变系统模型可表达为：$U(x)=\frac{1}{5}x^5+\frac{1}{3}Ax^3+\frac{1}{2}Bx^2+Cx$

蝴蝶突变系统模型可表达为：$U(x)=\frac{1}{6}x^6+\frac{1}{4}Ax^4+\frac{1}{3}Bx^3+\frac{1}{2}Cx^2+Dx$

上述模型中的 $U(x)$ 表示突变系统的一个状态变量 x 的势函数，状态变量 x 的系数 A、B、C、D 表示该状态变量的控制变量。系统势函数的状态变量和控制变量是矛盾着的两个方面。在使用以上模型时通常按照控制变量的重要程度进行排列。如果一个指标仅分解为一个子指标，则该系统可视为折叠突变系统；如果一个指标仅分解为两个子指标，则该系统可视为尖点突变系统；一个指标仅分解为三个子指标，则该系统可视为燕尾突变系统；一个指标分解为四个子指标，则该系统可视为蝴蝶突变系统。

根据表 4－1 指标体系的建立，可知经济评价和环境评价适用于蝴蝶突变模型；技术评价适用于燕尾突变模型；而社会评价适用于折叠突变模型。

四、由突变系统的分歧方程导出归一公式

由上述突变系统的分歧方程导出相应的归一公式：根据突变理论，它的所有临界点集合成平衡曲面，其方程通过对 $U(x)$ 求一阶导数而得，即令 $U'(x)=0$，它的奇点集通过对 $U(x)$ 求二阶导数而得，即令 $U''(x)=0$。由 $U'(x)=0$ 和 $U''(x)=0$ 联立方程组，消去 x，则得到突变系统的分歧点集方程。分歧点集方程表明各控制变量满足此方程时，系统就会发生突变。由此可知：

折叠突变系统的分歧点集方程为：$A=-3x^2$

尖点突变系统的分歧点集方程为：$A=-6x^2$，$B=8x^3$

燕尾突变系统的分歧点集方程为：$A=-6x^2$，$B=8x^3$，$C=-3x^4$

蝴蝶突变系统的分歧点集方程为：$A=-10x^2$，$B=20x^3$，$C=-15x^4$，$D=5x^5$

通过分解形式的分歧点集合方程导出归一公式，由归一公式将系统内各控制变量不同的质态化为同一质态，即化为状态变量表示的质态。它是利用突变理论进行综合分析评判的基本运算式。利用归一公式对系统进行量化递归运算，可求出表征的系统总突变隶属函数值。

在归一公式中，x 及各控制变量皆取0~1范围的数值，称为突变级数。突变级数规定为0~1的数，初始突变级数的绝对值必须按照“越大越好”的原则投入准则模型方可用归一公式计算。

将突变系统分歧点集方程化为突变模糊隶属函数，即如下归一公式：

折叠突变系统的归一公式为：$x_A=A^{\frac{1}{2}}$

尖点突变系统的归一公式为：$x_A=A^{\frac{1}{2}}$，$x_B=B^{\frac{1}{3}}$

燕尾突变系统的归一公式为：$x_A=A^{\frac{1}{2}}$，$x_B=B^{\frac{1}{3}}$，$x_C=C^{\frac{1}{4}}$

蝴蝶突变系统的归一公式为：$x_A=A^{\frac{1}{2}}$，$x_B=B^{\frac{1}{3}}$，$x_C=C^{\frac{1}{4}}$，$x_D=D^{\frac{1}{5}}$

对同一对象各控制变量（如 A，B，C，D），它们之间若不存在明显的相互关联作用，则称该对象各控制变量为“非互补”型，对应的 x 按“大中取小”的原则取值；同一对象各控制变量之间若存在着明显的相互关联作用，则称该对象各控制变量为“互补”型，对应的 x 按平均值法取得。计算结果见表4-3：

表4-3　　山西省低碳经济发展绩效评价归一化处理结果

一级指标	二级指标	三级指标	2007年	2008年	2009年	2010年	全国平均
低碳发展水平	经济评价	经济增长率	0.9150	0.9589	0	1	0.8363
		人均GDP	0	0.6707	0.6720	0.8674	1
		第三产业占GDP比例	0.5082	0.5623	0.7692	0	1
		高新产业占GDP比例	0.9646	0.9646	0.9904	1	0
	技术评价	研发投入强度	0	0.2064	0.5458	0.4126	1
		每万人拥有专利数	0	0.3562	0.4309	0.5569	1
		环保投资占GDP比例	0	0.8442	0.9577	1	0.5308

续　表

一级指标	二级指标	三级指标	2007 年	2008 年	2009 年	2010 年	全国平均
低碳发展水平	环境评价	万元产值能耗	0.9328	0.9730	0.9747	1	0
		能源消费弹性系数	0.3747	1	0	0.4125	0.3747
		单位 GDP 废气排放量	0.9895	1	1	0.9842	0
		空气质量优良率	0.7323	0.9182	0.8885	1	0
	社会评价	平均预期寿命	0.9189	0.9775	0	1	0

资料来源：根据中国高新技术产业统计年鉴 2011、山西统计年鉴 2011、中国科技统计年鉴 2011、中国能源统计年鉴 2011、中国统计年鉴 2011 等整理所得

五、利用归一公式进行综合评价

根据多目标模糊决策理论，对同一方案在多种目标情况下，如设 A_1，A_2，…，A_m 为模糊目标，则理想的策略为 $C = A_1 \cap A_2 \cap \cdots \cap A_m$，其隶属函数为 $\mu(x) = \mu A_1(x) \cap \mu A_2(x) \cap \cdots \cap A_m(x)$，其中 $\mu A_i(x)$ 为 A_i 的隶属函数。对不同的方案 C_1，C_2，…，C_{m}，记方案 C_i 的隶属函数为 $\mu c_i(x)$。由于初始突变级数均为“越大越好”型，因此总的隶属函数也越大越优。对方案 C_i 和方案 C_j，若 $\mu c_i(x) > \mu c_j(x)$，则表示方案 C_i 优于方案 C_j。对各评价对象按其总评价指标的得分大小进行优劣排序。结果见表 4－4。

表 4－4　山西省低碳经济转型绩效综合评价结果

年份	经济评价	排名	技术评价	排名	环境评价	排名	社会评价	排名	综合评价	排名
2007	0.7726	5	0	5	0.9329	3	0.9832	3	0.67218	3
2008	0.8883	1	0.7769	4	0.9932	1	0.9955	2	0.91348	2
2009	0.7840	4	0.8639	3	0.9198	4	0	4	0.64193	4
2010	0.8467	2	0.8692	2	0.9600	2	1	1	0.9190	1
全国（2010）	0.8421	3	0.9449	1	0.5533	5	0	4	0.58508	5

六、结果分析

采用突变方法从经济、技术、环境以及社会四个方面对山西省 2007—2010 年低碳经济转型成熟度进行了综合评价，该方法不采用权重指标，增加了评价的客观性。分析结果表明：山西省自 2007 年提出低碳经济转型以来，经济、技术、环境以及社会维度正在进一步成熟，尤其是 2010 年综合水平较高，并且各年的综合评价均高于 2010 年全国水平，说明山西在低碳经济转型过程中方向正确，手段得当，效果明显。但从综合分析中也发现，山西技术评价明显低于全国水平，尽管山西各年的技术水平有所提升，但仍需进一步加大技术的投入，注重技术创新，发挥其外溢效应。改变山西粗放的经营模式，大力发展高新技术产业，大力挖掘可再生能源等。

第二节　山西省低碳经济转型成熟度评价——与资源型地区比较

一、成熟度理论

成熟度概念来源于 CMMS（Capability Maturity Model for Software），是人们对自己的行为承担责任的能力和愿望的大小。赫塞和布兰查德将其定义为：个体对自己的直接行为负责的能力和意愿。它取决于两个要素：工作成熟度和心理成熟度。工作成熟度包括一个人的知识和技能，工作成熟度高的人拥有足够的知识、能力和经验完成他们的工作任务而不需要他人的指导。心理成熟度指的是一个人做某事的意愿和动机。心理成熟度高的个体不需要太多的外部激励，他们靠内部动机激励。成熟度模型是衡量组织管理水平和能力的一个重要模型，可以定义为描述如何提高或获得某些期待物（如能力）过程的框架，“成熟度”一词指出能力必须随着时间持续提高，这样才能在竞争中不断地获取成功，“模型”是指一个过程中的变化、进步或步骤。该方法更加侧重评价结果的分析、改进和组织取得良好绩效的能力，而不是像一般的绩效评价方法仅强调已经取得的结果。

CMMS 模型以软件过程能力成熟度模型作为成熟度模型的起源，对项目管理成熟度模型的发展产生了深远的影响，CMMS 自 1987 年开始实施认证，现已成为软件业最有权威的评估认证体系，该模型提供了一个框架，将软件改进的进化步骤分成 5 个成熟度等级，分别是初始级、可重复级、已定义级、已管理级和优化级。这 5 个成熟度等级定义了一个有序的尺度，每一个成熟等级为继续改进过程提供一个台阶，每一等级包含一组过程目标。当目标满足时，能使软件过程的一个重要成分稳定。因此用来测量一个组织的软件过程成熟度和评价软件过程能力，除此之外还能帮助组织对其改进工作排出优先次序。低碳经济转型是一个复杂的过程，由于之前没有先例，该转型过程也是一个不断成熟的过程。本书引入成熟度概念对煤炭资源型地区低碳经济转型管理绩效进行评价，也是为了能够确定在低碳经济转型过程中每一个等级目标的完成情况，来测量各地区低碳经济转型的能力，同时帮助各地区改进工作，并排出工作的优先次序。本研究将煤炭资源型地区低碳经济转型成熟度分成未转型期、转型起步期、转型发展期、转型成熟期四个等级目标。各等级目标的标准、表现及特征如下：

未转型期。当突变综合评价分数低于 0.3 时，表明煤炭资源型地区尚未进行低碳经济转型。在此阶段，由于资源尚未枯竭，仍然以资源采选及初步加工为该地区的支柱产业。环境污染严重、社会保障压力大；经济增长主要依靠能源开采。

转型起步期。当突变综合评价分数在 0.3 ~ 0.5 时，表明煤炭资源型地区的低碳经济转型处于起步阶段。在此阶段，由于资源的逐渐枯竭，原来以资源采选及初步加工为支柱的资源型产业以及为服务于资源型产业而配套发展起来的相关产业开始走向衰落；大型资源型国有企业进入转制重组、建立现代企业制度的关键时期；环境治理任务繁重，社会保障压力增大；经济增长速度缓慢。

转型发展期。当突变综合评价分数在 0.5 ~ 0.9 时，表明煤炭资源型地区的低碳经济转型处于发展阶段。在此阶段，资源型企业的转型以及大规模的企业重组工作基本完成，替代产业、新兴产业、高技术产业发展良好，非资源型的新产业集群逐步形成，经济发展速度平稳，环境治理取得显著成效，资本市场、技术市场发育良好，投资环境逐步好转。

转型成熟期。当突变综合评价分数高于 0.9 时，表明煤炭资源型地区的低碳经济转型处于成熟阶段。该阶段转型基本完成了由资源依赖型向创新驱动型的转变，产业结构趋于合理，经济发展与环境保护之间的矛盾得以有效解决，该地区人民生活质量稳步提高，环境友好、资源节约、科学发展的可持续道路已经铺成。

二、样本选择及指标体系的设置

根据国家对煤炭资源型地区的认定，本书在分析时按照我国地理区域的划分，分为中部（山西、安徽、江西、河南、湖南）、西部（内蒙古、广西、陕西、云南、贵州、四川、新疆）、东北部（辽宁、吉林、黑龙江）以及东部（河北、山东、福建）作为样本进行分析。

在指标体系的构建过程中，根据低碳经济转型目的以及突变级数分析方法的要求，在专家调查访问以及采用 SPSS19.0 进行相关性检验的基础上从社会成熟度、环境成熟度、经济成熟度和技术成熟度四个方面设置如下指标体系，见图 4－1。

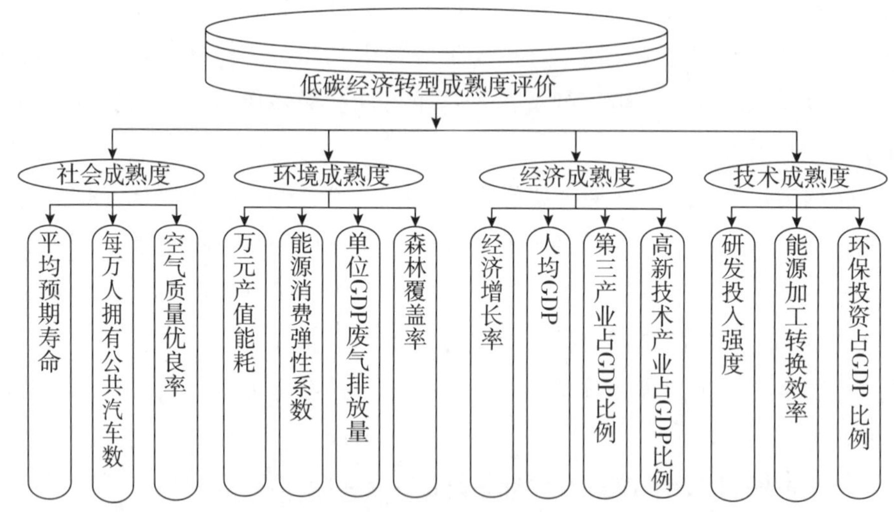

图 4－1　低碳经济转型成熟度评价指标体系

三、实证结果及分析

根据突变级数分析方法，步骤（见本章第一节）及各年统计年鉴，做分析结果见表 4－5 和表 4－6。

表 4-5 煤炭资源型地区低碳经济转型成熟度突变无量纲化处理结果

地区名称		低碳经济转型成熟度													
		社会成熟度			环境成熟度				经济成熟度				技术成熟度		
		平均预期寿命	每万人拥有公共汽车数	空气质量优良率	万元产值能耗	能源消费弹性系数	单位GDP废气排放量	森林覆盖率	经济增长率	人均GDP	第三产业占GDP比例	高新产业占GDP比例	研发投入强度	能源加工转换效率	环保投资占GDP比例
中部	山西	0.78	0	0.38	0	0.49	0	0.17	0.42	0.36	0.29	0.14	0.05	0.70	1
	安徽	0.80	0.16	0.44	0.90	0.57	0.83	0.37	0.63	0.22	0.14	0.4	0.29	0.43	0.68
	江西	0.69	0.13	0.78	1	0.38	0.97	0.92	0.39	0.23	0.20	0.68	0.32	1	0
	河南	0.73	0.13	0.52	0.78	0.55	0.97	0.27	0.24	0.29	0	0.44	0.10	0.55	0
	湖南	0.75	0.55	0.73	0.78	0.45	0.68	0.69	0.39	0.32	0.45	0.39	0.20	0.38	0.15
西部	内蒙古	0.71	0.01	0.84	0.32	0.44	0.52	0.27	0.83	1	0.27	0.11	0	0.89	0.80
	广西	0.81	0.21	0.84	0.86	0.41	0.80	0.82	0.34	0.21	0.23	0.28	0.08	0.13	0.49
	陕西	0.74	1	0.38	0.82	0.52	0.87	0.56	0.73	0.41	0.27	0.48	1	0.60	0.35
	云南	0	0.50	1	0.54	0.58	0.81	0.74	0.68	0.07	0.62	0.11	0.09	0.68	0.12
	贵州	0.23	0.28	0.78	0.04	0	0.57	0.47	1	0	1	0.35	0.07	0	0.07
	四川	0.75	0.49	0.51	0.68	0.42	0.92	0.51	1	0.23	0.19	0.9	0.23	0.45	0.15
	新疆	0.41	0.83	0	0.12	0.60	0.73	0	027	0.33	0.23	0	0.06	0.56	0.37
东北部	辽宁	0.99	0.43	0.76	0.60	0.66	0.81	0.53	0.32	0.83	0.45	0.47	0.60	0.48	0.43
	吉林	0.96	0.50	0.48	0.75	0.60	1.0	0.59	0.71	0.53	0.27	0.54	0.13	0.53	0.23
	黑龙江	0.93	0.55	0.54	0.64	0.66	0.98	0.65	0.34	0.40	0.34	0.15	0.35	0.61	0.41
东部	河北	0.79	0.47	0.42	0.41	1	0.35	0.31	0.10	0.42	0.26	0.21	0.11	0.59	0.48
	山东	1	0.58	0.86	0.81	0.60	0.92	0.22	0	0.74	0.45	0.78	0.53	0.29	0.55
	福建	0.90	0.60	0.76	1	0.51	1	1	0.34	0.75	0.50	1	0.73	0.48	0.12

资料来源：根据中国高新技术产业统计年鉴 2011、山西统计年鉴 2011、中国科技统计年鉴 2011、中国能源统计年鉴 2011、中国统计年鉴 2011 等整理所得

根据表4－5的分析结果以及本书对煤炭资源型地区低碳经济转型成熟度的认定可知：所有煤炭资源性地区已完成低碳经济转型的起步期，进入发展期和成熟期。具体来看：除山西、河南、内蒙古、云南、贵州、新疆六省及自治区处于低碳经济转型的发展期外，其余12个省及自治区已进入低碳经济转型的成熟期。从区域转型情况来看，东部地区和东北部地区全面进入低碳经济转型的成熟期，西部地区转型除了陕西进入成熟期外，全部处于发展期，而东部转型效果较差的有山西省和河南省。这既具有历史原因，也由于该地区“资源禀赋”以及“资源诅咒”双重影响，导致这些地区长期的产业结构单一、技术创新能力低以及环境保护意识差。

表4－6　煤炭资源型地区低碳经济转型成熟度突变综合评价结果

地区名称		低碳经济转型成熟度									
		社会成熟度	排名	环境成熟度	排名	经济成熟度	排名	技术成熟度	排名	综合评价	排名
中部	山西	0.557	17	0.373	17	0.693	10	0.703	7	0.828	16
	安徽	0.747	12	0.845	12	0.708	8	0.737	6	0.917	9
	江西	0.76	11	0.923	2	0.71	7	0.57	15	0.915	10
	河南	0.737	13	0.865	9	0.5	15	0.38	17	0.869	15
	湖南	0.87	6	0.873	7	0.74	6	0.597	13	0.938	7
西部	内蒙古	0.673	15	0.738	14	0.818	2	0.637	9	0.897	13
	广西	0.817	10	0.895	5	0.66	13	0.543	16	0.914	11
	陕西	0.883	4	0.893	6	0.793	5	0.87	1	0.955	3
	云南	0.597	16	0.863	10	0.693	10	0.59	14	0.884	14
	贵州	0.69	14	0.483	16	0.703	9	0.257	18	0.824	17
	四川	0.834	8	0.858	11	0.813	3	0.623	10	0.931	8
	新疆	0.527	18	0.528	15	0.475	16	0.617	12	0.818	18
东北部	辽宁	0.897	3	0.87	8	0.798	4	0.79	2	0.950	2
	吉林	0.867	7	0.903	3	0.813	3	0.62	11	0.939	5
	黑龙江	0.88	5	0.898	4	0.69	11	0.747	4	0.939	5

续　表

地区名称		低碳经济转型成熟度									
		社会成熟度	排名	环境成熟度	排名	经济成熟度	排名	技术成熟度	排名	综合评价	排名
东部	河北	0. 827	9	0. 8	13	0. 628	14	0. 667	8	0. 912	12
	山东	0. 93	1	0. 865	9	0. 67	12	0. 75	3	0. 942	4
	福建	0. 907	2	0. 95	1	0. 833	1	0. 74	5	0. 958	1

转型效果较差的有山西、河南、内蒙古、云南、贵州、新疆六省及自治区。根据上述突变分析的过程和结果，认为：这些地区低碳经济转型的重点在于通过增加低碳环保技术投入实现经济的可持续发展。那么，就要把发展绿色经济上升到国家战略高度，使其成为我国转变高能耗、高物耗、高排放发展模式的重大战略举措。具体来说：要实施积极的能源战略，将“节流”与“开源”并重，一方面要积极推动新能源产业发展，通过技术创新、规模化经营和政府补贴来破除新能源发展的高成本瓶颈；另一方面要深入开展节能降耗工作，通过建立健全激励机制、市场诱导机制及社会配套机制等，提高能源利用效率。

安徽、江西、湖南等其余 12 个省及自治区处于低碳经济转型的成熟期，但仍需在某些方面做出突破。技术成熟度是主要瓶颈，重点是各地区增加研发投入强度和环保投资占 GDP 的比例。

第五章 山西省区域低碳规划保障机制

低碳经济是一项复杂的系统工程，必须着力加强制度、法规和环境等建设，为以低碳经济促进科学发展提供体制机制保障。

一、利益协调机制

受资源禀赋和产业发展的历史惯性影响，一个地区的低碳经济转型会因不同区域的不同转型成本而面临着不同的压力。低碳经济的外部性在相邻区域之间表现更为明显。同样地，高碳经济的负外部性更容易引起邻近区域的各种福利损失。一个地区由高碳经济向低碳经济的转型，不仅意味着一个地区产业结构的优化升级，同时在优化升级的过程中还会带来一系列的社会性矛盾，也就是一个地区的低碳经济转型会因不同区域的不同转型成本而面临着不同的压力，这不仅是一个区域由高碳经济发展模式向低碳经济发展模式转型的矛盾所在，也是区域低碳经济协调发展工作的重点和难点。以区域经济体的异质性为前提，低碳经济发展的外部性利益存在着成本与收益的结构性差异，这必然会引起不同经济活动主体的行为差异性。当低碳经济发展涉及两个及两个以上地方政府行为博弈时，其最优策略是让邻近区域发展低碳经济而自己分享对方发展低碳经济的利益，优先发展低碳经济仅为次优策略。如果没有外在激励措施给予优先采取行动的地方政府以经济补偿，也没有惩罚性措施对不合作者约束，那么低碳经济很难在横向层面的地方政府之间自动生成。因此，产业分工协作机制是区域低碳经济协调发展的保障性机制。由此可见，基于不同地区的比较优势而形成的低碳产业体系以及不同区域之间的分工协作，是跨区域低碳经济协调发展的保障性机制，它涵盖了低碳能源供给机制、低碳能源需求机制和低碳服务咨询机制。

总体上，山西的能源结构以煤炭等高碳能源为主，不同经济区域的能源结构不尽相同，在能源日益短缺的大环境下，煤炭市场属卖方市场，凭借其市场实力，拥有煤炭能源的区域极易将低碳化的成本转移到煤炭净进口区域，造成能源低碳化成本在区域之间非对称分布。低碳能源供给机制建立的目的一是要通过一系列的政策措施促使高碳能源的低碳化，二是要在相应的政策支持下增加清洁能源的供给，改善整个能源供给结构。低碳能源需求机制着眼于能源的节约和节能技术的应用，倡导交通、建筑、工业、农业的低耗性。低碳服务咨询机制既属于第三产业的范畴，也属于虚拟经济的范畴，跨区域的碳交易或建立在碳交易基础上的碳金融，既服务于实体经济的减碳行为，也是区域层面上新的经济增长点，它的发展可以较好地弥补一个区域因低碳转型而造成的经济成本。

在这一机制系统内，它的正常运行客观上要求跨区域的地方政府、企业在跨区域低碳经济协调发展总体战略和目标框架内，在专设机构的协调作用下，根据比较优势的原则，对跨区域的不同区域产业结构进行分析，实行产业集聚和错位发展，在达到低碳经济发展目标的前提下，优化不同区域经济布局，确立主体功能区，从而达到低碳经济发展目标。

同时，要倡导政府、企业（市场）、社会各方的共同努力。区域低碳规划不仅仅是一个技术过程，更重要的是一个不同利益主体间的协调过程。它既是政府行政治理行为，也是公众和企业积极参与的集体行动。区域低碳发展既不同于自由市场经济模式，也不同于政府高度掌控的传统的环境治理模式，而是一种政府同企业（市场）、市民（社会）各方共同参与，相互作用相互发展的模式。它摒弃了政府作为解决公共问题的单一主体的认识，转而强调政府、市场和公民之间形成的互动的三角形关系，即政府需要依靠市场机制以及公民社会的合作来共同解决公共问题。这样的治理架构可以动员更多的资源，争取更多的支持。

在这个过程中，政府是低碳转型的主要力量，产业是经济社会发展的基本力量，也是低碳经济发展的基石。在低碳转型的过程中，需要承担更多社会责任的企业冲在前面，中国最后的变化还依赖于整个中国企业群体全面的跟进和推动。公众通过其消费行为选择产品走向，进而影响企业的生产。因此，纷繁复杂的现代环境下任何一个行动者，不论是公共的还是私人的，都没有解决复杂多样、动态变化的问题所需要的全部信息和知识能力。也就是说，任何一个单一行动者都不会有足够的能力有效利用需要的必要工具、拥有充分行动潜力单独主导一个特定的治理模式。在经济运行中，政府组织虽然是分配资源和价值的主要行为者，但不是唯一的行为者，需要从单独依靠政府能力转变为同时依靠其他行为主体的资源和能力。区域低碳规划是一种“契约式”的公众参与活动，是资源与利益的分配和再分配，必须在政府、市场、社会中建立“三足鼎立”的平衡机制。

国外治理的成功经验表明，政府的作用和干预应该以“有限领域、适度有效、间接控制、经济和法律手段为主”。反映在公共政策领域，区域低碳规划急需从“无所不包、代替市场和直接操控”的模式转变为对公共服务空间配置的多元主体参与模式。因此，山西省区域低碳规划需要在正确处理政府作用与市场机制关系的前提下，积极鼓励区域内第三方（公民和社会组织）参与到区域规划的制定和实施监督过程中来，以改变当前我国区域公共政策领域内的政府单一主导模式，促进政府与市场、社会组织和私人间相互依赖和信任基础上的区域公共政策管理机制体制的建立。通俗地表述就是“大家一起做”，而不是“单单做自己”的传统思维模式。

三方共同为低碳区域目标而努力，这种努力既来自于各方主体本身的功能调整，也来自于各个主体之间相互作用的调整。作为政府，有责任与义务将低碳区域的理念融入区域总体发展规划及其他规划中去，通过产业结构的低碳化生态化调整，不仅要为提倡低碳发展的企业提供技术支持，更要为企业创造相关的低碳融资发展环境。对于市民而言，政府的教育和宣传是他们了解低碳概念的主要渠道，宣传力度和内容直接影响到当代和后一代的市民在低碳区域建设上的兴趣与动力。而在企业和市民之间建立良好的低碳市场需求与产品导向，是低碳区域营建模式依托市场机制发挥作用的重要场所。

最后，应注重与其他发展战略和理念相协调和融合。营建低碳区域是工业化、区域化进程中的一场革命。国际层面上，低碳区域的营建是为了应对全球气候变化，履行全球温室气体减排的责任和义务。国内层面上，低碳区域的营建是我国可持续发展战略具体的实施途径，是与我党和政府提出的建设“两型”（资源节约型、环境友好型）社会的发展方向相一致的。地方层面上，是贯彻落实我国的低碳发展战略，实现地方经济可持续发展的重要举措。低碳区域的营建将加快推动节能减排目标的完成，将成为经济发展方式转变的重要抓手。

为此，应遵循世界自然基金会（WWF）提出的“CIRCLE”原则。世界自然基金会（WWF）提出的“CIRCLE”原则，即紧凑型区域遏制区域膨胀（Compact）、个人行动倡导负责任的消费（Individual）、减少资源消耗潜在的影响（Reduce）、减少能源消耗的碳足迹（Carbon）、保持土地的生态和碳汇功能（Land）、提高能效和发展循环经济（Efficiency）。具体来说：

工业：低碳密集与高能效型生产工艺、高效工业锅炉、先进工业节能技术（钢铁、建材、玻璃、化工等行业）、高效率的电动机、废弃物循环回收利用技术；制定更加严格的能源效率标准、低碳商品标准，减少对高耗能工业的补贴及税收优惠，实施排放贸易，征收碳税、能源税，增加政府补贴、资助，制定法律、法规，制定产业发展战略政策，制定技术研究与开发计划，增加研究与开发投资，建立技术创新机制，新技术示范，调整产品结构，发展高产值低能耗产业产品，实施资源回收利用，实施能源审计和认证，强化能效标准和标识，开展自愿协议，开展国际合作，进行节能和减排温室气体意识建设等。

交通：高级柴油、混合燃料、氢动力、燃料电池、混合动力、纯电动力、先进柴油汽车、公共交通系统和设计规划、生物质燃料；开发利用替代材料和替代能源、可变气门控制系统（VVT）、燃料电池汽车、可再生能源利用技术、悬浮列车、非交通运输的替代方式；增加私车购置使用成本，对新型高效和清洁能源汽车减免税费或提供补贴；实施交通需求管理（TDM），发展非机动交通，通过强制标准或自愿协议提高汽车燃油经济性，大力发展公共交通，提高公众意识等先进的采暖和制冷技术；鼓励采用蓄冷、蓄热空调及普及冷热电联供技术；中央空调系统采用变频调速技术的风机水泵；采用节能节水电器，热泵、太阳能热水器；普及供热计量仪表；建立技术咨询和信息网络；采用户用太阳能系统。

建筑：采用可再生能源利用技术；采用相变材料蓄能技术；采用新型建筑材料；新建建筑物普遍实施节能65%和75%的节能建筑标准，逐年提高建筑节能标准；推广超高能效建筑，可持续（绿色）建筑；建立建筑能源管理系统；实施能源审计；实施需求侧管理（DSM）；对各种电器设备全面实施能效标准和标识制度；制定建筑节能标准；制定家用电器标准等。

能源：整体煤气化联合循环（IGCC）、天然气燃气轮机（NGCT）、天然气联合循环（GCC）、燃气轮机蒸汽轮机联合循环（CCGT）、核能、热电联产（CHP）、分布式发电系统、多联产技术、加压循环流化床（PFBC）、碳捕获和储存（CCS）、生物质利用技术、太阳能发电，近海风力发电、生物质液化、水电开发技术、新型薪炭林技术、深海碳氢化合物、非常规石油、洁净碳技术、生物技术，纳米技术等。

管理：征收能源税和碳税；征收机动车燃料税；征税与自愿协议相结合，鼓励企业参与自愿协议行动；实施温室气体减排行动的企业经济资助；对节能产品实施所得税优惠政策；政府设立节能专项拨款制度，实施政府低碳采购计划、鼓励消费者购买节能和绿色建筑和商品等。

二、网络机制

新区域主义认为，区域中不同利益主体之间横向的合作和交流将会构筑起一个充满机遇和活力的网络。这个弹性的网络有利于经济发展、信息交流、政策调整以及整个区域经济和社会的自我学习和创新。在此意义上，“自发宏观调控的、自下而上的协调合作过程”是新区域主义视野下区域低碳规划制定实施的重要过程机制。其中，在我国现有政治体制框架内，“十二五”区域规划将主要依赖于强化区域内不同等级政府间的横向协调合作网络关系和功能。这一网络多以谋求区域多方共存共荣为目的，以区域性基础设施一体化为基础，以区域市场条件下的产业政策导向为核心，以协调不同行政辖区利益为纽带，主要从功能（物质层面）和制度（社会文化层面）两方面来推动区域共同发展和良性竞争。唯有如此，区域内各个利益主体的权利才能得到充分、合理的体现和合法保障，从而强化和提升区域整体实力。这既不同于完全自上而下的、完全取代机制设计的计划过程，也有别于自下而上的完全自由化过程。

为了避免市场失灵和政府失灵，依据空间治理理念和网络化决策机制理念，制定和组织实施我国“十二五”区域规划，需要积极探索和大胆创新。其中，以区域内各城市及其周边城镇为主要依托载体，发挥它们推动实现区域空间发展目标的关键作用，在组建多种（公私）伙伴关系基础上，不同政府组织间的网络关系联盟及其与各类社会组织间的合作网络、进一步促进形成制定和实施区域规划的网络化机制已经是当务之急。当前，根据我国行政管理体系架构的实际情况，特别是要建立中央政府与地方政府的纵向协调合作网络、地方政府间的横向协调合作网络，使之成为实施我国跨省级行政区“十二五”区域规划的必要制度基础。

三、公共服务保障机制

（一）低碳技术开发机制

发展低碳经济是一场涉及价值观念转变、生产模式转变、生活方式转变等多个层次的革命，重点是以低能耗、低污染为基础的绿色产业革命。在这场绿色革命中，政府的重要职责是弥补市场对低碳产业资源配置的缺陷，通过行使公共权力构建低碳能源的运用与技术开发机制。调整产业结构、优化能源产业、实现能源替换、发展低碳能源体系，是山西省发展低碳经济迫切需要解决的主要矛盾。

解决这一矛盾的技术途径主要是推进低碳技术创新。低碳技术创新是低碳经济发展的主要力量，主要涉及煤炭、石油、天然气等碳基能源的低耗技术，对碳中和、碳封存、碳捕获等密集使用技术，对新兴清洁绿色循环能源的开发技术，以及清洁原材料的生产与充分利用技术等。从涉及的产业来看，主要包括电力、交通、建筑、冶金、化工、石化等部门的清洁高效利用技术、有效控制温室气体排放技术，以及大型风力发电设备、高性价比太阳能光伏电池技术、燃料电池技术、生物质能技术、氢能技术等可再生能源、新能源技术和能源替代技术。

为此，政府需要：一是构建低碳技术创新机制；二是构建节能减排机制。政府构建低碳能源技术创新机制，主要是建立有利于企业以新的低碳能源替代煤炭、石油等化石能源的激励机制。

（二）生态环境补偿机制

生态系统是开放系统，为了维系自身的稳定需要不断输入能量，否则就有崩溃的危险。许多基础物质在生态系统中不断循环，其中碳循环与全球温室效应密切相关。由生态关系组成的环境称为生态环境，它是与人类密切相关、影响人类生活和生产活动的各种自然力量（物质和能量）或作用的总和。它不仅包括光、热、水、土、气、动植物等各种自然要素的组合，还包括人类与自然要素间相互形成的各种生态关系的组合。生态系统构成了环境，但环境要素却不能构成生态系统。生态系统破坏就是环境破坏，而环境破坏就是人类生存条件的破坏。环境变化主要是由人类的生产或生活行为所导致，因而需要建立生态补偿机制，以保护生态环境，促进人与自然的和谐。

生态补偿是指对生态损失进行弥补，以恢复和保护生态服务功能的理论与方法。生态补偿机制是使生态保护的外部成本内部化的一种利益机制。生态补偿本质上是让生态破坏者承担外部成本，让生态投资者享受生态投资的合理回报。生态补偿是政府弥补市场失灵的必要手段，政府应根据生态系统服务价值、生态保护成本、发展机会成本，综合运用财政、税费、市场等手段，对调节生态保护者、受益者和破坏者的经济利益关系进行制度安排。就生态补偿范围而言，政府应首先将重点流域区、重点自然保护区、重要生态功能区、重点矿产资源开采区等纳入生态补偿范围。就生态补偿原则而言，政府应根据由生态破坏者承担外部成本和生态保护投资者享受投资收益的原则，来确定生态补偿主体，杜绝“生态公共品”的“搭便车”行为。就生态补偿标准而言，政府应通过对不同生态补偿项目的评估来准确地计算补偿的直接成本（含历史累积成本）、机会成本和发展成本，根据补偿成本确定补偿标准。生态补偿虽然是全社会的行为，但政府在其中扮演着重要角色。政府除了提供生态补偿的制度安排外，还应建立以政府为主导的生态补偿专项基金，用于对重点区域的生态投资，对生态服务功能进行“输血”与“造血”。

（三）碳排放交易机制

碳排放交易是指在特定的区域内，根据该区域环境质量的要求，确定一定时期内的碳排放总量，在此基础上以颁发许可证的方式分配碳排放量，并允许指标进行市场交易。其实质是通过市场手段，对环境容量资源进行再分配。它是以该地区的自然环境对碳排放的承载能力为限，控制一定地区在一定期限内的碳排放总量，充分有效使用该地区的环境容量资源，使不同企业间相互协调，共同维护该区域的生态环境。

科斯理论是碳排放权交易的理论基础。科斯认为：如果交易费用为零，不管权利如何进行初始配置，当事人之间的谈判都会导致这些财富最大化的安排。只要交易费用为零，在市场经济情况下双方都会通过交易实现最优配置。如果交易成本不为零，不同的权利界定会带来不同的资源配置。交易双方通常不得不耗费一定的时间和资金聚集在一起对交易的相关问题进行商议、对价格进行探讨，从而在不断改进中寻求帕累托最优。由此可以看出，在科斯理论中，对合法权利的初始界定是进行市场配置资源的根本前提。对生产要素进行重新理解，是解决污染的外部性问题的有效途径。排放权交易就是从科斯定理中引申出来的，主张通过界定和完善环境资源的产权制度使环境资源成为稀缺资源，进而利用市场机制实现环境资源的最优配置。

从法律属性方面看，碳排放权交易是拥有富裕排放指标的企业和需要多余排放量指标的企业依照市场规则、市场惯例和要求进行排放指标的转移，属于一种民事合同行为，具有一定的私法属性。而同时，政府具有环境保护职能，并且在市场价格机制中具有宏观调控的职能，因此碳排放权交易又具有不可避免的公法属性。

首先，要严格确定碳排放交易的主体。必须是符合法律规定的排放者，即有资格根据自身需要在市场上买进或卖出排放权，依法取得碳排放配额而有富余的产业部门成为出让者，而受让者是那些用完自身的碳排放配额而不得不继续碳排放的产业部门。

由于碳排放交易的客体和对象都是具有一定衡量困难的气体，因此严格确定其主体可以有效地避免企业法人进行不法的碳排放交易，从中攫取不法经济利益，对环境也造成严重的损害。

其次，对碳排放总量要合理分配。原则上对碳排放总量的分配应由国家环境部门根据地区的环境容量，经济发展情况以及该年度的减排目标进行合理的分配，因为碳排放总量涉及企业的经济利益以及环境的承载能力，对企业的发展和生态环境的保护都具有重大的意义，因此需要合理有效地进行分配，在进行一定的考察基础上分配，不得随意。我认为，碳排放初始配额应根据不同地区的环境承载能力等因素，无偿地分配给各地区，再由各地方政府根据各企业的历史排放、预测排放和部门排放标准等因素分配给排放企业。同时也可以通过拍卖、招标、无偿分配以及回购与收回等方式进行总量指标的再分配与调整。

再次，对于碳排放交易的监督管理。在企业的经济发展过程中，碳排放量的限制对企业的经济效益具有很重要的影响意义。因此采取碳排放交易体制，在交易过程中的胜负对企业具有至关重要的影响。政府具有对市场经济宏观调控的职能，同时也具有保护环境的职能。因此，构建完善合理的碳交易机制离不开政府的监管，政府在碳交易过程中应培育碳排放权交易市场、维护市场秩序，调整不合理的价格交易制度，为碳交易样体创造一个公平公正的交易环境，对积极出售碳排放权的企业给予资金、税收、技术等方面的支持和鼓励。

四、考核机制

（一）继续实施政府节能考核与重点用能企业考核管理

CO_2 排放主要来自化石能源燃烧，因此控制能源消费、促进单位 GDP 能耗下降就能有效实现单位 GDP 碳排放下降。山西省单位 GDP 能耗在全国处于中上水平，要继续加强政府节能考核管理，要求各市严格落实国家节能目标，有条件的地方可制定更高的节能目标。以重点用能企业考核管理为重要手段，逐步扩大国家级、省重点及省市两级政府重点考核企业范围，为推广节能技术应用、开展低碳模式示范提供发展条件。

（二）将低碳建设评估纳入政府工作绩效考核

区域碳排放与能源消费结构相关，清洁能源消费比重、二次能源消费结构等因素都将直接影响单位能源碳排放因子，进而影响单位 GDP 碳排放强度。为切实推进山西省低碳经济建设，顺利完成发展目标，有必要将低碳建设评估同节能减排一样纳入到政府工作绩效考核，重点对单位 GDP 碳排放、零碳/低碳能源占一次能源比重、单位能源 CO_2 碳排放因子以及低碳政策指标进行考核评估。应成立省、市两级低碳建设工作领导小组，由省级部门完成山西省碳排放总量、单位 GDP 碳排放、零碳能源占一次能源比重、单位能源 CO_2 排放因子等指标的统一测算，市级政府以国家及省低碳经济建设方针为指导，根据各市实际情况与发展特点，制定低碳经济发展规划、低碳经济激励措施、低碳经济建设示范、低碳经济统计监管等具体工作任务，并将工作成果定期上报省级部门以便考核山西省整体发展水平。

五、金融保障机制

从目前来看，山西省内商业银行的信贷资金主要用于支持煤炭、电力、冶金等行业的技术创新和技术改造，提供的服务项目主要包括流动资金贷款、项目贷款等，贷款支持资源再利用力度不够。据统计资料揭示：山西省煤炭资源开采和加工转化中，煤矸石、焦炉煤气、瓦斯气、矿井废水等伴生和共生可再利用资源量全国第一，但资源再利用水平较低[①]。目前，山西省煤矸石累计堆存量已达 10.77 亿吨，占全国总量的 1/3，形成了 300 多座矸山，并且每年还以 3000 万吨的速度增长，当年综合利用量仅为 800 万吨左右，利用率仅为 26.7%，焦炉煤气年排放量约 120 万立方米，排空量多达 80 亿立方米，利用率仅 3.3% 左右，每年采煤耗散的瓦斯气约 60 亿立方米，每年挖煤排出的约 4 亿吨矿井废水都得不到合理利用。

因此，金融机构应贯彻执行绿色信贷政策，加大金融对节能减排和低碳经济的支持力度，履行好保护环境资源，维护经济生态协调发展的社会责任。严格执行国家环保局、人民银行、银监会联合出台的《关于落实环境保护政策法规，防范信贷风险的意见》。金融机构要树立服务低碳经济意识，建立健全绿色信贷长效机制，创新和培育绿色信贷新的增长点，开发多种形式的低碳金融创新产品，对符合国家节能减排和环境保护要求的企业和项目按照绿色信贷原则加大支持力度。在防范风险的前提下，对环境保护、循环经济发展、节能减排技术改造等方面加大信贷支持。同时金融机构也要严格限制对高耗能、高污染、产能过剩行业的贷款。对支持类客户服好务，对控制类客户严格控制授信总额，对银行信贷已介入的国家产业政策限制发展类客户，做好贷款压缩和清收转化工作。将环境风险作为全面风险管理的重要部分，针对支持节能减排和循环经济发展进行金融产品创新，实现防范风险与环境保护共赢。

---

① 周梅，扈照轼．金融支持山西低碳经济建设研究［J］．华北金融，2010，5：17－19.

参考文献

[1] 李晓燕．基于模糊层次分析法的省区低碳经济评价探索［J］．华东经济管理，2010（2）：24－28.

[2] 安果，李青．区域低碳发展的熵值——灰色系统评判模型［J］．统计与决策，2011（19）：26－30.

[3] 庞智强，王必达．资源枯竭地区经济转型评价体系研究［J］．统计研究，2012（2）：73－80.

[4] 王小李，等．基于可变模糊分析的省区低碳经济评价体系探索［J］．生态经济，2012（3）：24－29.

[5] 钱洁，等．低碳经济转型与我国低碳政策规划的系统分析［J］．中国软科学，2011（4）：22－29.

[6] 傅允生．资源约束与地区经济收敛［J］．经济学家，2006（5）：33－40.

[7] 孙秀梅．低碳经济转型研究综述与展望［J］．经济问题探索，2011（6）：116－121.

[8] 刘慧，等．中国区域低碳发展的情景分析［J］．中国人口资源与环境，2011（4）：10－18.

[9] 陈诗一．中国各地区低碳经济转型进程评估［J］．经济研究，2012（8）：32－44.

[10] 孙新波，等．基于生命周期理论的知识联盟激励协同成熟度研究［J］．科学学与科学技术管理，2012（1）：60－68.

[11] 李竹梅，吴孟珠．基于突变级数算法的文化传媒业经营绩效综合评价［J］．科技管理研究，2011（11）：38－42.

[12] 李竹梅，和红伟．煤炭资源型地区低碳经济转型成熟度突变实证分析［J］．工业技术经济，2013（8）：117－122.

[13] 苏振锋. 低碳经济、生态经济、循环经济和绿色经济的联系与区别[J]. 中国集体经济，2010（7）：21－24.

[14] 鲍健强，苗阳，陈锋. 低碳经济：人类经济发展方式的新变革[J]. 中国工业经济，2008（4）：153－160.

[15] 付允，马永欢，等. 低碳经济的发展模式研究[J]. 中国人口资源与环境，2008（3）：14－19.

[16] 朱新春，吴兆雪. 低碳文明研究——低碳经济及其影响因素的多维度比较分析[J]. 社会科学研究，2010（5）：1－6.

[17] 吴金星，李俊超，潘彦凯. 我国高碳能源低碳化的发展思索[A]. 第二届中国能源科学家论坛论文集[C]. 2010（10）：1402－1407.

[18] 王超. 把握“低碳经济”脉搏加速煤炭产业转型[J]. 生产力研究，2010（6）：162－163.

[19] 倪外，曾刚. 低碳经济视角下的城市发展新路径研究——以上海为例[J]. 经济问题探索，2010（5）：38－42.

[20] 倪外，曾刚. 国外低碳经济研究动向分析[J]. 经济地理，2010，30（8）：1240－1247.

[21] 潘海啸. 面向低碳的城市空间结构——城市交通与土地使用的新模式团[J]. 城市发展研究，2010，17（1）：40－45.

[22] 董继斌，等. 山西经济社会形势分析与预测[M]. 太原：山西经济出版社，2006.

[23] 张慧霞. 山西旅游资源与开发研究[M]. 北京：中国财政经济出版社，2002：431－459.

[24] 山西省旅游局. 山西省旅游发展总体规划大纲（2000—2010）[M]. 2000（6）：199.

[25] 张京祥，吴启焰. 论新时期区域规划的编制与实施[J]. 经济地理，2001（5）：513－518.

[26] 山西省人民政府关于印发山西省循环经济发展规划的通知. 晋政发〔2006〕51 号.

[27] 谢惠芳，向俊波. 面向公共政策制定的区域规划[J]. 经济地理，2005（9）：604－607.

[28] 李雪飞，张京祥，赵伟．基于公共政策导向的区域规划研究．兼论中国区域规划的改革方向 [J]．城市发展研究，2006 (5)：23 – 28.

[29] 刘玉亭．城镇体系规划的评价 [J]．城市规划，2002 (6)：51 – 53.

[30] 杨保军．我国区域协调发展的困境及出路 [J]．城市规划，2004 (8)：4 – 12.

[31] 罗小龙．城镇密集地区规划 [J]．城市规划，2005，29 (11)：23 – 26.

[32] 庄贵阳，谢倩漪．低碳经济转型的国际经验与发展趋势 [EB/OL]．http：//www. 022 net. com.

[33] 刘传明，曾菊新．新一轮区域规划若干问题探讨 [J]．地理与地理信息科学，2006 (4)：56 – 60.

[34] 李广斌，王勇，谷人旭．我国区域规划编制与实施问题研究进展 [J]．地理与地理信息科学，2006 (6)：48 – 53.

[35] 谷人旭，李广斌．区域规划中利益协调初探——以长三角为例 [J]．城市规划，2006 (8)：42 – 47.

[36] 方创琳．中国区域发展规划编制与实施的病理分析及根治途径 [J]．地理科学，2001 (4)：97 – 102.

[37] 李广斌，王喜，王勇．我国区域规划存在问题及其对策思考 [J]．地域研究与开发，2006.

[38] 汤筠，孟芊，杨永恒．区域规划理论研究综述 [J]．求是，2009 (2)：141 – 144.

[39] 方忠权，丁四保．主体功能区划与中国区域规划创新 [J]．地理科学，2008 (8)：483 – 487.

[40] 陈德宁，沈玉芳．区域创新系统理论研究综述 [J]．生产力研究，2004 (4)：189 – 191.

[41] 丁焕峰．区域创新系统的理论来源分析 [J]．世界科技研究与进展，2002，23 (5)：59 – 62.

[42] 刘曙光，田丽琴．区域创新发展的模式与国际案例研究 [J]．世界地理研究，2001，10 (1)：20 – 23.

[43] 刘金友．基于政行区划的区划创新体系研究 [J]．企业经济，2001

(3)：13－16.

［44］王核成，宁熙．硅谷的核心竞争力在于区域创新网络［J］．经济学家，2001（5）：125－128.

［45］胡志坚，苏靖．关于区域创新系统研究［R］．科技日报，1999－10－16（5）.

［46］王丽丽．面向知识经济建设区域创新体系［J］．山西科技，2000（6）：7－8.

［47］王稼琼，绳丽惠．区域创新体系的功能和特征分析［J］．中国软科学，1999（2）：53－55.

［48］王鲁成．关于区域创新系统研究内容的探讨［J］．科研管理，2000，21（2）：43－48.

［49］顾新．区域创新系统的失灵及完善措施［J］．四川大学学报：哲学社会科学版，2001，114（3）：137－141.

［50］顾新．区域创新系统的内涵和特征［J］．同济大学学报：社会科学版，2001，12（6）：32－37.

［51］殷为华．基于新区域主义的我国新概念区域规划研究［D］．上海：华东师范大学，2009.

［52］陈怡男，刘鸿渊．跨区域低碳经济协调发展机制的构建［J］．河北经贸大学学报，2013，7（4）：107－110.

［53］杨淑霞，汤明润．我国区域低碳经济发展模式选择［J］．国家行政学院学报，2010（5）：43－47.

［54］庄贵阳，潘家华，朱守先，等．低碳经济内涵及综合评价指标构建［J］．经济学动态，2011（1）：132－136.

［55］刘传江．低碳经济发展的制约因素与中国低碳道路的选择［J］．吉林大学社会科学学报，2010（5）：146－152.

［56］张莲莲．山西能源大省发展低碳经济的战略思考［J］．中国能源，2010（2）：10－15.

［57］公衍照，吴宗杰．欧盟碳交易机制及其启示［J］．山东理工大学学报，2013（1）：9－14.

［58］韩晶．区域规划理论与实践［M］．北京：知识产权出版社，2011.

［59］中国科学院可持续发展战略研究组 2009（中国可持续发展战略报告［M］. 北京：科学出版社，2009.

［60］郑恒，李跃. 低碳农业发展模式探析［J］. 农业经济问题，2011（6）：26－29.

［61］刘静暖，于畅. 低碳农业经济理论与实现模式探索［J］. 经济纵横，2012（6）：64－67.

［62］王昀. 低碳农业经济略论［J］. 中国农业信息，2008（8）：12－15.

［63］陶良虎. 中国低碳经济［M］. 北京：研究出版社，2010.

［64］杨军辉. 国内外低碳旅游研究述评［J］. 经济问题探索，2011（6）：112－116.

［65］蔡萌，汪宇明. 低碳旅游：一种新的旅游发展方式［J］. 旅游学刊，2010（25）：13－17.

［66］侯文亮，梁留科，司冬歌. 低碳旅游基本概念体系研究［J］. 安阳师范学院学报，2010（2）：86－89.

［67］郑琳琳，林喜庆. 试论低碳旅游模式的构建——气候变化条件下旅游业的应对［J］. 襄樊职业技术学院学报，2010（9）：40－43.

［68］石培华，吴普. 发展低碳旅游的基本思路与重点举措［N］. 中国旅游报，2010－01－15.

［69］郭天配. 中国环境质量与经济发展阶段性关系的实证研究［J］. 财经问题研究，2010（4）：13－19.

［70］哈维·S. 罗森，德特·盖亚. 财政学［M］. 郭庆旺，赵志耘，译. 北京：中国人民大学出版社，2009.

［71］安福仁. 中国低碳经济发展机制的构建［J］. 大连海事大学学报：社会科学版，2010（10）：6－9.

［72］李建波. 基于低碳经济视角的我国低碳农业发展研究［J］. 安徽农业科学，2012（2）：1083－1085.

［73］赵国浩，李玮，张荣霞，等. 基于随机前沿模型的山西省碳排放效率评价［J］. 资源科学，2012（34）：1965－1971.

［74］孔志峰. 中国生态农业运行模式研究［M］. 北京：经济科学出版

社，2006.

［75］毕世杰．发展经济学［M］．北京：高等教育出版社，1999.

［76］亚当·斯密．国富论［M］．杨敬年，译．西安：陕西人民出版社，2000.

［77］埃莉诺·奥斯特罗姆．公共事物的治理之道［M］．毛寿龙，译．上海：上海三联书店，2000.

［78］张明新．发展生态农业对策研究［M］．贵阳：贵州人民出版社，2004.

［79］康芒斯．制度经济学［M］．北京：商务印书馆，2004.

［80］杜受祜．低碳农业：潜力巨大的低碳经济领域［J］．农村经济，2010（4）：3－5.

［81］亓晓丽．推进山西低碳经济发展的战略选择及对策研究［J］．经营管理者，2010（20）：298－298.

［82］陈艳丽．关于山西发展低碳经济的思考［J］．山西经济管理干部学院学报，2010（2）：48－49.

［83］中国能源安全的本质问题分析［EB/OL］．http：//www.chinairn.com，2009－05－11.

［84］金乐琴，刘瑞．低碳经济与中国经济发展模式转型［J］．经济问题探索，2009（1）：84－87.

［85］张永发，王莉萍．探究山西省低碳经济之路［J］．山西能源与节能，2010（1）：6－9.

［86］刘晔．依托技术创新促进山西可再生能源发展［J］．山西科技，2009（3）：1－2.

［87］贺俊果．建设山西低碳绿色能源基地［J］．宏观经济管理，2010（6）：62－63.

［88］安华．山西转型经济史研究［D］．太原：山西大学，2012.

［89］赵淑芳．项目管理成熟度理论研究概述［J］．中国乡镇企业会计，2011（1）：16－17.

［90］王光荣．城市低碳交通研究的现状与趋势［J］．前沿，2012（17）：120－123.

［91］胡垚，吕斌．大都市低碳交通策略的国际案例比较分析［J］．国际城市规划，2012（5）：102－111.

［92］陈洪波．低碳城市规划：目标选择与关键领域［J］．华中科技大学学报：社会科学版，2011（2）：82－86.

［93］侯兆收．低碳交通发展模式及对策研究［D］．长沙：长沙理工大学，2012.

［94］王云．低碳经济“脱钩”量化分解模型研究——基于 IPAT 方程的分析［J］．经济问题，2012（5）：8－13.

［95］董观志，龙茜．低碳旅游的创新发展战略研究［J］．商业研究，2011（3）：152－155.

［96］王谋．低碳旅游概念辨识及其实现途径［J］．中国人口资源与环境，2012（8）：166－171.

［97］秦奕莹．低碳旅游公共政策支持研究［D］．长沙：湖南大学，2009.

［98］刘笑明．低碳旅游及其发展研究［J］．商业研究，2011（2）：176－180.

［99］丁枢．低碳旅游及其实现路径［J］．环境保护，2011（12）：42－44.

［100］周连斌．低碳旅游梯度发展路径研究［J］．生态经济，2013（3）：160－165.

［101］杜受祜．低碳农业：潜力巨大的低碳经济领域［J］．农村经济，2010（4）：3－5.

［102］顾晓薇，王忠鑫．矿区经济系统的生态可持续性动态分析［J］．东北大学学报：自然科学版，2010（10）：1778－1784.

［103］刘静暖，于畅，孙亚南．低碳农业经济理论与实现模式探索［J］．经济纵横，2012（6）：74－67.

［104］魏斌．低碳农业研究进展［J］．草业科学，2012（4）：528－533.

［105］杨军辉．国内外低碳旅游研究述评［J］．经济问题探索，2011（6）：112－116.

［106］鄂晶．积极发展低碳交通运输体系的思路［J］．山西交通科技，

2012（4）：89－90.

［107］袁晓红．基于SWOT模型的山西省发展低碳旅游分析［J］．旅游经济，2012（3）：208－210.

［108］倪外．基于低碳经济的区域发展模式研究［D］．上海：华东师范大学，2011.

［109］罗湘蓉．基于绿色交通构建低碳枢纽——高铁枢纽规划设计策略研究［D］．天津：天津大学，2011.

［110］王洪飞．基于协调论的矿区可持续发展研究［J］．科技管理研究，2011（5）：220－222.

［111］孙博林．世界能源环境新产业标准的科学发展方向［J］．中国汽配市场，2013（4）：40－41.

［112］宋志方．基于循环经济视角下的低碳旅游发展战略研究［J］．改革与战略，2011（9）：138－141.

［113］周梅，扈照轼．金融支持山西低碳经济建设研究［J］．华北金融，2010（5）：17－19.

［114］黄世坤．论我国区域低碳经济发展的矛盾与困境［J］．经济论坛，2012（3）：81－83.

［115］牛叔文，丁永霞，李怡欣．能源消耗、经济增长和碳排放之间的关联分析——基于亚太八国面板数据的实证研究［J］．中国软科学，2010（5）：12－20.

［116］周南，LYNN PRICE，DAVID FRIDLEY．区域低碳发展战略［J］．科学与管理，2013（2）：1－23.

［117］管军，刘晓明．区域低碳经济模式发展的路径及策略研究［J］．中国集体经济，2009（6）：49－50.

［118］刘佳．山西区域旅游形象定位与设计研究［D］．太原：山西财经大学，2006.

［119］刘国斌，许义娇．西部地区县域经济低碳化发展探析［J］．经济纵横，2011（5）：55－58.

［120］林风霞．中国农业低碳化转型的推进路径探析［J］．生态经济，2011（12）：153－155.

[121] 赵秋实. 中国碳交易市场机制构建研究 [J]. 东北电力大学学报, 2012 (10): 108 - 111.

[122] 吕贤望. 资源性区域碳减排影响因素分析 [J]. 世界地理研究, 2012 (3): 168 - 174.

[123] 张蒙. 山西区域经济发展的现状及对策研究 [J]. 国土与自然资源研究, 2008 (3): 20 - 21.

[124] 冯之浚, 牛文元. 低碳经济与科学发展 [J]. 中国软科学, 2009 (8): 18 - 23.

[125] ZHUMEI LI, HONGWEI HE. Low Carbon Development Region Planning of Resource - based Regions: Taking Shanxi Xinzhou Area as An Example [J]. Energy Education Science and Technology Part A: Energy Science and Research, 2013, 31 (3): 1283 - 1288.

[126] ZHUMEI LI, LIPING ZHAO. Dimensionless Analysis on Operation Performance of Low - carbon Business [J]. 2011 International Conference on Energy, Environment and Sustainable Development, ICEESD, 2011 (363): 978 - 98.

[127] KOJI SHIMADA, YOSHITAKA TANAKA, KEI GOMI, etc. Developing a Long Term Local Society Designmethodology Towards a Low - carbon Economy: An Application to Shiga Prefecture in Japan [J] . Energy Policy, 2007, 35.

[128] COOKE P, URANGA MG, ETXEBARRIA G. Regional Innovation Systems: Institutional and Organizational Dimension [J]. Research Policy, 1997 (26): 457 - 491.

[129] MORGAN K. The Learning Region: Institutions, Innovation and Regional Renewal [J]. Regional Studies, 1997, 31 (5): 491 - 503.

[130] COOK P, HANS - JOACHIM BRACZYK Hj and HEIDENREICH M. Regional Innovation System: the Role of Governance in the Globalized World [M]. London: UCL Press, 1996.

[131] WIIG H, WOOD M. What Comprises a Regional Innovation System? [J/OL]. An empirical study. 1999. http: //web. sol. /step/195/195. htm.

[132] A R M. Industrial Policy Reform in Six Large Newly Industrializing Countries: The Resource Curse Thesis [J]. World Development, 1994, 22.

[133] D Y LIU, W J YANG. A CGE Model of Dutch Disease, Economics in Taiwan [J]. The Journal of International Trade&Economic Development, 2000, 9.

[134] DAVIS G A. Learning to Love the Dutch Disease: Evidence from the Mineral Economics [J] . World Development, 1995, 23.

[135] DAVIS G A, J E TILTON. The Resource Curse, Natural Resources Forum, 2005, 29.

[136] F EZEALA – HARRISON. Structural Re – Adjustment in Nigeria: Diagnosis of Severe Dutch Disease Syndromc [J]. American Journal and Sociology, 1993, 52.

[137] GREIF. Economic History and Game Theory: a Survey [D]. California: Stanford University, 1997.

[138] GYLFASON T. Natural Resources Education and Economic Development [J]. European Economic Review, 2001, 45.

[139] ZHUMEI LI, HONGWEI HE, LIPING ZHAO. Analysis on the Effectiveness of Low Carbon Econorny Transformation in China——Taking Coal Resource Regions as Samples [J]. Energy Education Science and Technology Part A: Energy Science and Research, 2013, 31 (4): 2585 –2588.